D1667993

Magdalena Lipscher

Simon der Gerechte

Ein jüdisches Familienschicksal

Bleicher Verlag

*Meinem Vater und allen Menschen, die das Gute und Große
erfüllt haben wie er.*

CIP-Titelaufnahme der Deutschen Bibliothek

Lipscher, Magdalena:
Simon der Gerechte: ein jüdisches Familienschicksal /
Magdalena Lipscher. Mit e. Vorwort von Ralph Giordano. –
1. Aufl. – Gerlingen: Bleicher, 1989
ISBN 3-88350-445-9

© 1989 bei Bleicher Verlag, D-7016 Gerlingen
1. Auflage
Alle Rechte vorbehalten
Umschlag: Buchgestaltung Reichert, D-7014 Kornwestheim
Gesamtherstellung: Ebner Ulm
ISBN 3-88350-445-9

Inhalt

Vorwort

Magdalena Lipscher hat ein authentisches Buch über das Schicksal slowakischer Juden geschrieben. Mir ist kein anderes Werk bekannt, das *ihren* Holocaust geschildert hätte. Jedes Wort belegt, daß die Autorin weiß, wovon sie schreibt.

Es ist die Geschichte von *Simon dem Gerechten* und *Susanna,* seiner Tochter, dem alter ego der Autorin, die dem Vater ein Denkmal setzt. Da wächst mit Simon – ich bin sicher, von der Autorin ganz unbeabsichtigt – eine biblische Gestalt vor dem Leser auf. Erzvater und Golem zugleich, ständig auf der Flucht bei dem vergeblichen Versuch, für die Seinen und sich an der »glatten Wand des Lebens« emporzuklimmen – es gelingt ihm nicht. Über eine Strecke von zwei Dezennien ersteht vor uns jüdisches Leben in dieser Ecke Europas, mit den Gerüchen seiner Dörfer und Städte, Schauplätzen einer namenlosen Tragödie, die Simon spürt, der *ewige Jude,* der Flüchtling, der Geborgenheit sucht und dessen großes Herz zu klein ist, um den Kummer über seine Hilflosigkeit zu bergen.

Niemals abstrakt, immer personifiziert und individualisiert, mit den starken Farben des Milieus und Lokalkolorits, wird eine Slowakei aufgeblättert, die zunächst noch ein Teil der *Tschechoslowakei* ist, aber dann, 1939, unter Tiso ein klerikal-faschistisches Anhängsel Hitlerdeutschlands wird. Das geht einem an die Kehle, bringt einen in Atemnot, wenn man erfährt, wie sich das Würgeisen der Rassengesetze durch die Gestapo und ihre slowakischen Handlanger immer enger um den Hals der Judenheit legt. Verfolger und Häscher tauchen auf, ebenso wie Helfer und Beschützer, wunderbare Beispiele der Selbstlosigkeit, ja Bereitschaft, das eigene Leben für ein verfolgtes zu riskieren.

Susanna überlebt, *Simon der Gerechte* und seine Frau Paulina werden von Auschwitz verschlungen. Was die Tochter rettet,

was sie alles ertragen und phantasievoll zum Überleben beitragen läßt, das ist die Liebe zu Schmuel, ihrem Auserwählten. Ich müßte lange suchen, um das, was zwischen Mann und
Frau möglich ist, in der Literatur so karg und doch so bewe-
gend dargestellt zu finden. Durch das Buch der Magdalena
Lipscher weht der große Atem einer Fühlenden, in einer
Sprache poetischer Einfachheit. Diese Frau, spürt der Leser,
hat als Jüdin alle Stadien der Furcht und der Hoffnung ken-
nengelernt.

Von den etwa fünfzig Manuskripten, die mir seit 1982, nach
Erscheinen meines Hamburger Familien- und Verfolgten-
Romans »Die Bertinis« zugeschickt worden sind, war das der
Magdalena Lipscher das einzige, von dem ich sofort wußte: es
muß gedruckt werden! Ich danke dem Bleicher-Verlag, daß
dies nun geschieht.

Jetzt habe ich die Arbeit zum zweiten Mal gelesen, diese Saga
armer Juden in einem gottverlassenen Winkel des deutschbe-
herrschten Europa, bin ich wieder den Spuren Simons und
Susannas gefolgt – und komme abermals zu dem Schluß, daß
vor mir ein *document humaine* liegt.

Es ist das Buch einer Frau, die zu bescheiden ist, um sich
»Schriftstellerin« zu nennen, aber dennoch instinktsicher
umgeht mit einem hohen Gut der schreibenden Zunft –
selbsterlebter Wirklichkeit.

Simon der Gerechte hat mich kundiger gemacht – über die Slowakei der Jahre 1927 bis 1945, über seine Juden und seine
Christen. Und über den Menschen.

Dafür danke ich Magdalena Lipscher.

Ralph Giordano

8

I

Simon

Simon Lewy – ein Mensch wird frei

Man schrieb das Jahr 1927. Es war Vorfrühling, und der kam in dieser Gegend verspätet, erst Mitte Mai. Der blaue Himmel umarmte eine liebliche Landschaft mit schmalen Landstraßen und auch die fast schamhaft da und dort verborgenen und verstreuten roten Dächer der kleinen slowakischen Dörfer. Die Umrisse der niedrigen Hügel waren scharf in das klare Himmelsgewölbe gezeichnet, das Grün üppig in frischer Luft gebadet.

Das Dorf, von welchem Simon Lewy soeben Abschied nahm, erstreckte sich auf beiden Seiten der einzigen, schmalen und staubigen Landstraße und hatte auch mit dem Judentum etwas Gemeinsames, denn es hieß so wie der Urahne des jüdischen Volkes, Abraham; nur hatte es die slawische Endsilbe der weiblichen Namenwörter und hieß also Abrahámová. Aber die Bewohner dieses Dörfchens hatten nie an solche Dinge gedacht, und Simon schwieg. Alles war hier bescheiden, die Häuser, die Menschen und auch ihre Äcker. Doch der Schein trog. Hinter einer hohen, grünen Hecke stand versteckt ein stolzes, weißes, herrschaftliches Haus, umgeben von Gärten, Schweineställen, Scheunen, einer soliden Brennerei und ganz hinten, verdeckt vor den herrschaftlichen Blicken, niedrige, einäugige Bíreschwohnungen. Simon, der Gutsverwalter und Brennereileiter, der Mittelsmann zwischen den Parias und dem wohlgeborenen Herrn, bewohnte einen Anbau des Brennereigebäudes.

Simon saß aufrecht auf dem vorderen Sitz der herrschaftlichen Kalesche und neben ihm Gabrisch. Die neuen Zügel hielt Simon fest und sicher in seiner linken Hand. Mit der Peitsche in der Rechten zerschnitt er in regelmäßigen Abständen den Himmel. Die herrschaftlichen Pferde waren satt und übermütig. Ihre Hintern glänzten in der Sonne wie frische Kalbsleber, und die herrlichen Pferdeköpfe trafen sich regelmäßig im Galopp und gingen wieder auseinander. Simon nahm Abschied. Von dem roten, hohen Schornstein der Brennerei, dem Hof und dem Geflügel, vom Schweinestall und den Kühen, von Feldern und Wiesen, von Gabrisch, der jetzt neben ihm saß und die übermütigen Pferde später allein, ohne Simon, zurückkutschieren würde ins Dorf, das den Namen des jüdischen Urahnen trägt.

Der Abschied galt auch Marie und den sieben Kindern von Gabrisch. Simon kannte deren Namen gut, und er hatte die lustige und schreiende Schar oft auf dem Heuwagen mit ins Feld genommen. Den Abschied vom gnädigen Herrn ließ Simon zuletzt durch seinen Kopf gleiten. Ja, er war ein gnädiger Herr! Hoch und fein, ein Graf mit einem selbstsicheren, hochmütigen, herrischen Lächeln im blassen Gesicht. Er wurde als Gnädiger geboren und blieb es auch. Hatte er es doch leicht, so zu sein und der zu sein, der er war! Wenn er, Simon, der kleine Jude, vor ihm stand und um Einverständnis in verschiedenen wirtschaftlichen Dingen bat oder Rechenschaft ablegen wollte, da sah Simon ganz deutlich, daß der gnädige Herr es nicht verstehen wollte oder konnte, denn es war unter seiner Würde, sich mit so kleinlichen und profanen Dingen zu befassen, und der lang und gründlich vorbereitete Bericht über die gute Ernte, die hohen Gewinne bei der Viehzucht oder auch über Mißerfolge und Schäden nach einer Trockenzeit oder Seuche langweilte den Gnädigen, und er hörte nicht zu; er lächelte zwar großmütig, weil er eben ein Aristokrat, ein Herr, war, aber Simons Berichte und Zahlen blieben im schönen Zimmer hängen; sie erreichten das gnädige Herz nicht. Simons Sorgen und Freuden, seine Siege und Niederlagen auf dem Gut, das er so gewissenhaft betreute, als wäre es sein eigenes, kehrten wie ein Echo zu ihm zurück. Enttäuscht wie ein Kind, dem der Vater nicht zuhört, ging Simon wieder auf dem weichen, roten Teppich hinaus in den Stall zu den Pferden, Kühen und Schweinen, blieb da und dort stehen, streichelte die stummen Tiere und fand bei ihnen Trost. Er ehrte und bewunderte den Gnädigen, trotz allem, denn es mußte ja so sein.

Im Dorf mit dem fast jüdischen Namen wohnte ein Bauer namens Korda. Dieser war reich, und dadurch mächtig und geachtet. Hier hatte es zuvor noch niemals einen Juden gegeben. So sollte es auch bleiben. Doch dann, Gott selbst weiß woher, tauchte im Dorf ein kleiner Jude auf, Simon Lewy. Korda haßte die Juden, wie es sich für einen geachteten Christen gehörte. Warum? Diese Frage stellte er sich nie. Wozu auch? Zu Simons Begrüßung sagte er: »Du hättest dir den Weg in unser friedliches Dorf sparen können. Und so wie ich Korda heiße, werde ich danach trachten, daß alles beim alten bleibt!«

Die Gänse waren die ersten, die es zu spüren bekamen, daß sie einem Juden und nicht einem Christen gehörten. Simons eigene Gänse ahnten nichts und wußten auch nicht, daß sie mit Kordas Gänsen nichts Gemeinsames haben durften. Auch eine gegenseitige Begrüßung war nicht erwünscht. Simons Gänse wurden täglich belauert, dann auf das Gras des reichen Korda getrieben und schließlich eingesperrt. Niemand wagte es, Simons erstaunten und protestierenden Gänsen zu erklären, worum es hier ging. Hätten Simons Gänse aber die Geschichte – diejenige der Juden insbesondere – gekannt, hätten sie sich in Kordas Gefangenschaft nicht so gewundert und auch nicht so lauthals protestiert.

Nach den Gänsen kamen die Truthähne dran, und nach diesen Simons älteste Tochter, denn Simon hatte keine Söhne. Solange Korda sich mit Gänsen und Truthähnen begnügte, schwieg Simon. Gänse und Truthähne lassen sich ersetzen. Als aber Korda nach der ältesten Tochter des hergelaufenen Juden griff, wurde die Zeit reif. Im Dorf mit dem fast biblischen Namen gab es alles in allem 300 Seelen. Simon rechnete ab. Er war ja schließlich ein Jude und konnte mit Zahlen umgehen. Also stand oben die Zahl 300. Ganz links in der Ecke, einsam und lächerlich, eine Eins. Diese Eins mußte gestrichen werden, damit die Rechnung bei Korda stimmen konnte. Bei Simon war dies anders. Hinter der Eins verbarg sich nämlich auch ein zarter, noch unausgereifter Gedanke, der wie eine Pflanze in der dunklen Nacht, unbemerkt von der Außenwelt, aus dem Boden sproß, wuchs und reifte, um den Sinn des Lebens zu erfüllen. Simon wollte frei sein. Und so ging er eines Tages auf dem weichen, kostbaren Teppich zum gnädigen Herrn. Entschlossen legte er seine breite, harte Hand auf die vergoldete Klinke der schweren, reichverzierten Tür, sprach Worte des Dankes aus, wie es sich gehört, und kündigte.

»Du warst ein treuer Diener, Simon, ich konnte mich auf dich verlassen. Warum gehst du?« Simon schwieg. Korda stand vor seinen Augen, und in seinem Innern hörte er auch dessen Worte: ». . . und so wie ich Korda heiße, soll alles beim alten bleiben!« Es sollte so bleiben.

Gabrisch saß neben Simon. Er saß gebückt, die Hände im Schoß – wie zum Gebet, hätte ein Unbeteiligter meinen mögen. Doch da hätte er sich geirrt, denn Gabrischs Hände waren breit, zerklüftet wie eine Schlucht und hart wie Stein. Sie waren es nicht gewohnt, im Schoß herumzuliegen. Und das war auch der Grund, weshalb sie so unsicher und ungeschickt dalagen. Ein einziger Gedanke beunruhigte Gabrisch, der Gedanke an den Scheißjuden. Er liebte ihn nicht und haßte ihn nicht. Sie arbeiteten und lebten nebeneinander und miteinander auf einer fremden Scholle, derjenigen des gnädigen Herrn. Sie säten und mähten oft, wenn die Zeit drängte, gemeinsam; und doch war Simon nicht wie er, Gabrisch. Wenn sie zum Beispiel die Sense vor dem Mähen schärften, machte Simon nicht alles nach der Manier der übrigen Mäher. Er fluchte nicht und stärkte sich auch nicht mit ein paar Schluck Schnaps vom kleinen Blechnapf, damit Rücken und Hände bis Sonnenuntergang mit den anderen Schritt halten konnten. Es gehörte doch einfach dazu, zur schweren Arbeit und zur Ehre eines Mannes. Auch Simon spuckte zwar in die Hände, damit die Haut weicher würde, und begann seine Arbeit mit denselben Worten: »Mit Gottes Hilfe . . .« wie alle Mäher es tun; er nahm die Sense ebenfalls mit einem harten Griff, wie es sich gehört, schliff sie richtig bei der Wurzel und zur rechten Zeit, ohne ein Wort zu reden – so wie es alle

Schnitter bei der Arbeit tun. Er blieb auch nicht zurück, sondern hielt tüchtig mit. Und doch . . . Warum zum Teufel ging er zum Gnädigen und kündigte? Er wohnte doch nicht im Bíreschhaus und hatte noch einen Zementfußboden dazu und nicht nur gestampfte Erde, und auch zwei Fenster in seiner Stube, und davor Akazienbäume . . . Warum geht er weg, der Jud? Er spürte Trauer in seinem Herzen, aber dann sagte er ganz still, nur so vor sich hin, und bewegte dabei die steifen Finger in Richtung der Pferde: »Der Teufel soll ihn holen, den dreckigen Juden, und er soll in Gottes Namen gehen . . .« In seinen Worten war weder Haß noch Liebe, es war vielmehr Trauer, die er, Gabrisch, nur so auszudrücken wußte.

Im hinteren Teil der Kalesche saßen Paulina und Simons drei Töchter. Paulina liebte Simon, auch wenn er um 13 Jahre älter war als sie. Sie fühlte sich geborgen in seinen starken Armen. Zwei Wünsche konnte sie ihm nicht erfüllen: Sie konnte ihm keinen Sohn gebären, der nach seinem Tod Kaddisch sagen würde; noch vermochte sie, die unsinnigen Träume ihres geliebten Mannes zu begreifen oder ihnen zu folgen. Sie verstand Simons Begeisterung beim Anblick eines blühenden Baumes oder einer noch kleinen, soeben im Frühling neugierig aus der warmen Erde schlüpfenden Kartoffelstaude nicht, noch kannte sie das erhabene Gefühl über die glücklich verlaufene Geburt eines Kalbes – was war das schon? In alldem vermochte sie nichts Besonderes, kein Wunder zu erkennen wie er. Wer hat schon je gehört, daß ein Jude solch dumme, ja kindische Gedanken haben kann? Aber jetzt fühlte sich Paulina glücklich. Sie saß in der Kalesche des gnädigen Herrn, in weichen, violetten Plüschdecken. Sie war die Gnädige, die reiche, elegante Frau, die Dame. Noch bevor Paulina in die Kalesche eingestiegen war – und sie verzögerte absichtlich die Abfahrt – hatte sie gesehen, wie Simon stehend vor sich hinträumte; sie ließ ihn träumen, den Unverbesserlichen . . . Und es war gut so, denn der Gedanke »Ein Mensch wird frei« war heilig. Diesen Traum hatte Simon auf dem roten, samtenen Teppich zu träumen begonnen und träumte ihn nun beim Abschied weiter, bis Paulina stolz in die Kalesche einstieg und lachend sagte: »So ein dummer Träumer . . .« und damit seinen Traum abrupt unterbrach.

Die Sehnsucht nach dem Heiligen Land hatte Simon schon vor ein paar Jahren begraben, als Paulina sagte: »Ich gehe nicht mit . . . ich verlasse meine Mutter und Geschwister nicht . . . ich bleibe . . .« Simon widersprach nicht. Kein einziges Wort vom Heiligen Land kam danach über seine Lippen, doch er fühlte, daß er den Wunsch »Das nächste Jahr in Jerusalem« nie aufgeben würde. Vielleicht würde diese Sehnsucht einmal im Herzen eines seiner Kinder ebenso stark erwachen. Sie war wie ein Berg, wo nur Vögel und Gott Zutritt hatten. Und er, Simon. Paulina, die er innig liebte, blieb der Weg auf diesen »Berg« versperrt. Sie war jung, ihr Körper geschmeidig, ihre weißen, regelmäßigen, mandelartigen Zähne gesund, und die ergebenen grünen Augen weckten in Simon ein Gefühl von Glück und unbeschreiblicher Lust.

Doch manchmal blieb sie ihm fremd, gerade wenn er den »heiligen Berg« seiner Träume und Sehnsüchte bestieg. Da war und blieb er allein. Hier hatte Paulina keinen Zutritt. So war es auch jetzt, und damals im Frühling, als er ihr das Wunder der Geburt zeigen wollte. Er versuchte, sie teilhaben zu lassen an dem erhabenen Gefühl des Menschen, der sich als Schöpfer fühlt – Gott verzeihe ihm diese Anmaßung und diesen lästerlichen Vergleich! Er wollte auch sie den Stolz fühlen lassen, wenn die Erde sich ihm willig beugte, ihm gehörte, dem kleinen Juden . . . Aber sie hörte nichts, und sie sah nichts. Sie ging neben ihm wie ein Kind, das der Sprache nicht mächtig ist. Die Vögel, die weißen Schmetterlinge, den üppigen Klee, der durch Simons Hand zum Leben erweckt wurde, den kräftigen, aufrechten Weizen, der sich im Wind nach allen Seiten dankbar verbeugte . . . sie sah nichts, und er blieb allein. Weil sie von alledem nichts fühlte, wollte sie auch nicht ins Heilige Land. Und so führte Simons und seiner Familie Weg jetzt in ein dreitausend Seelen zählendes slowakisches Städtchen, das unweit des Paradieses seiner Kindheit lag, und wo auch Simons ältester Bruder vom Grafen Révay genügend Holz für ein Häuschen geschenkt erhalten hatte, damit er dort, nach geleisteten Diensten, in Ruhe leben konnte.

Auf dieser, nur fünf Kilometer langen und schmalen Landstraße durchlief Simon sein bisheriges Leben. Er sah das kleine, zwischen den Bergen versteckte, liebliche Dorf, das märchenhafte Kastell des Grafen Révay, die stillen Teiche, den gepflegten Park, der den Dorfkindern das biblische Paradies bedeutete. Er sah auch die silbergrauen Füchse, die sich im Winter, wenn sie der Hunger trieb, hinter den himmelhohen Fichten versteckten. In der Kindheit verweilend betrachtete er mit einem kaum wahrnehmbaren Lächeln das Bild seiner Mutter – wie sie mit einem geblümten Kopftuch auf den weißen Haaren auf dem niedrigen Bänklein unter dem Fenster saß und flickte, ewig nur flickte, alte Strümpfe und Socken, oder Jakobs, des Vaters, lange Unterhosen. Manchmal seufzte sie, wenn sie niemanden in der Nähe wußte, aber gleich danach lächelte sie wieder. Ein spitzbübisches, schelmisches, geheimnisvolles Lächeln, das niemand außer Simon verstand. Wenn sie lächelte, entfloh sie ihrem Jakob, dem ewig brummenden, unzufriedenen Greis, der keine Flügel hatte wie sie, Rosa, und immer mit gesenktem Kopf in der Erde scharrte wie ein Huhn. Simon war Rosas Sohn. Die übrigen Kinder gehörten Jakob.

Beim Eingang in die Küche war eine kleine Nische in der Wand. Dort standen die schönen, weißgeblümten Kaffeetassen, die Rosa vom Alteisen- und Lumpensammler, der zwei- bis dreimal im Jahr mit einem halbkrepierten Pferd durch die Gegend zog und nie das liebliche Dorf umging, gegen Lumpen und Entenfedern eingetauscht hatte. Mit seiner heiseren, krächzenden Stimme und einer kleinen Glocke lockte der Händler die Bauernfrauen aus ihren Häuschen und Höfen. Auf seinem wackeligen Wägelchen stand er hoch wie ein König, der dem armen Volk Geschenke verteilte. Er war ein willkommener Gast, und die geblümten Tassen konnte man ja nur ihm verdanken. Denn wer hatte schon Geld im Dorf, außer dem Grafen? Vom Lumpensammler bekam man schöne Tassen fast umsonst im Tausch gegen alte Kleider, Alteisen oder sogar gegen schmutzige Gänse- oder Entenfedern.

Unter einer dieser Kaffeetassen – es war die dritte von der Wand – versteckte Rosa vor Jakob ihr gespartes Geld. Einige Kreuzer. Nur Simon wußte von diesem Geheimnis, und er schob manchmal – selten genug – ein, zwei Kreuzer unter diese dritte Tasse und beobachtete dann gespannt von seinem Bett aus das Gesicht der guten Mutter. Es genügte Simon vollauf, wenn sie lächelte. Für dieses Lächeln verließ er eines Nachts das friedliche Dorf und betrat nach vielen Tagen Fußmarsch mit zwei Paar »Gatzes« und einem verblichenen Bild seiner Mutter, ohne Geld und Papiere, ein Schiff, das ihn ins »Gelobte Land«, in die Neue Welt hinter dem Ozean ausspucken sollte. Nur flüchtig, wie ein Windstoß, konnten Simons Gedanken die Kohlengrube, den jungen Ungarn, das Schiff mit den schweren Säcken, die Dollars, die er seiner Mutter unter die geblümte Tasse schickte, streifen.

Er hatte zu wenig Zeit, seinen Gedanken weiter nachzuhängen, denn der Bahnhof Kláštor pod Znievom war nicht mehr weit, und die satten, lebensfrohen Pferde wurden unruhig. Simon mußte die Zügel fest in seinen breiten Händen halten und den herrschaftlichen Pferden noch einmal zeigen, daß er, Simon Lewy, sie zähmen konnte. Das Ende des Weges zum Bahnhof verlangte Simons volle Konzentration, da zum Schluß noch in eine scharfe Kurve eingebogen werden mußte. So war es gut, denn allmählich drängten sich in Simons Bewußtsein Gedanken, die eine frische Wunde berührten. Diese wollte er jetzt, an der Schwelle zur Freiheit, mit seinen Flügeln, die ihn ganz hoch trugen, nicht berühren.

Das Dorf der Freiheit

Simons neue Heimat hieß Sučany und war fast zu gleichen
Teilen katholisch und evangelisch; der Rest war jüdisch. Die
Bewohner dieses Dorfes lebten in Frieden. Auch mit den Juden. Zwei Kirchen und die Synagoge waren gleich bescheiden
wie die Dorfbewohner. Die evangelische Kirche war auf dem
Ringplatz, weiß gestrichen, mit einer Turmuhr, die für alle zu
sehen und zu hören war. Oft verschob ein Vogel, auf einem
Zeiger sitzend, die Zeit. Ob absichtlich oder nicht, es störte
niemanden, denn nach einer unbestimmten Zeit kamen die
Zeiger wieder an den richtigen Platz. Auf der anderen Seite
des Platzes verkaufte Frau Grün, eine alte, runzlige Oma, ihren
frischen Salat und eine Handvoll Petersilie. Die katholische
Kirche war etwas abseits, mit einem massiven Turm und
einem kleinen Friedhof. Im »Dorf der Freiheit« lebten einige
interessante und eigenständige Menschen. So zum Beispiel
die »Amerikanerin«, Frau Roháčička, die sich ein merkwürdi-
ges Haus, verschieden von allen anderen im Dorf, erbauen
ließ. Es war ein rotes Ziegelsteinhaus, wie es die Amerikaner
bauen, eine Ausnahme also, ein Fremdling sozusagen. Es
brauchte Zeit, bis sich die niedrigen, kalkgetünchten Häuser
an das fremdartige und protzig erscheinende gewöhnten. Die
übrigen Häuser hatten zwei kleine Fenster, wurden zweimal
im Jahr mit Kalk angestrichen und hatten auch ein ganz anderes Tor. Die »Amerikanerin« wollte mit ihrem Haus beweisen,
daß sie die Welt bereist hatte und somit ihren Landsleuten, die
den Fuß ja nie weiter als hinter das Dorf gesetzt hatten, überlegen war. Sie war auch anders geworden dort drüben; und
nicht nur die roten Häuser gefielen ihr besser, es waren auch
die Menschen, die sie beeindruckt hatten. Sie wollte den
Geist Amerikas in ihr Dorf bringen, die Menschen verändern,
auch wenn sie dort drüben nur eine Waschfrau gewesen war.
In ihr Heimatdorf zurückgekehrt, trug sie wieder dieselben

langen, dunklen Röcke wie die anderen älteren Frauen, aber sie blieb in ihrem Herzen Amerikanerin. Den Namen, den sie im Dorf bekam, trug sie mit Stolz. Auch das englische Wort für Wäsche »laundry«, das sie aus dem sagenhaften Land jenseits des Ozeans mitgebracht hatte, sprach sie oft und warm aus; vielleicht kannte sie kein anderes, denn sie hatte von Amerika nichts gesehen als Berge von Wäsche und ein paar Dollars.

Die Gegend war schön und friedlich wie die Menschen. Im Dorf wohnten gegen zwanzig jüdische Familien. Kleine Geschäftsleute, Handwerker, die alte, runzlige Gemüsehändlerin mit drei ledigen, doch kinderreichen Tochterfamilien, von denen man vieles munkelte, ein schäbiger Schammes, der viele gesunde Kinder und einen debilen Sohn hatte – den hinkenden Ziegenhirten des Dorfes. Nie hörte man, daß ihn jemand im Dorf ausgelacht hätte. Wassermannbáči, den durch das eigene und das jüdische Schicksal zur Erde gebeugten Kantor und Schächter, kannte jeder im Dorf. Es war da noch Simon, der »Hergelaufene«, wie ihn manche am Anfang nannten. In unerreichbarer Höhe lebte im Dorf auch eine Fabrikantenfamilie, die eine große Ziegelei besaß. Das herrliche Haus, ein Palast in den Augen der Dorfbewohner, war von der Straße aus nicht zu sehen. Durch einen hohen Heckenzaun von der übrigen Welt, vom Plebs, abgeschirmt, lebten die reichen Juden. Man sprach sehr selten von ihnen. Sie blieben der Gemeinde fremd. Man beneidete und bewunderte sie zugleich, aber man ließ sie in Frieden reich sein. Jemand erzählte auch, daß sie keine Juden mehr, sondern in der katholischen Kirche getauft und daher Christen zuzuordnen seien. Die Dorfjuden sprachen nicht darüber, aber wenn ihre kleine und arme Gemeinde in Not war, besuchten sie die Reichen, die Getauften, und bekamen Unterstützung. Die Christen, die Katholischen, waren auch zufrieden, denn ihre Kirche wurde nach der stillen, fast heimlichen Taufe um einen goldenen Pokal reicher; und auch die nicht unbedeutende Kirchensteuer durfte man nicht vergessen!

Der Brunnen

Die erträumte Freiheit sollte für Simon im eigenen Haus beginnen. Doch das war uralt und schäbig, aus ungebrannten Ziegeln, was an den bloßgelegten Außenwänden des Hauses am auffälligsten ersichtlich war. Das Dach hatte Löcher; der verfaulte Zaun lag hilflos auf dem Boden. Ins Haus gelangte man durch eine breite, mit viereckigen, abgewetzten Steinplatten ausgelegte Veranda, die durch einen aus Holz geschnitzten niedrigen Zaun vom Gemüsegarten abgetrennt war. Die Holzschnitzereien waren das einzige, das den traurigen Anblick des verwahrlosten, verlotterten Hauses milderte. Das mit Sehnsucht nach Freiheit erfüllte Auge Simons suchte überall nur die sonnigen Ecken. Und er entdeckte bald zwei Schwalbennester unter seinem verfaulten Dach. Das war ein gutes Zeichen! Außerdem liebte er es, aus Nichts etwas Schönes und Lebendiges zu schaffen. Er wollte hier, in seinem eigenen Haus, wie so oft im geheimen – Gott verzeihe diesen Vergleich – ein Schöpfer sein. Das hatte er doch schon als Junge gesehen und erlebt, wenn er einen Apfelkern in die Erde gesteckt hatte und gespannt darauf wartete, bis das Wunder geschah, das Wunder der Geburt, des Lebens, das nur die Auserwählten sahen. War er auserwählt? Auch hier, wo das mit Hunderten von Wunden geplagte Haus stand, sah er in seinem Herzen und mit des Schöpfers Augen ein friedliches Heim, sein Haus, und das Haus seiner Kinder.

Das Haus wurde von innen und außen mit Kalk frisch getüncht. Ein Hauch von Sauberkeit und festlicher Erwartung berührte Simon und die Seinen. Doch die Zimmer blieben kalt und stumm.
Eines Abends traf in Simons Haus unerwartetes Glück ein: ein Wanderer, ein Landstreicher, ein Mensch, der wie Simon die Freiheit liebte und den Weg der Freiheit unermüdlich

weiterging; dieser Weg ließ ihn Dörfer und Städte durchstreifen, nur wenige Tage an einem Ort verweilen, um dann wieder weiterzuziehen – wie ein Nomade. Warum und wohin, das wußte niemand, vielleicht nicht einmal er selbst. Er konnte fast alles, auch Wände bunt bemalen. Und so blieb er bei Simon und malte für gutes und warmes Essen, ein sauberes Bett und ein liebes Wort die Wände purpurrot, mit goldenen Ornamenten üppig verziert oder auch himmelblau, mit weißen Blümchen übersät; er schwor, es sei das modernste und teuerste Muster, das man sonst nur in herrschaftlichen Villen sehen könne; Simon sollte da eine Ausnahme sein. Der nahm es wörtlich, und sein Dank war groß und aufrichtig.

Simons altes Haus hatte vier Fenster, vier traurige Augen. Vor diesen lag ein Ziergarten, wie im Dorf üblich. Der Zaun, der mit seinen schwarzen und verfaulten Latten wie das zahnlose Maul eines Greises aussah, kränkte Simon. Weil er kein Geld mehr hatte, holte er sich eines Tages von der Sägerei Abfallbrettchen. Er wollte diese glatthobeln – ohne Erfolg. So schlug er sie dicht nebeneinander in die Erde ein. Die verfaulten, schwarzgrünen, mit Moos überwucherten Latten warf er weg. Die neuen, ungehobelten waren häßlich, und Simon schämte sich. Doch er sprach mit niemandem darüber. In einem großen, aus Weidenruten geflochtenen Korb brachte er auf dem Rücken saftige Walderde, denn solche sollten seine Blumen haben. Die Häßlichkeit des Zaunes wollte er durch Rosen, Osterglocken, Vergißmeinnicht und Pfingstrosen überdecken. Oft hielt er mitten in der Arbeit inne und lachte, denn sein neu angelegter Blumengarten kam ihm wie eine häßliche Jungfer vor, die sich mit filigranen kurzen Röcken und bunten Hüten auf Männerfang begibt. Keiner im Dorf sollte solche Blumen haben, auch wenn der Zaun vorläufig noch nicht zu den Rosen paßte. Es würde ja nicht ewig so bleiben . . .

Der hintere Gemüsegarten war größer und liebenswerter, denn er war von zwei Seiten von der geschnitzten Verandawand umgeben. Da konnte man leichter vieles verbessern und verschönern. Simons inneres Auge sah dort schon blühende Apfelbäume, Himbeersträucher, saftige Gurken, Petersilie und Knoblauch gedeihen. Junge Zwiebeln mit Quark aß Simon gerne mit Zucker bestreut, aber das konnte Paulina nicht leiden. Auch gesalzene Heringe mußte er im Freien essen. Doch das alles zählte nicht im Angesicht seiner Träume vom »schönen« Haus, wo er frei leben und arbeiten durfte. Paulina blieb blind – sie sah nichts von dem, was er sah. Sie sah nur die schwarzen Löcher im Dach und die nackten, aufgerissenen Wunden an den Wänden. Sie sah die Gegenwart, er die Zukunft.

Simon fühlte sich noch immer nicht ganz frei. Des Brunnens wegen. Er erkannte, daß auch das Wasser zur Freiheit des Menschen gehört, und er hatte noch keinen eigenen Brunnen. Täglich mußte er unzählige Eimer beim Nachbarn holen. Kulich, der Nachbar, und seine Frau beobachteten, vorläufig stumm, wie der Jud ihrem Brunnen Eimer um Eimer die kostbare Flüssigkeit vor ihren Augen entnahm. Simon, begleitet von diesen feindseligen und mißtrauischen Blicken, fühlte sich wie ein Bettler. Das ungute Gefühl verstärkte sich später noch – er fühlte sich nicht mehr wie ein Bettler, sondern wie ein Dieb, der auf frischer Tat ertappt wird. Deshalb entschloß er sich eines Nachts, nachdem Paulina ihre weichen Hüften von den seinen hinuntergleiten ließ und genug von seiner Liebe genossen hatte, einen eigenen Brunnen in der Mitte des Gemüsegartens zu graben. Und schon am folgenden Tag begann er, seinen Plan zu verwirklichen. Jeden Tag grub sich Simon tiefer in den Schoß der guten Erde ein. Und immer stärker fühlte er des Menschen Zugehörigkeit zur Natur. Bald blieb nur noch ein kleiner Bogen blauen Himmels zu sehen über seinem Kopf, und um ihn war der Duft der entblößten Mutter Erde. Dazwischen war er, der kleine Jude, in einem guten Land. Der blaue Himmel verschwand allmählich. Simon grub sich tiefer und tiefer ein. Seine empfindsamen Nasenflügel spürten deutlich das lebensspendende Element, das schon ganz nahe auf ihn wartete, um emporzusteigen, erst zu seinen Füßen und langsam höher zu den Händen, den Händen des »Schöpfers«, und weiter in die Wurzeln und Zweige, zum Lobe des Herrn und des Menschen ...

Simon grub seinen Brunnen ganz allein. Nur eine seiner Töchter, Susanna, kam öfters und schaute wortlos in das schwarze Loch. Dann setzte sie sich auf den frisch aufgeworfenen Erdhügel und beobachtete, wie dieser wuchs. In regelmäßigen Abständen kam vom schwarzen Loch eine Handvoll Erde. Susanna schaute hinunter, er herauf. Ihre Blicke trafen sich. Jetzt und für die Ewigkeit. Sie lächelten, wie einst Rosa, Simons Mutter, gelächelt hatte. Dann stieg Simon aus dem Brunnenschacht. Er streckte seinen steifen Rücken und wischte den salzigen Schweiß mit der rechten Hand ab. Die heißen Tropfen fielen auf die kalte, jungfräuliche Erde. »Bald haben wir unseren eigenen Brunnen«, sagte er zufrieden und beinahe stolz zu Susanna, der einzigen Zeugin seines göttlichen Werkes. Dann stieg er gemächlich auf der schmalen Leiter wieder in die Dunkelheit und vollzog sein gesegnetes Werk. Er vertraute der guten Mutter Erde, mit der er so tief verbunden war, und er wußte, daß sie ihm auch Wasser schenken würde, wenn er nur sanft genug in ihren Leib eindränge, wie ein liebender Mann, der seiner Frau ein Kind zeugte. Der Brunnen sollte nicht zu weit von Paulinas Küche sein und auch nicht vom Stall, denn gar manches Mal mußte sie oder eine seiner Töchter das Vieh tränken, und die Eimer waren schwer.
Simon war im Schacht des Brunnens nur scheinbar allein. Seine Gedanken umschwärmten ihn wie die Falter beim Mähen. Er dachte daran, wie er vor sechzehn Tagen mit dem Spaten das erste Mal den Leib der Mutter Erde berührte. Sie sträubte sich nicht, gab sich ihm willig, wie ein Weib, das aus Liebe auf den Auserwählten wartet. Bei jedem Schlag roch er den Duft des Lebens und sah Bilder seines aufblühenden Paradieses. Wenn er müde war, richtete er sich mit breit gespreizten Beinen im dunklen Loch auf, mit der Linken auf die Spitzhacke gestützt; mit der Rechten taufte er die ausgeho-

bene Erde mit seinem Schweiß. Er stand da wie ein Prophet, erhaben und mit seinem Werk zufrieden.

Es geschah am sechzehnten Tag nach dem ersten Spatenstich, daß Simons nackte Füße Wasser berührten. Er betete. Die Worte seines Gebetes standen in keinem Gebetbuch. Ein Schatten fiel über den Bogen des blauen Himmels, den Simon von unten über dem Brunnenschacht sah. Paulina stand am Rande des für sie unheimlichen Loches, die Hände im Kreuz auf der Brust gefaltet. Sie schaute in die Tiefe und sagte: »Simon, das Essen steht bereit!« Ein zweiter Schatten, ein schmerzlicher, bedeckte diesmal nicht die Mittagssonne, sondern Simons Herz.

Im Blumengarten, vor den vier blinden Fenstern seines Hauses, sollten vier verschiedenfarbige Rosensträucher blühen. Vor dem ersten Fenster pflanzte Simon einen purpurroten Rosenstock, vor dem zweiten einen weißen, dann einen rosaroten, und der vierte sollte eine Teerose sein. Diese trocknete als einzige aus. Dort hatte er danach nie mehr eine Rose gepflanzt, dafür Pfingstrosen, und diese blühten üppig wie die Brüste eines jungen Mädchens. Der ungehobelte Lattenzaun war gewiß dieses Meisterwerkes der Natur nicht würdig, und das nagte an Simons Herzen. Die Schönheit und der Duft der Rosen vermochten die Häßlichkeit des Zaunes nur zum Teil zu lindern. Die Einführung des elektrischen Lichtes, die Reparaturen des Daches, die Ausbesserung der verfaulten Fußböden, die Fensterscheiben, die Kuh, der Pflug, die Bäumchen ... das alles verschlang sehr bald das ganze Geld des Gnädigen, und so mußten sich die stolzen Rosen weiterhin hinter dem unwürdigen Zaun verstecken.

In seinem Garten war Simon glücklich. Es gab aber noch einen anderen Grund zur Zufriedenheit. Simon sah, wie er im Dorf an Ansehen und Achtung gewann, wie herzlich ihn die Bauern und Nachbarn grüßten und nach seiner Gesundheit fragten, ihm halfen, wenn ein Rad an seinem Heuwagen gebrochen war oder der vollbeladene Wagen ins Schwanken geriet. Er war im Dorf jemand geworden, geachtet und geehrt. Dafür war Simon dankbar, denn er hatte schon anderes erlebt ... Korda trat vor seine Augen, doch nur für einen kurzen Augenblick.

Simons Haus sollte nicht nur in seinen Träumen immer schöner werden, es wurde auch in Wirklichkeit innen und außen geflickt, bemalt, geweißelt. Aber trotz aller Verbesserungen und Verschönerungen blieb es wie eine ausgediente Hure im neuen billigen Kleid. Nichts konnte die verfallenen Wände und ihre Risse verdecken ... Und doch, Simons altes Haus war durchdrungen von Liebe und beseelt von seinen Träumen. Sah es jemand? Wer spürte es außer ihm? War es seine Tochter Susanna? Und die anderen? Warum sahen sie die Welt nicht mit Simons Augen?

Wassermannbáči

Im Dorf lebte außer der »Amerikanerin« noch eine merkwürdige Person, Wassermannbáči. Alle kannten ihn, und alle ehrten ihn. Viele liebten ihn. Nur wenige wußten, woher dieser Jude ins Dorf gekommen war. Das niedrige Häuschen, das ihm die kleine jüdische Gemeinde zugewiesen hatte, stand eingebettet zwischen den christlichen, ebenfalls ebenerdigen Häusern des Dorfes. Das Gäßchen war ruhig, wie seine Bewohner. Auch die Hunde, die ihre Freiheit genossen und bewahrten, bellten nur selten. Zwei Fenster schauten verwundert in das gegenüberliegende Häuschen eines Eisenbahners. Die meisten Dorfbewohner arbeiteten nämlich im nächsten Städtchen in einer Eisenbahnfabrik. Viele waren Hilfsarbeiter, und sie hatten sich mit Hilfe der Eltern, Geschwister, Nachbarn oder des Schwagers ein eigenes Dach über dem Kopf gebaut, denn in Untermiete zu wohnen war eine Schande. Zum Häuschen gehörte ein winziger Blumen- und Gemüsegarten, zudem ein Hühner- und Schweinestall. Die Wohlhabenderen hatten auch eine Kuh. Wenn der »Arbeiterzug« die dunkelblauen Uniformen am Abend ausgespuckt hatte, eilten alle auf ihr Fleckchen Erde hinter dem Haus, wo mit einer Sichel frisches Gras oder Klee für die Ziege gemäht wurde.

Das Haus des Juden Wassermann hatte einen winzigen Hof, der nur mit Gras bewachsen war. Keine Hühner, keine Kuh und auch keinen Schweinestall gab es darin. Ein ziemlich hoher Zaun aus braunen Latten endete mit einem Türchen, das nur durch eine einfache eiserne Klinke gesichert war. Wollte man hinein, mußte man zuerst das Türchen ein wenig aus den Angeln heben, dann die Klinke drücken. Danach ertönte ein kreischender, unangenehmer und weinerlicher Ton, der den Eintretenden bis zum Schließen des Türchens begleitete. War es ein Warnsignal? Wassermannbáči hatte keinen Wachhund. Aber jedermann im Dorf würde lachen über einen solch albernen Gedanken, denn Wassermannbáči hatte keine Feinde, und gemeine Diebe kannte man in Sučany nicht. War also das unangenehme Kreischen und Weinen zu Ende, war man bei Wassermannbáči. Jeden Morgen öffnete er zur selben Zeit das kleine Tor. Auch er mußte es von innen ein wenig anheben. Dann drückte er die Klinke, und wenn der Seufzer zu Ende war, blieb er vor dem Haus stehen, den Kopf zwischen den Schultern eingezogen, den Rücken rund wie ein Laib Brot – nicht von Geburt und auch nicht durch Krankheit, sondern von der unermeßlichen Last seines Lebens zur Erde gedrückt. Er schaute rechts, dann links, und wenn niemand im Gäßchen zu sehen war, ging er langsamen Schrittes, in Gedanken versunken, mit dem eigenen und seines Volkes Leid beladen, durch das stille Dorf. Traf er dabei einen Erwachsenen im Gäßchen an, begrüßten sie einander freundlich, wie Gleiche unter Gleichen, fragten nach der Gesundheit, den Kindern, der Ernte, besprachen auch das Wetter und gingen ihrer Wege. Wenn sich aber ein Kind schon so früh zeigte, blieb er stehen; ein Lächeln stieg in seine traurigen Augen, und er wartete geduldig, bis es zu ihm kam. Sie gingen beide Hand in Hand weiter und sprachen über Dinge, die niemand hörte, bis zur Kreuzung, wo sie sich wieder trennten und einander noch lange zuwinkten. Er kannte ihre Namen, auch den des Vaters, und die Kinder reichten ihm gerne ihre Hand. Manchmal lauerten ihm die Kinder auf, und es gehörte fast zum alltäglichen Bild des Gäßchens, daß der durch die Last des Lebens fast bucklig gewordene junge Greis vertraut mit einem Kind durch das Gäßchen ging. Man mutmaßte, daß er aus Galizien kam. Ob er nach einem Pogrom oder zufällig hierhergezogen war, wußte niemand. Auch Simon erfuhr erst mit der Zeit, daß die Eltern des Vorbeters, selbst von Gott mit vielen Kindern gesegnet, noch ein Waisenkind aus der Verwandtschaft zu sich genommen und gebührlich erzogen hatten. Der junge Galizier kam schon verheiratet ins Dorf. So viel konnte Simon in der ersten Zeit im »Dorf der Freiheit« erfahren. Gott schenkte dem Vorbeter zwei gesunde Kinder. Dann kam der Krieg.

Der »Chasn« ging auch in den Krieg. Er sah und erlebte so manches Unbeschreibliche, was auch schon viele vor ihm sahen und erlebten. Der Krieg trieb ihn, den Chasn, der im Tempel vorbeten und den Namen des Heiligen preisen, die Jungen beschneiden, die Verliebten trauen, die Verstorbenen begraben sollte, mit einem Gewehr in der Hand bis nach Sibirien. Er sah Menschen sterben und konnte sie nicht begraben; er hörte sie um Gnade rufen und konnte ihnen keine geben. Seine gewesene Welt verschwand, und er wurde ungefragt und erbarmungslos weiter gestoßen und geschoben, immer dem Osten zu, in eine ihm ganz fremde, unverständliche, unmenschliche Welt. Das Chaos außen und in seinem Kopf war so groß, daß er für seine Frau und Kinder nicht mehr beten konnte. Die Frau wußte und hörte nichts von ihm. Sie erhielt keine Briefe und konnte ohne seine Liebe nicht leben. In einer Irrenanstalt vergaß sie ihre Sehnsucht. Er wußte nichts, und er hörte nichts von seiner Frau, die er liebte. Das Waisenkind, das seine Eltern zu sich genommen und erzogen hatten – inzwischen eine Frau geworden –, kam und betreute seine verwaisten eigenen Kinder.

Der Krieg war zu Ende. So wie ein Sturm sich beruhigt, die Gewalten sich endlich austoben, so legt sich auch der Krieg, und es wird still. Es bleiben nur entwurzelte Bäume, nackte

Häuser, Waisen, Krüppel und Wahnsinnige. Der Chasn kam von Sibirien nach Jahren des Tötens in sein Dorf zurück, um seine Frau zu lieben, um den Menschen den Weg zu Gott, der sich im Krieg in so geheimnisvollen, unverständlichen und grausamen Gestalten offenbarte, zu zeigen und zu ebnen. Diesem Gott wollte er danken, daß er am Leben geblieben war, Augen und Beine hatte ... Sie war nicht da. Ihre Sehnsucht war für ein schwaches Frauenherz zu groß gewesen. Er fand die andere, die Waise aus Galizien. Seine eigene Frau erkannte ihn nicht mehr. Es war zu spät. Er kam, aber sie war verschwunden, und so erlosch auch ihre Liebe und Sehnsucht. Zwischen dem Chasn und seiner Frau blieb der Krieg bestehen.

Amerika, das Gelobte Land

Ein einziges Mal erzählte Simon Paulina und den Kindern von seiner Reise nach Amerika. Es war an einem Freitagabend. Der Küchentisch war mit einem weißen Tischtuch bedeckt. Zwei billige Kerzen brannten in den am Rande verkrümmten Leuchtern. Paulina bedeckte ihren Kopf – und teilweise auch ihr Gesicht – mit einem schwarzen Tüchlein, schloß die Augen wie zur Meditation, denn sie sprach bei diesem Gebet allein mit Gott. Dann murmelte sie auswendig über den Sabbatkerzen mit erhobenen Händen das Freitagabendgebet. Simon nahm das mit Segenssprüchen gestickte Deckchen vom Barches und schnitt jedem ein Stücklein ab. Er betete nicht und zwang auch seine Kinder nicht dazu. Nur eine unbeschreibliche Ruhe setzte sich in sein Gesicht. »Ein Gebet muß von selbst und nicht nur am Freitagabend aus dem Herzen kommen«, war Simons Überzeugung, und an die hielt er sich sein ganzes Leben lang. »Warum gehst du nicht in den Tempel, wie die andern?« fragte Paulina ihren Gatten immer wieder. »Mein Gebet ist meine Arbeit, das weißt du doch ... ich bete öfters als die andern, vom Morgen früh bis in die Nacht. Ich muß nicht in den Tempel gehen, mein Tempel ist hier bei euch und draußen auf dem Feld ...«, antwortete Simon ruhig. Paulina erwiderte nichts. Sie wußte nicht, wie und womit sie ihren hartnäckigen Träumer von seinen Irrwegen abbringen könnte. Diese zu nichts führenden religiösen Auseinandersetzungen fanden nur am Freitagabend statt. Und sie änderten nichts. Der Freitagabend und der Sabbat gehörte dem Menschen ebenso wie dem lieben Gott. Es wurde nicht gebetet – außer von Paulina –, aber eine friedliche Stimmung umarmte alle Versammelten. Sie wischten mit einem Stückchen Barches den Teller aus, lobten die hervorragende jüdische Kochkunst der Mutter, und das festliche Mahl war beendet.

In dieser wohltuenden Ruhe erzählte Simon den Seinen über die erste und letzte Reise nach Amerika: »Meine Eltern wohnten, wie ihr wißt, in Štiavnička, das von allen Seiten zwischen Bergen vergraben lag. Das Dorf und auch die riesigen Wälder gehörten dem Grafen Révay. Sein Kastell stand in einem herrlichen Park mit unzähligen kristallklaren Teichen, die durch Serpentinen miteinander verbunden waren. Im Park wuchsen ungewöhnliche Bäume und Blumen, ein wahres Paradies auf Erden. Die Dorfbewohner, also auch wir, wohnten hinter dem Zaun des Paradieses. Die Gärtner, Kutscher, Mägde, Köchinnen, Förster und der Schmied lebten in Frieden. Mein Vater, Jakob, war Brennereileiter des Grafen. Als er alt wurde, übergab er diesen Posten seinem ältesten Sohn, meinem Bruder Béla. Die Eltern durften aber auch dann noch im Dorf bleiben. Mein Vater Jakob war ein mürrischer Mensch – in meiner Erinnerung mit allem und jedem unzufrieden. Niemand wußte weshalb.« – Hier legte Simon in seiner Schilderung eine längere Pause ein und fuhr dann fort: »Die selige Mutter – Gott schenke ihr vollkommene Ruhe – saß fast immer unter dem kleinen Küchenfenster auf einer weißen, niedrigen Bank und flickte zerrissene Wäsche. In ihrem Gesicht lag ein verschmitztes Lächeln, gemischt aus Liebe und Weisheit, so daß sie auch als Weißhaarige noch schön und anmutig aussah. Vielleicht war das der Grund, weshalb mein Vater ihr nie nahekommen konnte. Mit ihrem Lächeln sah auch das runzlige Gesicht noch jung aus. Wie sie so gebückt die Nadel eifrig in die zerrissenen Unterhosen einstach und herauszog, fiel manchmal ein Sonnenstrahl auf ihr gütiges und edles Gesicht. Da hörte sie auf zu nähen, schaute dankbar in die Sonne, auf die Dächer und Wälder – über Grenzen, die ihr Mann, der alte Jakob, nie überschreiten konnte. Ich hockte in der dunklen Ecke des Hausflures und beobachtete sie unbemerkt. Schon damals, als Junge, fühlte ich, daß ich auf ähnlichen Flügeln fliegen würde wie meine Mutter ...«

In der stillen, gemütlichen Küche spürten alle, daß der Vater gerade einen Teil seines Lebens auf die Kinder übertrug. Es war ein heiliger Akt des Fackelübergebens. Der alte Wecker tickte regelmäßig sein monotones Lied, und die schwarz-weiße Katze sprang von Paulinas Schoß auf den sauber geschrubbten Fußboden und streckte ihren erstarrten Körper aus.

»Im Vorzimmer – aber es war ja keines wie ihr es euch vorstellt, sondern nur ein dunkler, fensterloser Hausflur wie in allen damaligen Bauernhäusern in Štiavnička – gab es oben in der Wand eine längliche Nische. In dieser standen, säuberlich aneinandergereiht, geblümte Täßchen. Unter einem – es war das dritte von der Wand – versteckte meine Mutter ihre Kreuzer, ihre einzigen Ersparnisse, denn von Jakob erhielt sie kein Geld für ihren persönlichen Gebrauch. Kam ein Gaukler oder sonst ein Bettler ins versteckte Dorf, oder etwa wir Kinder – und es gab immer nicht nur eins, sondern einen Haufen, die hungrig, durstig oder weinend Schutz suchten vor den Stärkeren –, da hob sie mit ihrem verschmitzten Lächeln das dritte Täßchen auf, und schon hielt eines von uns, oder auch der Bettler, einen Kreuzer in der schmutzigen Hand, mit der wir zugleich die Rotznase abwischten und strahlend im nahen Dorfladen eine rote, süße Pfeife kaufen gingen. Die heimlich ersparten Kreuzer machten viele Kinder und auch Arme glücklich und ließen sie ihr Leid vergessen.«

Simon schwieg für eine Weile, und die um ihn Sitzenden spürten, daß sie ihn nicht stören durften, denn er war jetzt nicht wirklich bei ihnen, sondern bei seiner Mutter in Štiavnička. Von dort zurückgekehrt erzählte er weiter: »Es war bei uns Sitte und ein ungeschriebenes Gesetz, daß man die Söhne mit dreizehn Jahren mit zwei Paar ›Gatzes‹ in die Welt auf Wanderschaft schickte. Dort sollten sie, ohne elterliche Hilfe und Stütze, ihre Lebenstüchtigkeit erproben und beweisen und erst als erwachsene, fertige Männer, die auf eigenen Füßen stehen konnten, zurückkehren. Kam einer früher, ohne Lebenserfahrungen oder ohne ein Handwerk erlernt zu haben zurück, war er dem Dorf als untauglich und – das war schmerzlicher – lächerlich ausgeliefert. Ich selbst war etwas älter, als ich meinen Ranzen nahm, und ich setzte mir in den Kopf, daß ich meiner Mutter viele Dollars unter das geblümte Täßchen schicken müßte.
Die Reise nach Amerika verbrachte ich im Heizraum des Schiffes, denn ich hatte weder Papiere noch Geld. Während der Fahrt habe ich kein Stückchen Himmels, noch das Meer gesehen. In der riesengroßen Stadt New York stand ich verlassen und verwundert auf der Straße. Alles war für mich neu und fremd. Die Tränen wischte ich heimlich mit dem schmutzigen Hemdärmel ab. Die Menschen bewegten sich schnell und rücksichtslos. Niemand blieb stehen. Es schien mir alles wie ein ungezähmter Wildbach, der auch mich jeden Moment mitreißen konnte ... Niemandem fiel auf, daß ich hilflos dastand und auf ein warmes Essen und ein liebes Wort wartete. Während der ersten Tage drehten sich Straßen, Häuser und Menschen wie ein Karussell in meinem Kopf. Doch dann trennten sich diese drei Dinge, und ich sah nur noch die Menschen und deren Gesichter. Ich nahm mir vor, herauszufinden, wer und wie sie waren. Aber das gelang mir nicht. Eines Abends stand ich vor einem riesigen Schaufenster und verschlang mit meinen unwissenden und hungrigen Augen

Dinge, die ich nie zuvor gesehen hatte. Unweit von mir unterhielten sich zwei junge Menschen auf Ungarisch. Ich spürte sofort, daß sie der Anfang meines neuen Lebens sein würden. Es waren Bergarbeiter aus der Gegend von Budapest. Ich sprach sie an: ›Freunde, könnt ihr mir helfen, ich suche Arbeit . . .‹ Der eine drehte sich um und lachte: ›Ja, wenn du in Amerika Millionär werden willst, komm mit uns, Hotel und erstklassige Verpflegung inklusive!‹ Wir fuhren sehr weit, und ich war müde. Das noble Hotel war eine schmutzige Herberge – für etwa hundert Menschen ein Raum. Alle saßen oder schliefen auf dem Fußboden, der teilweise mit Stroh bedeckt war. Niemand zog seine Arbeitskleider vor dem Schlafen aus. Das Bündel mit dem ganzen Hab und Gut wurde unter den Kopf gebettet. Am ersten Abend wurde ich belehrt: ›Was man unter dem Kopf hat, wird nicht gestohlen.‹ Am folgenden Morgen fuhren wir in die Kohlengrube. Meine Hände fingen sehr bald zu bluten an, doch das war nichts Ungewöhnliches. Weiche ›Herrenhände‹ mußten hart werden. Am Abend aßen wir im hinteren Teil eines Restaurants die Überreste von den Tellern, welche die Gäste zuvor stehengelassen hatten. Das Essen war spottbillig; außerdem fühlte man sich satt und in der Lage, den Kindern, der Frau oder der Mutter mehr ersparte Dollars zu schicken.«

Die große Wanduhr im Vorzimmer – sie hatte ein bronzenes Zifferblatt – war das einzige, was Simons Beichte in Viertel-, halbe und ganze Stunden teilte. Doch niemand zählte sie, und niemand hörte sie, denn die Seinen wanderten mit Simon durch das für ihn seelenlose Land.

»Mein einziger Freund, der junge Ungar, war ein lebensfroher Mensch; er nahm auch das sonnenlose Leben unter der Erde und die verstunkene Herberge von der lustigen Seite. Ich erfuhr, daß er seine schöne junge Frau in Kürze erwartete und auch den Sohn Mihaly, den er noch nicht kannte, da dieser erst zur Welt gekommen war, als sein Vater bereits auf dem Schiff das große Glück suchen ging. Die Freude auf das bevorstehende Wiedersehen war so groß, daß keine Dunkelheit und kein Schmutz sie in seinem Herzen trüben konnten. Wo immer er gerade war, summte er ungarische Lieder, die auch mir bekannt waren. Ich hörte nur zu; aber sie taten mir wohl; es war ein bißchen Heimat.«

Die Katze sprang nun auf die Knie des Vaters und schlief dort ein.

»Der Ungar trug in seiner speckigen Jacke stets das Bild seiner Frau und seines Sohnes. Vom vielen Betasten war es schon ganz zerfetzt und schwarz wie die Kohle um uns. Die Frau und das Kind betraten in diesen Tagen das Schiff in Hamburg, das sie zu Kálmán bringen sollte.«

»Nach einigen Tagen bekamen meine Hände eine harte, schützende Hornhaut, und sie hörten auf zu bluten. In der Grube hatte ich ein komisches Gefühl. Ich stand Jahrmillionen gegenüber. Allmählich wurde aus der Finsternis Licht. Meine Arbeit betrachtete ich als Geschenk Gottes, denn erst hier, tief unter der Erde, sah ich die Ewigkeit. Dort oben war alles vergänglich, hier unten ewig. Ich schaute in die Augen der anderen und wollte herausfinden, ob auch sie die Ewigkeit hier unten entdeckt hätten. Ich erfuhr es nicht. Wie der Ungar begann ich, mich unter der Erde wohl zu fühlen. Ich begriff damals, daß der Mensch gezwungen ist, zu allen Dingen eine Brücke zu schlagen, um den Sinn des Lebens zu begreifen, denn Mensch und Dinge sind eins.«

So sprach Simon zu den Seinen an einem gewöhnlichen Freitagabend, vielleicht auch nur zu sich selbst, um die Ungeheuerlichkeit dessen, was er aussprach, einmal – endlich – loszuwerden. Er sprach so lange wie nie zuvor und nie nachher. Paulina stand auf; mit dem Daumen und Zeigefinger löschte sie die sterbenden Kerzen, legte das schwarze Kopftuch säuberlich in Falten zusammen und sagte: »Kinder, ich bin müde, gute Nacht!« Susanna blieb beim weißgedeckten Tisch und den noch rauchenden, erloschenen Kerzen sitzen, den Kopf in beide Hände gestützt und die Augen mit denen des Vaters vereint. Es war nicht sicher, wem Simon dann die Geschichte seiner Amerika-Reise weiter erzählte und ob er wußte, daß da nur noch Susanna, seine zweitälteste Tochter mit ihrem goldblonden langen Haar und braunen, neugierigen Augen, mit denen sie Simon schon im dunklen Brunnenschacht gefunden hatte, saß.

»Am nächsten Morgen«, fuhr Simon fort, »entdeckte ich in meinem Stollen einen riesigen Felsblock, der mir unheimlich vorkam. Ich schlich in die hinterste Ecke, und von dort betrachtete ich diesen stummen Feind. Da kam ich mir so klein vor wie ein Wurm und wagte es nicht, den Felsblock zu berühren. Ein unerklärliches Gefühl, daß ich beim ersten Schlag die Erde in ihrer heiligen Ruhe verletzen könnte, beschlich und lähmte mich. Auf diesem Felsen ruht die Erde; man darf sie nicht stören ... Dieser Gedanke verfolgte mich, und ich hatte plötzlich keinen Mut, meine tägliche Arbeit in Angriff zu nehmen. So ging ich zu meinem Ungarn und bat ihn, mir zu helfen. Er lachte, wie es seine Art war, hell auf, was in dieser Welt der Stille ganz seltsam und unheimlich tönte. ›Hab keine Angst, Barátom, so leicht kommt unsereiner nicht hinüber ...; du mußt noch so manches erleben, bis du dich ausruhen darfst ... Bleib hier, und ich mach für dich den ersten Schlag.‹ Ich wartete in seinem Stollen, und – ihn zog man tot aus dem meinen heraus. Vielleicht berührte er das Herz der Erde ... Seine junge Frau und der kleine Mihaly zählten schon die Tage, bis ...«
Susanna legte ihren Kopf auf das weiße Tischtuch.
»In allen Ecken sah ich ihn. Fremde Menschen gingen zwar hinter und neben mir, aber sie erhielten immer nur sein Gesicht. Von überallher hörte ich das lebensfrohe Lachen und seine letzten Worte ... ›bis du dich ausruhen darfst ...‹«

Vieles von dem, was Simon erzählte, verstand Susanna nicht, vieles hörte sie schon nicht mehr, denn es war sehr spät geworden, und alle anderen schliefen schon. Nur sie und ihr Vater, der seinem Kind beichtete, saßen noch beisammen am Sabbattisch mit den erloschenen Kerzen. Es war seine erste und auch letzte Beichte, die er ungewollt seinem liebsten Kind übergab. Er legte seine breite, harte Hand auf Susannas Kopf. Niemand forderte ihn auf, weiterzuerzählen; er tat es dennoch:

»Ich arbeitete dann im Hafen mit vielen anderen Einwanderern, die mir alle unbekannt und fremd waren. Die einzige Gemeinsamkeit war, daß wir die gleichen Säcke vom Innern der Schiffe in ein riesiges Lager trugen. Die Säcke waren groß und schwer. Oft berührten wir mit der Nase und der ausgestreckten Zunge den Boden. Doch, wie zuvor in der Kohlengrube, findet der Mensch immer einen Weg, sich die schwere Arbeit zu erleichtern. Auch ich beobachtete genau, wie es die andern machten. Ich lernte, wie und wo man einen Sack anpacken und tragen mußte. Somit wurde alles leichter. In meiner Hosentasche trug ich stets ein kleines Notizheft mit, in das ich die Zahl der getragenen Säcke und Arbeitsstunden eintrug. Ich verstand ja die fremde Sprache nicht. Einmal in der Woche standen wir in einer langen Reihe am Auszahlungsschalter; die Schlange bewegte sich zäh und mühsam vorwärts. Man hörte Flüche, erregtes Disputieren, man sah wilde Gesichter – doch ich verstand nichts. Als die Reihe an mir war, wurde mir alles klar: Man wollte mir nicht den vollen Lohn auszahlen. Ich fuchtelte mit meinem Notizbuch vor den Augen des Beamten herum, doch es half nichts, weder mir noch den andern. Mit hängendem Kopf – wie ein verprügelter Hund – verließ ich den Hafen.«

»Die Haare verlor ich in einer Automobilfabrik, wo ich mit Farben, Lacken und ähnlichem Dreck hantieren mußte. Die Arbeit war nicht das größte Übel; es waren die Menschen, die mich aus diesem ›Paradies‹ hinausgetrieben haben ... Ich träumte oft von meiner Mutter und schickte ihr meine ganzen Ersparnisse. Dann stellte ich mir vor, wie sie das bemalte Täßchen hob und das Geld aus Amerika dort für ihre guten Zwecke versteckte; auch hörte ich deutlich, wie sie vor Freude weinte und still für sich selbst sagte: ›Mein Sohn, das arme Kind in der fremden Welt.‹«

»Die Ersparnisse haben die meisten Einwanderer zur Bank getragen. Das Kissen unter dem Kopf war nicht sicher genug. Jeden Monat schickten die Väter und Söhne ein paar Dollars in die Heimat übers Meer. Auch ich ging eines Tages mit dem Büchlein in unsere Bank, füllte den Zettel aus mit Namen und Summe, die ich abzuheben wünschte. Dann setzte ich mich auf die Bank und wartete. Ich war einer von vielen, die warteten. Ein unbeschreibliches Gedränge. Man fluchte, jeder in seiner Muttersprache; man spuckte auf den Fußboden, rauchte den billigsten Tabak. Doch ich hörte nur aufmerksam zu, ob mein Name ausgerufen würde. ›Simon Lewy!‹ hörte ich nach langem Warten. Mit Fäusten drängte ich mich durch zum Fensterchen und erhielt 20 Dollar. Eine Hand klopfte mir auf die Schulter, und eine fremde Stimme sprach mich an: ›Simon, wie kommst du denn her?‹ Die fremde Hand schob sich gleichzeitig in meine Brusttasche und zog Mutters zwanzig Dollar hinaus. Ich erwischte die niederträchtige Hand und drehte sie im Gelenk um. Dann hörte ich nur noch einen kurzen Schrei, und alles war vorbei.«

»Hörst du noch zu, mein Kind?« Susanna schlief, den Kopf auf den Arm gelegt, der wie ein abgebrochener Ast auf dem weißen Tischtuch lag. Simons Amerika-Beichte hatte kein Ende. Es war niemand mehr da, der ihm noch zugehört hätte. Und so erfuhr niemand, daß er in dieser Neuen Welt gescheitert war und wieder im Heizraum, in der glühenden Hitze, den Weg in sein winziges Heimatdorf auf sich nehmen mußte . . .

Die Einbürgerung

Im »Dorf der Freiheit« starben die Alten, heirateten die Jungen, und Kinder kamen zur Welt. Man aß und trank, man schlief, zeugte Kinder und ging seiner Arbeit nach. Die wichtigsten Ereignisse wie Hochzeiten, Begräbnisse, Taufen, Untreue, uneheliche Kinder, der Bau eines neuen Hauses, das

Notschlachten eines Schweines – das alles wurde in jedem
Häuschen am Abend jeweils gründlich von allen Seiten, aber
auch mit aufrichtiger Anteilnahme beim gemeinsamen Essen
erzählt, beschimpft, gelobt, bejaht oder verworfen. Dann
wurde die Neuigkeit wie eine Zeitung weggeworfen und vergessen. Große Ereignisse wurden gemeinsam gefeiert oder
betrauert. Es gab keine »katholische« Hochzeit oder kein »jüdisches« Begräbnis, sondern die Hochzeit des Bauern Beláčik
vom oberen Ende des Dorfes oder das Begräbnis der alten
Grünwald. Da wie dort war das ganze Dorf dabei.
Ins Dorf kamen viele Bettler und Schnorrer. Die letzteren
suchten nur die Juden auf. Sie kamen hauptsächlich von der
Karpaten-Ukraine. Man erkannte sie leicht an den breiten
Hüten, schwarzen Kaftans, Schläfenlocken und den unsicheren, traurigen Ghettoaugen. Die meisten kamen zum ältesten
Bruder von Simon, der neben den Stallungen und seinem
kleinen Holzhaus ein »Schnorrerzimmer« anbauen ließ. Ein
Bett, ein Tisch, zwei Stühle und ein Waschtisch hatten in der
Schnorrerstube Platz. Da durften die Schnorrer und Hausie-
rer mit ihren Knöpfen und Schuhbändeln, Spiegelchen und
billigen Taschenmessern übernachten. Aber zuerst mußten
sie Simons Bruder einiges aus ihrem Leben berichten. »Woher kommen Sie? Wohin gehen Sie? Haben Sie Frau und
Kinder? Wie lange sind Sie schon von zu Hause weg?« Der
Bruder war ein guter Menschenkenner. Er wußte, wann er
belogen wurde und wann die Zahl der zurückgelassenen Kinder stimmte. »Ein Lügner soll bei mir nicht übernachten!«
Doch allzuoft drückte er ein – oder auch beide – Augen zu,
denn er wußte, daß das unermeßliche Elend, das er selbst einmal gesehen, so manchen anständigen und aufrechten Mann
zum Lügner machen konnte. Um so mehr schätzte und be-
schenkte er die Wahrheitsgetreuen. Bei ihm klopften viele an
die Tür, und es durften alle im Schnorrerzimmer übernachten. Der älteste Bruder wußte auch, daß die Bochrim nicht
aus Vergnügen und auch nicht aus Faulheit ihr Elternhaus
verließen. Die strengen und gerechten Augen, der scharf ge-
schnittene Mund des Schnorrerfreundes weckten Respekt

und Vertrauen. Die Schnorrer hatten gut gebetet, wenn sie am Abend bei Béla Lewy an die Tür klopften! Sie zogen am nächsten Morgen satt und gewaschen ihres Schnorrerweges weiter.

Im Dorf mußte jeder neue Bewohner nach einer nicht festgelegten Zeit seinen Platz unter den Ansässigen erhalten. Gelang ihm dies, dann wurde er einer der Ihren. Dieser Akt der Einbürgerung vollzog sich allmählich und unbemerkt. Nichts wurde befristet, nichts vorgeschrieben. Auch die Maßstäbe für die Eingliederung waren nicht festgelegt. Man beobachtete, wie und von was der Hergelaufene lebte, wie er die Familie, die Nachbarn oder sein Vieh behandelte, ob er die Straße vor seinem Haus und den Hof samstags – bei den Juden schon freitags – anständig kehrte, und ob er die Ruhe- und Feiertage gebührend gekleidet einhielt.

Einige Jahre nachdem Simon mit seiner Familie am oberen Ende des Dorfes eingezogen war, bemerkten die Bauern nach und nach, daß dieser Jude merkwürdigerweise die Hacke und Sense so hielt wie sie; sie schauten ihm heimlich zu, sagten vorerst nichts, dann drehten sie verständnislos den Kopf. »Ein verfluchter Jude!«, was sowohl Bewunderung wie auch Abneigung und Neid bedeuten könnte. Im »Dorf der Freiheit« bedeutete es Bewunderung. »Er mäht und sät wie wir . . . er hackt eigenhändig sein Holz. Das gab es noch nicht in unserem Dorf!« Einige wenige meinten: »Ein Geizhals!« Auch diese meinten es gut. Sie wollten nur Simons Platz in der Gemeinde bestimmen. Doch bei diesem Juden ging es nicht so einfach wie sonst. Die anderen Juden verkauften Salz, Mehl, Nägel oder Petroleum, zumeist auf Borg. Man schrieb es ins Büchlein, und am Ende des Monats, wenn die Hilfsarbeiter ihren Lohn erhielten, bezahlte man – oder auch nicht, denn so war es Sitte seit Menschengedenken in diesem Dorf. Der Jud Epstein oder Reichert pflegte geduldig zu warten, mahnte nicht und verklagte nie einen Schuldner. So war es seit eh und je, und aus diesem Grunde verhungerte auch niemand im Dorf, obschon es auch schwere Zeiten gab. Der Schulz, der

Reiche, dem die Ziegelei gehörte, war nicht ihresgleichen – ein Reicher, der nicht schuften mußte wie sie. Bei dem alten Tapezierer Schlesinger zum Beispiel war alles klar; er verdiente ehrlich sein Geld, so auch der Zahntechniker Rosenbaum. Wie aber stand es mit einem Juden wie Simon? In kurzer Zeit räumten sie ihm, dem hergelaufenen Juden, einen ihm gebührlichen Platz in ihrer Gemeinde ein, einen Platz wie sie selbst ihn hatten, und an dem sie hart und ehrlich ihr tägliches Brot verdienten. Nach diesem Willen des Volkes erwarb Simon das Recht – nichts ahnend und um nichts bittend –, hier frei zu leben, wie ein Gleicher unter Gleichen, wie er es sich so oft erträumt und noch nie erlebt hatte ...

Es waren Simons schöner Garten, der saubere Hof, die gebürsteten Pferde und Kühe, die zu einer ehrenhaften Eingliederung beitrugen.

Das Geld, das er beim Gnädigen verdient hatte, reichte gerade für den Kauf des verfaulten Hauses und die dazugehörenden Stallungen und Scheunen. Davon konnte er aber nicht leben. Er mußte Kartoffeln, Gerste und Weizen anbauen, ein Kleefeld und eine Wiese bewirtschaften ... Simon wurde Pächter, und damit wurde auch schon seine ersehnte Freiheit bedroht. Von einer reichen und ebenso kleinlichen und verbitterten Witwe nahm er Felder und eine Wiese in Pacht. Die Witwe wohnte mitten im Dorf, in einem schönen Haus. Man achtete sie, denn sie war reich; man liebte sie nicht. Ihr Sohn, ein Gelehrter, ein Rechtsanwalt, dem Dorf entfremdet, zündete eines Nachts seine und seiner Mutter eigene Scheune an, die er vorher noch hoch versichern ließ, um noch reicher zu werden. Man erwischte ihn in derselben Nacht im Zug, mit verkehrt angeschlagenen Sohlen und Absätzen – welch ein dummer Gelehrter! Die Witwe zeigte sich nicht mehr auf der Straße und wurde noch verbitterter und bissiger als zuvor. Simon, ihr Pächter, der Jud, bekam es am meisten zu spüren.

Die Schule für Simons Töchter

Im Dorf wohnte seit Jahrzehnten eine geehrte evangelische Pfarrfamilie, die dem Staat außer Pfarrherrn auch einen Ministerpräsidenten geschenkt hatte. Zu Ehren des zehnjährigen Bestehens der Republik ließ der Ministerpräsident Milan Hodža in seinem Geburtsort eine moderne Jubiläums-Bürgerschule erbauen. Staat und Gemeinde beteiligten sich am Bau.

Auch Simon wollte seinen Teil beitragen, denn erstens wurde er von seinen Mitbürgern inzwischen nicht mehr als Hergelaufener betrachtet, und zweitens würde diese Bürgerschule auch seinen Töchtern zugute kommen. Er kaufte also für geliehenes Geld ein Paar teure Steierpferde und verpflichtete sich bei einer Baufirma für den Transport der benötigten riesigen Quadersteine. Zu dieser Zeit gab es noch keine Kräne. Die zentnerschweren Quader mußten mit Hilfe menschlicher Kraft, mit Pfählen und Seilen, auf den schwachen Wagen – Simons Heuwagen – geladen werden. »Hooo-ruck, hooo-ruck« war das meistgehörte Wort, denn nur so, im gleichen Takt und mit vereinter Kraft gelang es, die Quadersteine vom Boden zu heben. Der hölzerne Heuwagen, der nur für das Einbringen der Ernte gebaut war, nicht für den Transport von Quadersteinen, ächzte und stöhnte unter der unermeßlichen Last. Bald brach das vordere, dann das hintere Rad. Simon, der kleine Jude, gab nicht auf. Der Drechsler Brveník und der Schmied Beláčik, ein Nachbar, hatten alle Hände voll zu tun. Nach kurzer Zeit brach sich auch eines der teuren Pferde das Bein. Der Steinbruch, weit in den Bergen gelegen, war eine Todesfalle. Das Pferd mußte abgetan werden. Das andere wurde tief unter dem Preis verkauft. Nichts war versichert. Die Baufirma verpflichtete schon am folgenden Tag einen anderen Fuhrmann. Sie hatte kein Erbarmen. Sie bezahlte nichts, denn Simon hatte ja den Vertrag nicht erfüllt.

Wen kümmerte der unbrauchbare Wagen oder das tote Pferd? Simon fühlte sich betrogen, doch auf wen konnte er die Schuld abwälzen?

Sein schäbiges Haus stand weiterhin auf seinem alten Platz und schaute teilnahmslos ins Gäßchen und zum Bach. Am ersten des folgenden Monats klopften der Schmied, der Wagner und der Drechsler an Simons Tür. Sie hielten den Hut in der einen, die Rechnung in der andern Hand. Zu bezahlen waren die Hufeisen, die Räder, der Wagen, die Kummets und die Zügel. Auch die Bank meldete sich und schickte ihren Betreibungsbeamten. An seiner ledernen Aktentasche war dieser leicht erkennbar. Nach jedem Öffnen des kleinen Gartentores kam die Angst ins Haus. Simon hatte kein Geld. Der Schmied und der Wagner, Simons gute Nachbarn, machten finstere Miene und antworteten nicht mehr auf Simons Gruß. Mit einem verbissenen Gesicht ging Simon von einer Bank zur anderen. Was in der großen weiten Welt in dieser Zeit geschah, wußte er nicht. Seine Welt war im Dorf, sein Leid im toten Pferd, seine Traurigkeit im nichterwiderten Gruß. Das Geld, das er zum letzten Mal für hohe Zinsen auftreiben konnte, trug er zum Schmied und zum Wagner.

Frühkartoffeln

Es kamen auch Jahre der Dürre, in denen auf den Feldern, auch auf den von der reichen Witwe gepachteten, kein Halm und kein Gras wuchs. Die Steuern, die Feuerwehrgebühr, das Holz für den Winter und die Pacht – alles mußte bezahlt werden. Die Witwe blieb hart wie die ausgedörrten Felder. Noch einmal erhielt Simon bei einer dritten Bank das Geld für die Witwe für 12 Prozent Zinsen. Auch alle übrigen Gläubiger kamen und forderten mit unbeholfenen Worten ihr Geld; der Gang zu Simon war ihnen peinlich, denn sie wußten Bescheid. Und doch . . . sie wollten ja nichts anderes als ihr ehrlich und wohl verdientes Geld. Der Postbote brachte immer häufiger Mahnungen der Versicherungen und Banken ins Haus. Der arme Knecht, der ausschließlich von seiner Hände Arbeit lebte und zu Hause Frau und Kinder hatte, mußte unbedingt als erster seinen Lohn erhalten, so wollte es Gottes – und Simons – Gebot. Also – der Weg zu einer neuen Bank, die vielleicht doch . . . Und das geschah immer öfter. Zu oft. Das Glück des »freien Menschen« und auch der Stolz des »Schöpfers« erloschen in Simons Augen. Zwei senkrechte Furchen zerschnitten die Stirn. Nur auf dem Feld, da war sein kleines Pferd, der blaue Himmel, die Erde, die ihm und seinen Kindern aus ihrem gütigen Schoß vorläufig genug Brot schenkte und sie nicht hungern ließ; nur da war er noch frei und glücklich . . .

Nach einem weiteren Vierteljahr wurden die Zinsen wiederum fällig. Das Geld mußte beschafft werden, auch wenn es galt, es aus der Erde herauszukratzen. Und es kam aus der Erde in Gestalt der Frühkartoffeln hervor, der einzigen Quelle, die Simon retten sollte.
Simon hatte als erster im Dorf eine neue Sorte Frühkartoffeln angepflanzt. Es war ein gutes Jahr, warm und feucht, und die Frühkartoffeln gediehen. Ende Juni, unerhört in dieser Gegend, füllte Simon die geflickten Säcke mit rosaroten, zarten Kartoffeln. Es war eigenartig: Was er da in die Hand nahm, waren keine rosaroten, zarten Kartoffeln, sondern harte, unmenschliche Zinsen . . .
An einem frühen Junimorgen, als die Dorfbewohner erst einen Fuß aus den warmen Betten streckten, legte Simon seine schwere rechte Hand sanft auf Susannas goldenes Haar. »Steh auf, mein Kind, es wird Zeit, wir müssen gehn . . .« Sie öffnete erschreckt, vom Traum noch betäubt, ihre braunen Augen und sah in die seinen wie damals im Brunnenschacht . . . An Susannas Hals hängte Simon eine aus Bast geflochtene kleine Spielposttasche und fragte verlegen und schuldbewußt, weil er sie doch so früh geweckt hatte: »Du kannst doch wohl ausrechnen, wieviel ein, zwei, drei oder auch ein halbes Kilo Kartoffeln kosten? Du darfst dich nicht

irren, es sind die Zinsen für die Bank. Du mußt schnell und gut rechnen, mein Kind; in der Stadt sind die Frauen ungeduldig.«

Im Hof stand schon ein kleiner Wagen bereit. Hinten war er mit Säcken beladen, und vorne befand sich ein Brett zum Sitzen. Den Wagen zog eine kleine Stute, die Simon auf den Namen »Dame« getauft hatte. Ob er diesen Namen aus Ehrfurcht gewählt hatte? Oder paßte er ganz einfach zum herrlich glänzenden, dunkelroten Fell, zu den schlanken Beinen, dem schönen Kopf und der ruhig vornehmen Art dieses Tieres? An diesem Morgen stampfte die Stute ungeduldig mit ihrem rechten Huf auf den Boden, warf den Kopf elegant auf die Seite, als wüßte sie, daß Simon sie beobachtete und stolz auf sie war. Die Zuneigung und Achtung der beiden war gegenseitig. Die Dame schaute immer in die Richtung, aus der Simon zu kommen pflegte. Auch jetzt kam er von der gewohnten Seite. Er ging zu seinem Pferd – wie üblich vor Beginn eines gemeinsamen Arbeitstages – und begrüßte es so, wie man einen Menschen begrüßen würde. Es war ihm ein natürliches Bedürfnis, sein Tier am Morgen zu begrüßen und ihm am Abend zu danken. In gleicher Weise bedachte er alle und alles in seiner Nähe, ob Mensch, Tier oder Pflanze, mit Achtung und Liebe.

Nachdem Simon die Ladung und den Wagen nochmals einer Prüfung unterzogen hatte, schwang er sich zu Susanna auf das schmale Brett. In der rechten Hand hielt er eine kurze, lächerliche Peitsche, aber nur, um etwas in der Hand zu halten – seine würdevolle Dame brauchte sie nicht. Sie zog den kleinen, vollbeladenen Wagen ohne Zwang aus dem Hof; Simon ließ die Zügel locker auf dem Rücken des Tieres, und die beiden, die da beieinander saßen, hörten die ersten Hähne krähen. Die holprige Straße war menschenleer, die Fenster geschlossen. Es war die Zeit zwischen der Nacht und dem Tag. Eine Zwischenzeit. Eine heilige Zeit des Erwachens. Sie durfte nicht entweiht werden. Vielleicht schwiegen die beiden aus diesem Grund. Man hörte nur das Klappern der Hufe und Rattern der Räder. Dame kannte den Weg. Bei jedem Feld, das sie mit Simon zu bestellen pflegte, verlangsamte sie den Schritt, drehte den Kopf in Richtung des Feldes und wartete auf ein Zeichen von Simon. Das Zusammenspiel und die Harmonie zwischen Simon und seinem Tier war die erste, unvergeßliche Beobachtung des Kindes, das so dicht neben seinem Vater saß und die Welt des Vaters zum zweiten Mal zu entdecken begann.

Als Simon die Leitriemen sanft anzog, wußte das kluge Pferd Bescheid, und es bog in die Richtung der Stadt des »Heiligen Martin« ein. Auf dem Marktplatz war der Tag schon angebrochen. Ein paar Marktfrauen und Gemüsehändlerinnen bauten ihre Stände auf. Es wäre für das Kind aus dem kleinen, verschlafenen Dorf schön gewesen, das bunte Treiben zu beobachten und zuzuschauen, wie die Marktfrauen ihr kleines Königreich, die Marktstände, aufstellten, herausputzten, mit den allerschönsten bunten Stücken schmückten, mit Lebkuchen und Äffchen behingen, wie sie sich ihres ganzen Eifers und ihrer Phantasie bedienten, um auf ihre Bude aufmerksam zu machen. Doch für solche Beobachtungen blieb keine Zeit. Simon besaß nichts von alledem, weder einen Marktstand noch sonst etwas Auffallendes. Die Stute wurde ausgespannt und erhielt einen Sack mit Hafer über den Kopf gestülpt. Sie stand ruhig abseits und knabberte zufrieden in ihrem Sack. Simon gehörte nicht zur Zunft der Marktleute und stellte sich gebührend weit von den Marktbuden der Einheimischen, ganz abseits des Marktplatzes, auf. Dort lud er mit Leichtigkeit die Säcke ab – er war ja mit dem Säcketragen vertraut! Dann band er den ersten Sack auf. Daneben stellte er eine Hängewaage, wie sie die meisten Marktfrauen benützten, die auf der Erde hockend oder kniend ihre kleinen Häufchen Zwiebeln, Petersilie, Knoblauch, grüne Bohnen oder auch Heilkräuter zerlegten, währenddem sie geduldig auf die Hausfrauen warteten.

Es kam die erste Kundin mit einer leeren Einkaufstasche; sie besichtigte die neuen Kartoffeln – zuerst nur mit den Augen; dann nahm sie einige in die Hand. In Susannas Basttäschchen fielen die ersten Kronen. Simons rosarote zarte Kartoffeln verschwanden von den Säcken wie Wasser vom Sieb. Seine breiten Finger griffen wie Schaufeln in den Sack und hoben die frischen, noch nach Erde riechenden Kartoffeln heraus, von denen er nur die Farbe, nicht aber den Geschmack kannte, und legte sie auf die Waage. »Mir zwei – noch drei . . . auch mir ein Kilo . . .« flog es durch die Luft und vermischte sich mit dem Geschrei des Marktes in eine bizarre Melodie. Die Säcke waren in kurzer Zeit leer und sanken in sich zusammen. Simon richtete sich langsam auf, denn sein Rücken schmerzte. Mit der Rechten wischte er den Schweiß von der Stirne und lächelte glücklich wie ein Sieger. Dann nahm er das Basttäschchen vom Hals seiner Helferin und zählte. Es sollte die 12 Prozent Zinsen für die Bank enthalten . . . Er zählte einmal, zweimal und ein drittes Mal. »Hier ist zu wenig Geld drin, du hast schlecht gerechnet . . . oder haben dich die Frauen betrogen . . . ?« Die Zehnjährige stand mit gesenktem Kopf neben Simon und weinte still in ihre kleinen Hände hinein. Die leeren Säcke warf Simon auf den Wagen zurück und entfernte den Sack mit Hafer vom Kopf der Stute.

Vater und Tochter setzten sich wortlos nebeneinander auf die schmale Bank. Das offengelassene Basttäschchen baumelte auf des Kindes Brust. Die Hufeisen klapperten regelmäßig monoton auf der asphaltierten Straße; die Menschen eilten ihrer täglichen Arbeit nach und ahnten nichts von Simons Zinsen, Sorgen und Leid. Sie sahen auch die Tränen nicht, die zuerst über die rosigen Wangen des Kindes kugelten und dann das armselige Kleidchen benetzten. Simon und Susanna schwiegen. Was gab es da noch zu sagen?

Beim letzten Haus der Stadt hielt der kleine Wagen an. Rechtsseitig der Straße befand sich ein kleiner Krämerladen mit allem möglichen Zeug im schmalen Schaufenster. Simon hängte die Leitriemen an einen Nagel, richtete sich auf und steckte die Hand in die linke Hosentasche, wo er den Erlös für seine Frühkartoffeln eingesteckt hatte. Er suchte eine Weile zwischen dem »Zinsgeld« und reichte dann seinem Kind eine zerknüllte Zehnkronennote mit folgenden Worten: »Geh, kauf dir die roten Korallen, die du doch schon immer haben wolltest.« Susanna hob die Augen und schaute in die des Vaters. Sie blieb sitzen und rührte sich nicht. »Ich brauche keine Korallen!« Danach rollten die letzten salzigen Tropfen über ein leicht lächelndes Kindergesicht ...

Warum straft mich Gott?

Simon kannte die jüdischen Gesetze, die dem ältesten Sohn die Pflicht auferlegten, nach dem Tode des Vaters das Kaddischgebet zu sprechen. Auch wußte er, daß nur ein Sohn den Namen weitertragen konnte. Er wünschte sich einen Sohn. Doch Paulina schenkte ihm – anstatt eines »erstgeborenen Sohnes« – eine Tochter. Diese kam nach sieben Monaten zur Welt, und Paulinas Mutter, die kluge Chana, sagte, als sie das schreiende, winzige Bündel sah: »Der Allmächtige möge es zu sich nehmen ...« Simon war in der Küche und hörte es, vielleicht auch die Erstgeborene. Das Kind blieb am Leben. Es hatte Sommersprossen und schwarzes, gekräuseltes Haar wie ein Negerkind. Solches Haar hatte niemand in der Familie. Das Kind zwickte jeden mit seinen kleinen Fingern, der in seine Nähe kam. Es sah wie Rache für Großmutters Worte an den Allmächtigen aus. Später gebar Paulina noch zwei Töchter.

Im Dorf mit dem biblischen Namen hielt Irene, die älteste Tochter, schon bald Schritt mit den wildesten Kindern und übertraf diese sogar. Man liebte sie nicht, man fürchtete sie. Und sie rächte sich. Mit oder ohne Erfolg.

Einmal lief sie fort. Vier Tage blieb sie verschwunden. Das kam so: Irene sollte ihre jüngste Schwester hüten, die in einem hohen Kinderwagen mit großen Rädern schlief. Rundherum lagen auf dem Boden kantige, scharfe Steinchen, die das Regenwasser besser versickern ließen. Irene saß unweit im Schatten alter Akazienbäume auf der Bank und verschlang einen Courths-Mahler-Liebesroman. Dort fand sie die Liebe, welcher Art auch immer, die sie in ihrer eigenen Kindheit in so bescheidenem Maße erhielt. Ein Nachbarkind, die dicke Božena, wollte den Säugling sehen. Sie kletterte, die Füße in die Speichen gesteckt, zu dem Kind in den Kinderwagen; der kippte um. Božena rannte weg. Sonst blieb alles ruhig, denn der Säugling fiel zwar aus dem Kinderwagen, aber so glücklich, daß er zwischen den weichen Kissen ruhig weiterschlief. Als Irene den umgekippten Kinderwagen und die Pölsterchen auf den scharfen Steinchen erblickte, glaubte sie, ihre jüngste Schwester sei durch ihre Unaufmerksamkeit gestorben. Vier Tage lang war sie darauf verschwunden.

Am vierten Tag stand sie vor Sonnenaufgang hinter einem Baum im Garten und beobachtete, was im Elternhaus vorging. Aber dort schlief man scheinbar ruhig; es rührte sich nichts; niemand jammerte, niemand suchte sie, die verlorene Tochter . . . Simon wußte, wo seine Tochter war. Sie war im Nachbardorf bei seiner Schwester, in guten Händen, und er holte sie nicht zurück. Irene lief von einem Baum zum anderen und beobachtete wie ein verfolgtes Tier jede Bewegung der Menschen, die aus dem Haus kamen. Sie wollte deren Gesichter, deren Augen sehen. Alle, die aus dem Haus kamen, waren ruhig – also lebte sie, die jüngste Schwester, schloß Irene folgerichtig, aber . . . und da zog sich ihr Herz zusammen, sie selbst suchte man nicht, sie fehlte niemandem . . . Als die Sonne hoch genug aufgestiegen war, wurde der Kinderwagen mit den hohen Rädern in den Garten geschoben, und Susanna setzte sich auf die Bank. Irene war gerettet. Sie durfte bleiben.

Simon hatte einen großen Wunsch, den er sich unter allen Umständen erfüllen wollte. Er wollte seinen Kindern Bildung ins Leben mitgeben. Denn das nimmt einem niemand weg! »Und wenn man Jude ist, also ein geduldeter Gast«, überlegte Simon, »muß man wenigstens gebildet sein, um zu überleben . . .«

Im Dorf des gnädigen Herrn war eine Volksschule mit acht

Klassen. Die Bauernkinder verließen sie mit vierzehn Jahren, um dann ins harte Leben hinauszutreten. Die Kinder des Gnädigen besuchten die Dorfschule nicht; sie hatten Privatlehrer. Irene besuchte die ersten fünf Klassen. In die Bürgerschule konnte sie nicht, denn es gab hier keine. So fuhr Simon morgens mit seiner ältesten Tochter – denn sie sollte gebildet sein – fünf Kilometer zum Bahnhof und holte sie abends dort wieder ab. Das allzu frühe Aufstehen seines Kindes am winterlichen Morgen und der eisige Wind durchkreuzten jedoch Simons Pläne unwiderruflich. Er fand eine Privatlehrerin, der er fast seinen ganzen Monatslohn bezahlen mußte. Doch diese hielt es nur wenige Monate mit Irene aus. Sie wollte nicht bleiben, weil Irene nicht lernen wollte; das Mädchen hatte anderes im Kopf. Simon gab nicht auf. In der Kreishauptstadt des Heiligen Martin fand er eine vornehme jüdische Familie, bei der Irene wohnen sollte. Sie erhielt dort ein schönes, gepflegtes Zimmer in feiner und herzlicher Umgebung. Es ging zwar beinahe über Simons finanzielle Möglichkeiten, doch für sein Kind war ihm nichts zu teuer, nichts zu aufwendig. Jetzt war Simon zufrieden. Seine Tochter wohnte in einem warmen, mit Blumen geschmückten Zimmer, umsorgt von lieben, gebildeten Leuten – da würde sie die Bürgerschule beenden und dann, wer weiß, vielleicht weiterstudieren . . .

Ein paar Monate später kam ein Telegramm: »Holen Sie Ihre Tochter sofort ab!«
Irene wollte nicht gebildet, sie wollte geliebt werden. Anstatt in die Schule ging sie zu den Kasernen und lächelte die Soldaten an. Sie ließ sich nicht von den vornehmen Fräuleins in die Schule begleiten, sie lief ihnen einfach davon. Unter der Schulbank fand man bei Irene Courths-Mahler-Romane. Vor dem Schultor erwartete sie dann täglich die vornehme Eskorte. Und zu Hause, in ihrem weiß-rosa Zimmer, sollte sie bei Kaffee und Kuchen lernen, lesen und Klavierspielen. Eines Tages begoß sie das schneeweiße gestickte Tischtuch mit schwarzer Tinte. Dann kam das Telegramm.

Paulinas Schwester Malči, die in Trenčín wohnte, nahm Irene zu sich. »Das Kind soll es bei uns gut haben und vergessen . . .« Es kam alles ähnlich wie im vornehmen Haus. Irene spuckte vom ersten Stock die Menschen auf der Straße an und lachte dabei kehlig. Sie rächte sich. Für alles. Auch für Susanna, ihre jüngere Schwester, für die am meisten . . . denn Mutters Bruder, der reiche Onkel aus Nitra, hatte, über Susannas Wiege gebeugt, gesagt: »Mit diesem Kind werdet ihr nur Freude erleben!«

Irene hatte es mitgehört. Ja, Susanna war anders als sie. Schon ihre goldbraunen Haare, ihre rosigen Wangen, alles an ihr war anders . . . Irene mußte es tausendmal hören: »Warum bist du nicht so wie Susanna? Warum machst du uns so viele Sorgen und solchen Kummer? Warum? Warum? . . .« Sie wußte es und wußte es nicht. Sie schwieg und schluckte. Auch damals, als das herrliche Auto auf der Straße stand und alle Dorfkinder wie zu einem Wunder strömten. Warum riefen die beiden jungen, eleganten Herren von allen Kindern nur Susanna zu sich und versprachen ihr das Blaue vom Himmel, wenn sie mitfahren würde . . . Warum nicht sie? Wenn Susanna nicht wäre . . . Vielleicht würden dann alle sie begehren und vielleicht auch – lieben . . .

Irene wurde auch von Trenčín zurückgeschickt. Niemand wollte sie.

Trotz aller Rückschläge sollten Simons Töchter Bildung erhalten, denn eine andere Mitgift würde er ihnen nie geben können. Er mußte also vom biblischen Dorf weg, weg in eine Gegend, wo es eine Bürgerschule gab. Susanna kam ja auch schon bald in das Alter, und Bildung war nun einmal Simons größtes Anliegen. Das mußte er seinen Töchtern auf den Lebensweg mitgeben. Wie recht er hatte! In eine Stadt zog es ihn nicht; dort wäre er so verloren gewesen wie in Amerika. Er brauchte Wälder um sich, Äcker und Wiesen; er war ein naturverbundener Mensch. Die städtischen Menschen waren anders. Fremd zueinander. Sie grüßten einander nicht. Das Leid und die Freuden des anderen interessierten sie nicht; jeder lebte nur für sich ... Und so kam Simon nach Sučany, das von Wäldern, Bergen, Feldern und blauem Himmel umrahmt war. Irene durfte die Jubiläums-Bürgerschule besuchen, bei deren Bau Simon mit seinen Händen, seinen Pferden und seinem Herzen geholfen hatte. Majestätisch stolz stand das Gebäude da auf den großen Quadern, bereit, seine Töchter aufzunehmen. Die Bürgerschule war das schönste Gebäude im Dorf. Der erste Teil von Simons Wunsch ging in Erfüllung, denn es war auch seine und seiner Kinder Schule ... Daß er Wagen und Pferd verlor, war sein eigenes Pech; aber vielleicht war es der Preis, den er als Jude für seine Kinder bezahlen mußte.

Irene drohte in der zweiten Klasse in Mathematik durchzufallen. Der Direktor riet zu Privatstunden, am besten beim Klassenlehrer, der sie im Rechnen durchfallen ließ. Zweimal in der Woche ging Irene zum Klassenlehrer in dessen Wohnung zum Nachhilfeunterricht. Es waren teure Stunden für Simon. Er wußte nicht, wie er das Geld beschaffen sollte, aber seine Töchter waren jüdische Kinder und waren somit um so mehr auf eine gute Ausbildung angewiesen. Irene kam oft sehr spät nach Hause. Der Klassenlehrer gab sich große Mühe – er war ein guter Lehrer und auch ein guter Mensch; er wollte Irene wirklich helfen ... Irene kam immer später, immer aufgeregter zurück. Ihre Wangen brannten ... Der Klassenlehrer war jung. Irene soeben aufgeblüht, fast eine Frau. Sie wurde geküßt und umarmt von ihrem jungen Lehrer. Diese Auszeichnung traf keine der Mitschülerinnen, nur sie allein; das Glück war für Irene zu groß, als daß sie es für sich behalten konnte. Die andern würden sie beneiden. Sie sollten es wissen! Der Direktor ließ Simon rufen. Irene werde – nicht etwa der Lehrer – von der Schule gewiesen, falls er, Simon, sie nicht freiwillig herausnehme.
»Warum straft mich Gott?« fragte sich Simon auf dem Weg zu seinem verfaulten Haus; aber er bekam keine Antwort.

Hus

Eines Tages klopfte es leise und zaghaft an Simons Tür. Jeder kannte dieses Klopfen. Man brauchte sich nicht zu fürchten; es war das Klopfen der Bettler oder jüdischen Schnorrer. Ein kleiner junger Mann kam herein. Er sprach jiddisch. Seine Heimat war die Karpatho-Ukraine, woher fast alle Schnorrer stammten. Der junge Mann war aber kein Schnorrer. Er wollte und konnte es nicht sein – man sah es ihm an –, das hätte seinem feinen Wesen widersprochen. Er war Schneider und hieß Hus. Ja, Hus, was im Slowakischen »Gans« heißt, oder gleichnamig wie der berühmte Reformator in der Geschichte der Tschechen. Der Schneider hieß also auch Hus, aber er war ein echter Jude. Woher er diesen Namen hatte, wußte er nicht. Seine Stimme war ruhig und klang wie Musik, seine Augen blau, tiefblau wie der Himmel, sein Gesicht fein und sein Haar glatt und rabenschwarz. Das Blau der Augen versteckte sich hinter langen, schwarzen Wimpern, welche die Schönheit seines Gesichtes noch unterstrichen. Im üppigen Blau seiner Augen lag Melancholie und Güte. Die zarten, kleinen Hände – ungleich Simons harten und breiten – waren fast die eines Kindes. Alles an diesem Hus, dem kleinen, armen Juden, gefiel Simon. Er führte ihn in den Hof, wo zwei winzige Zimmer und eine Küche leerstanden, denn Rosa, Simons Mutter, war gestorben, bevor sie die für sie errichtete Wohnung beziehen konnte. In diese Wohnung zog Hus ein. Paulinas alte, aber noch gute Singer-Nähmaschine, ein paar Kochtöpfe, ein Bett, zwei Stühle und Geranien, die in ihrer Üppigkeit fast kein Licht durch die winzigen Fenster ins Innere durchließen, belebten des Schneiders Wohnung.
Hus wurde in Sučany Flickschneider. Alle jüdischen Familien, ausgenommen diejenigen hinter dem großen Zaun, durchsuchten ihre Schränke, um ihre kurzen und langen, löchrigen und alten Hosen und Mäntel dem jüdischen

Schneider zum Flicken oder Ändern zu bringen. Die alte Nähmaschine klapperte und ratterte von morgens früh bis abends spät. Sonst war kein Laut aus des Schneiders Stube zu hören. Hus verkürzte, verlängerte, bügelte und betete. Er zog jeden Tag die Tefillim an, so wie es schon sein Vater und alle in seinem Dorf getan hatten.

Simon wünschte sich Hus als Schwiegersohn. Für Irene. Doch zuerst fragte er seine Tochter. Und sie antwortete: »Ich will keinen Juden zum Mann!« Simon blieb stumm. Er verstand die Worte seines Kindes nicht. Ein paar Tage danach hörte das Klappern der Nähmaschine hinter den Geranien auf. Hus kam mit seinem blassen Gesicht zu Simon und sagte: »Gott wird Ihre große Güte an Ihren Kindern bezahlen. Sie haben eine Mizwe getan, ich aber muß nun wieder gehen ...« Nie wieder hörte Simon von ihm.

Irene konnte nicht zu Hause bleiben. Sie wollte nichts tun, und was sie tat, war falsch. Im Dorf und im Elternhaus fühlte sie sich wie in einem Käfig. Sie konnte und wollte ohne Freiheit und Liebe, wie sie sich diese vorstellte und wünschte, nicht leben. Sie gab nichts und bekam auch nichts. Sie wollte nicht mehr zur Schule gehen, kein Handwerk erlernen, keinen Juden heiraten. Was wollte sie denn?
In der Stadt des Heiligen Martin wohnten zwei von Simons Schwestern. Die jüngere führte mit ihrem Mann einen kleinen Laden mitten in der Stadt. »Ich nehme Irene zu mir«, sagte sie zu Simon, »im Laden könnte sie gut mithelfen, und dann werden wir sehen ...« In den Laden an der Ecke der Straße kamen mit Kalk verschmierte Bauarbeiter und auch Soldaten von den nahen Kasernen. Irene bediente die Soldaten; die Bauarbeiter überließ sie dem Onkel und der Tante. Irene war großzügig. Die Soldaten mußten nicht immer bezahlen ... Die leeren Schnapsflaschen häuften sich, aber die Kasse stimmte nicht – es war zu wenig Geld darin – Simons jüngste Schwester Berta mußte noch einen Berg von Schulden abtragen, damit der kleine Laden und das angebaute

Haus einmal in ihren Besitz übergehen würde. Die Familie war bescheiden, arbeitsam und ehrlich. Sie würde die Schulden schon begleichen ... Die Schnapsflaschen verschwanden auffällig schnell von den Regalen; man kam mit dem Auffüllen kaum nach. Der Laden war voll von Soldaten – wie nie zuvor – nur die Kasse stimmte und stimmte nicht. »Simon, du bist mein liebster Bruder, wir haben es versucht ...«

Irene saß im hintersten Zimmer im Halbdunkel ... Niemand sprach mit ihr. Sie verpestete die Luft, erstickte die Worte, stahl den Schlaf und den Traum. Am 4. April verschwand sie. Es fehlte nur ein blaues Tischtuch, ihre persönlichen Dokumente und ein paar Familienfotos. Simon ließ sie nicht suchen. Für ihn war sie gestorben. Man durfte ihren Namen in seinem Hause nicht mehr aussprechen. Er streute zwar keine Asche auf sein Haupt und zerschnitt auch sein Gewand nicht; sie aber war für ihn tot.

Sie ging ihren Weg. Immer weiter abwärts ... bis auf den Grund. Erst von dort, von dem schmutzigen, strohbedeckten Abgrund, verlassen und ausgestoßen, konnte sie aufblicken und wieder sehend werden. Sie lag entkräftet und ausgehöhlt auf dem kalten Fußboden, konnte nicht weinen, nicht schreien, nicht aufstehen. Sie lag nur da und rührte sich nicht. Dann legte sie die Hände unter den Kopf und versuchte, das Geschehene mit ihrem Leben in Zusammenhang zu bringen. Die kahlen Wände schützten sie vor Fragen und Blicken. Plötzlich stand er da. Ihr Vater, Simon. Er sprach nicht. Er schaute sie nur an und blieb, bis sie aufgestanden war und ihr zerzaustes, mit Strohhalmen durchsetztes Haar gekämmt hatte. Er mußte sehr lange warten, denn sie hatte keine Kraft, die Hände so lange hoch zu halten. Aber er stand ruhig da, bis sie aufgestanden und bekleidet war. Niemand half ihr dabei. Nur er. Ihr Vater Simon. So wie er erschienen, verschwand er wieder.

Der Ziegelmeister

Niemand wußte, warum er gerade zu Simon kam – ein Riese
von Gestalt, der wie aus den Wolken auf den kleinen Juden
herabsah. In Sučany kannte ihn keiner. Auf einmal war er da,
und ausgerechnet zu Simon führte sein Weg. Zunächst erzählte er, er wäre arbeitslos. Das waren in dieser Zeit viele . . .
Die Ziegelei, in der er bis anhin gearbeitet hatte, brauchte ihn
nicht mehr. Er aß und trank, und es schmeckte ihm. Als er die
weichen Stückchen Barches in die Sauce eingetaucht – es war
zufällig Freitagabend – und den Teller damit ausgewischt
hatte, setzte er seine Erzählung von der Ungerechtigkeit in
dieser Welt fort. Dann richtete er sich in seiner ganzen Größe
auf und reichte dem Juden die Hand. Am nächsten Tag kam
er mit seiner Frau und seinen Kindern. Die Frau, nur wenig
kleiner als ihr Mann, war im siebten Monat schwanger. Das
harte Leben hatte ihr Gesicht gezeichnet. Hart waren auch
ihre Augen, ihr Mund und ihre Stimme. Sie saß mit weitge-
spreizten Beinen, da der Bauch gestützt werden mußte. Die
Hände lagen auf den oberen Schenkeln. Sie sah wie eine riesige Gluckhenne aus, schaute mißtrauisch und mit Neid auf
das weiße Tischtuch und sprach kein Wort. Der Riese brachte
außer der schwangeren Frau und den Kindern auch ein
Büchlein und ein Blatt Papier mit. Alles war vorbereitet und
ausgefüllt, es fehlte nur die Unterschrift. Im Büchlein und auf
dem Anmeldebogen für die Krankenkasse stand, daß Hedviga Harenčík, geboren am . . ., bei Simon Lewy seit zwei Monaten als Hausangestellte tätig und daher auch, laut Gesetz,
in der Krankenkasse versichert und angemeldet sei. Das Papier war der Anmeldebogen für eine neue Stelle und das
Büchlein der Arbeitsausweis der Versicherten. »Das ist doch
bloß eine Formalität, Herr Lewy, die monatlichen Gebühren
an die Krankenkasse zahle selbstverständlich ich; Sie werden
damit nichts zu tun haben; es geht ja nur darum, daß meine

Frau versichert ist und nach der Entbindung Unterstützung erhält. Sie können mir und meiner Frau diese Hilfe, die Sie ja nichts kostet, gewiß nicht abschlagen! Wir sind doch Menschen . . . Und in Sučany weiß jeder, daß Sie ein guter Mensch und auch ein anständiger Jude sind. Also?« Simon nahm die Feder und schrieb langsam und schön zweimal seinen Namen, ins Büchlein und auf den Anmeldebogen. Der Riese stand auf, die Frau stand auf, die Kinder standen auf, und alle reichten dem anständigen Juden die Hand. Langsam vergaß man diesen Besuch. Die Tage waren ausgefüllt mit Arbeit, die Nächte kurz zum Ausruhen und lang zum Nachdenken.

Es verging ein halbes Jahr, da erschien im kleinen quietschenden Tor ein Herr. Er öffnete es vorsichtig, schloß den Riegel wieder hinter sich zu und fragte: »Wohnt hier Herr Simon Lewy?« Die Frage war überflüssig, denn er hatte Herrn Lewy schon des öfteren besucht – nur der Auftraggeber war diesmal ein anderer, nicht die Bank. Wozu fragte er dann? Es war die Brücke, die er schlagen mußte, um leichter und schneller bei den armen Teufeln zu sein, die er – eigentlich selbst ein armer Teufel – täglich besuchen und zu Bettlern machen mußte. Es folgte ein langer, oft unverständlicher und bis in die Eingeweide stechender Satz: »Ich bin Betreibungsbeamter und muß heute den Teil Ihres Vermögens beschlagnahmen, der die nichtbezahlte Krankenkassengebühr für ein halbes Jahr für Ihre Hausangestellte, Frau Hedviga Harenčík, samt Zinsen, decken wird.« Der Satz war mit Gottes Hilfe draußen. Paulina und Simon hörten und schauten den Gast hilflos und bestürzt an. »Es handelt sich da um einen Irrtum, Herr Exekutor; meine Frau und ich besorgen alles allein; wir haben keine Bedienstete, keine Hausangestellte; wir leben ganz . . .« – »Wieso, mein lieber Herr Lewy? Mit Lügen und Betrügereien kommen Sie bei uns an die falsche Adresse; solche Vögel kennen wir!« Vom sarkastischen Ton wechselte er zum amtlich bissigen: »Sie wissen doch wohl, daß der Arbeitgeber laut Gesetz verpflichtet ist, für seine Angestellten Krankenkassengebühren zu entrichten, und Sie . . .« — »Ich habe keine Angestellten«, schrie fassungslos der sich im Recht fühlende kleine Jude. Da griff der Betreibungsbeamte nach seiner vollgestopften Aktentasche und zog eine Schrift heraus: »Sie können doch lesen und kennen Ihre eigene Unterschrift? Genausogut ist Ihnen Frau Hedviga Harenčík bekannt! Komisch, Sie Ärmster, Sie wissen wohl auch nicht, daß sie bei Ihnen Hausangestellte war bis zu ihrer Entbindung. Na ja, Sie heißen ja Lewy . . . Ist das Ihre Unterschrift?« Er wartete nicht auf Antwort, er kannte ja diese primitiven Lügner, die sich drehen und wenden wie Schlangen, wenn sie erwischt werden. Keinen verstunkenen Heller hat dieser Pöbel, aber die gnädige Jüdin braucht eine Hausangestellte, zahlen soll jedoch ein anderer; das kennen wir, mein lieber Herr Lewy. Mir altem, erfahrenen Fuchs werden Sie auch mit Ihrem verdrehten jüdischen Verstand nicht beikommen . . . Die Gedanken des Betreibungsbeamten jagten einander wie wilde Hunde. Der dreckige jüdische Gauner schwieg. Erst jetzt durchschaute er die List des Riesen. Der Betreibungsbeamte beschlagnahmte außer den Betten, dem Tisch und einem Schrank alles in Simons Wohnung. »Ja, mein lieber Herr Lewy, die Wahrheit kommt früher oder später ans Licht, da hilft kein Weinen; aber die Juden versuchen es immer wieder; sie haben es im Blut; sie können vielleicht nichts dafür . . . und grüßen sie Hedviga Harenčík!« Dann verschwand er um die Ecke mit seiner vollgestopften Aktentasche und beglückte den nächsten mit seinem Besuch. Simon stand reglos neben dem Tisch. Er atmete zwar, doch sonst war kein Lebenszeichen wahrnehmbar. Welche Gedanken durch seinen Kopf zogen, hat nie jemand erfahren.

Am Abend ging Simon zum Riesen. Als er die Tür öffnen wollte, stellte sich ihm dieser in den Weg. »Was willst du hier, verstunkener Jud? Wenn du unterschrieben hast, dann zahl!« Und er schlug die Tür vor Simons Nase zu.

Die Kuh

Die Kuh blieb die Ernährerin der Familie. Die frische, duftende, mit schönem Halbmond geschmückte Butter, die in große Meerrettichblätter eingewickelt war, Quark, Sahne – saure und süße – das alles wurde verkauft, und es blieb immer noch genug für Simons Kinder. Sie hatten runde, rosige Wangen, denn die Milch war fett und nahrhaft. Nur die Zeiten wurden immer schwieriger. Man konnte kaum etwas verkaufen. Auch die Ernte war gut, die Kornkammer voll, und die Schweine gediehen. Gott war nicht schuld, es mußten die Menschen sein, denn sie kauften alles tief unter dem Preis. Es ging wieder bergab mit Simon und Millionen seinesgleichen. Diejenigen, welche sich in der Politik auskannten und Zeitung lasen, nannten das Unheil Weltwirtschaftskrise; aber was sollte und konnte Simon damit anfangen? Er verstand die Politik nicht, ihn drückte der Schuh hier und jetzt; er wollte Getreide, Schweine und Butter verkaufen. Warum nur hatten die Menschen kein Geld? Er konnte die Steuern doch nicht mit Getreide bezahlen wie dereinst die unfreien Bauern. Vielleicht hatten diese es leichter als er, der freie Mensch . . . Er konnte den Kaminfeger, das Licht und den Zucker nicht bezahlen. Simon wollte ein ehrlicher Mensch bleiben, aber konnte er das angesichts dieser unendlichen Schwierigkeiten?

Das unheilvolle Wort »Weltwirtschaftskrise« verstanden auch die Bauern im Dorf nicht; sie spürten es nur am eigenen Leib. Wenn es mit Simon abwärts ging – und das war sehr häufig der Fall – blieb ihm nichts anderes übrig, als sich an den Satz zu halten – denn eines Gebets bediente er sich selten –, den ihm seine selige Mutter mitgegeben hatte: »Mein Kind, nur nicht die Flügel fallen lassen!« Aus diesen Worten schöpfte Simon Kraft zum Überleben. Als er den Satz aus den Tiefen seines Herzens ausgegraben hatte, kletterte er von neuem an der glatten Wand des Lebens empor . . .

Die Kuh war eine Erstkalbin. Das bedeutete, daß sie jung war und reichlich Milch gab. Sie stellte ein Vermögen dar. Das wußten alle, am besten Simon. Beim zweiten Kalb erhoffte man von ihr noch mehr Milch, denn beim zweiten Kalb ist es wie bei einem zweiten Kind, das die Mutter noch voller erblühen läßt als das erste. Alles verlief normal. Die letzten Wochen vor dem Kalben durfte die Kuh nicht mehr auf die gemeinsame Dorfweide getrieben werden.

Allmählich konnte sich Simon kaum mehr der Meute der gerichtlichen Eintreiber erwehren. Manchmal reichten sie sich sogar die Klinke des kleinen Gartentors gegenseitig in die Hand. Der eine wollte die Steuern einkassieren, die jeder Bürger bezahlen muß, der andere wollte Zinsen und Zinseszinsen haben. Immer kamen neue hungrige Wölfe, und Simon stand allein gegen alle ... Er bebaute ehrlich die fremden Äcker, er düngte sie reichlich und zur richtigen Zeit; es regnete und es schien die Sonne, und sein Weizen gedieh und streckte stolz die Halme zum Himmel aus. Er brachte einen Teil der gesegneten Ernte in die Scheune. Doch die Wölfe, die ihm überall auflauerten, pfändeten das übrige Getreide noch auf dem Halm, im Feld ... Die Ernte, die wohlverdiente und auch gesegnete, gehörte aber eigentlich gar nicht Simon, sondern der reichen Witwe und ihrem Sohn, dem Gelehrten mit den verkehrt angeschlagenen Absätzen, ja, und auch den Wölfen. Es schien keinen Ausweg für Simon zu geben. Da griff Gott ein ... wie schon so manches Mal. Simon sollte in diesem Winter in Štiavnička, dem Dorf zwischen den Bergen, den Brennereileiter vertreten, da dieser krank geworden war. Simon öffnete jeden Morgen – aber war das wirklich schon der Morgen, oder war es noch ein letzter Teil der friedlichen Nacht? – um halb vier Uhr behutsam das verrostete Türchen, damit es nicht mit seinem Quietschen seine Liebsten oder die Nachbarn, die Hähne oder Hunde weckte, und zwängte sich auf die Straße. Er bog nach links ab, nahm hinter der Scheune den schmalen Feldweg und stapfte durch den hohen Schnee, den Weg mit seinen Fußstapfen markierend. Wie gut, daß Marco Polo Bäume neben den Straßen und Wegen pflanzen

lehrte! Sonst hätte sich Simon verirrt und den Weg ins
Dörflein nicht gefunden, denn am frühen Morgen war noch
alles in reinster Unschuld verhüllt, weiß und glitzernd; er
wußte manchmal nicht, was schöner anzuschauen war – der
nächtlich klare Himmel oder die weiße Braut unter seinen
Füßen. Er kehrte also ins Dorf zurück, wo einst in seinen
Kindheitsjahren Jakob und Rosa viele Jahre gelebt hatten
und dann so plötzlich starben ...
Simon war der erste, der sich in der Dunkelheit durch die
herrliche, stille Landschaft durchbeißen mußte. Als Begleiter wanderten nur seine Gedanken mit. Manchmal begegnete er einem Fuchs in den verschneiten Wäldern; dieser
kam so still angeschlichen, daß sie einander nicht mehr aus-
weichen konnten. Wozu auch? Da stand das silbergraue
Tier und schaute; und da stand ein Mensch, ein Jude, fast
verschneit wie ein Strauch und schaute. Jeder der beiden,
Tier und Mensch, freute sich und staunte zugleich auf seine
Weise, hier und jetzt etwas Lebendigem zu begegnen. Dann
trennten sich ihre Wege wieder.

Simon trat also in seinem alten Heimatdorf als Vertreter
und Aushilfe die Stelle des erkrankten Brennereileiters an.
Es war eine Arbeit für drei Wintermonate. Mit dem Ver-
dienst konnte man den wildesten Wölfen für kurze Zeit das
Maul stopfen, und darüber hinaus blieb noch ein kleiner
Rest.

Die drei Monate waren vorbei, und Simon trauerte im geheimen den stillen, jungfräulichen Nächten nach, auch den
fast zahmen Füchsen. Und er trauerte dem sicheren Geld
nach, das er jeden Ersten in die Hand gedrückt bekommen
hatte. In Sučany wartete schon der Frühling, die feuchten,
nackten Felder und die Lerchen. Und wieder kamen kleine
und große Wölfe und wurden immer zudringlicher. Viele
arme slowakische Familienväter verließen in dieser Zeit, deren Namen sie nicht verstanden, ihre Familien, um nicht zu
verhungern. Nicht so die Juden. Sie zogen in der Zeit der

Bedrohung oder des Hungers mit Weib und Kind von Land zu Land oder von Ort zu Ort.

Simon war zwar ein Jude, aber sein Leben ähnelte nach außen dem der Slowaken. Er sprach doch so wie sie, er schuftete wie sie – manchmal auch mehr –, und doch war er nicht ganz wie sie. Er fluchte nicht, und er trank auch nicht, um sein Leid und Elend zu ersäufen. Simon fand eigentlich nichts Ungewöhnliches dabei, wie die Slowaken ohne Familie in der Fremde zu arbeiten, um für die Seinen Brot und auch für die Wölfe einen Happen zu verdienen ... Die Slowaken – genau wie Simon – glaubten verbissen an ein Wunder, das sie in der Fremde erwartete. Ben Gurion, Israels Ministerpräsident, drückte es viele Jahre später einmal noch deutlicher aus: Wer nicht an Wunder glaubt, ist kein Realist!

Zu Hause blieben Paulina, zwei Töchter und die trächtige Kuh, die einzige Ernährerin von Simons Familie. Simons älterer Bruder, Béla, der auf dem Hof wohnte und viele Jahre lang bei Graf Révay Verwalter gewesen war, kannte sich in der Land- und Viehwirtschaft gut aus. Ihn bat Simon vor der Abreise in die Fremde, Paulina zur Seite zu stehen und ihr insbesondere beim Kalben der Kuh behilflich zu sein, denn bei dieser Arbeit kann eine Frau einen Mann kaum ersetzen. Bald war es soweit. Dann würde es wieder genug Milch für die Kinder und Butter für den Verkauf geben, damit wenigstens ein paar Kronen im Hause waren, bis er eine Stelle finden würde ...

Susanna, die mittlere Tochter, führte in den letzten zwei Wochen vor der Geburt die Ernährerin hinter die Scheune auf die Weide, wo Simon ein Stückchen Kleefeld hatte. Die kleine Kuhhirtin legte sich ins Grüne und träumte. Die Kuh kam langsam näher, machte ein paar Schritte in Richtung ihrer Hüterin und blieb dicht bei ihr stehen. Es sah so aus, als suchte sie in ihrer schweren Stunde die Nähe eines Menschen. Dem Kind kam es vor, als ob die Kuh weinte ... große Tropfen kullerten aus den leidenden Augen des stummen Tieres. Die Kuhhirtin und die Kuh schauten sich in die

Augen. Susanna spürte unvermittelt, sie würde Zeugin einer Geburt werden. Angst überfiel sie. Mitleid mit dem weinenden Tier drückte auch dem Kind Tränen in die Augen. Zuerst leckte die Kinderhirtin ihre salzigen Tropfen mit der Zunge weg, dann wischte sie sie in das verblaßte, ausgewaschene Kleidchen. Das Kind kniete in seiner großen Angst und Not nieder und bat die Kuh, noch zu warten, nur ein wenig zu warten, ein paar Schritte noch zu tun, bis zum Stall. Die Kuh erbarmte sich des Kindes und schritt langsam, von einem Bein aufs andere schwankend, heim; dazwischen wogte der riesige Bauch. Der kurze Weg in Simons Hof schien unendlich lang.

Paulina ging zum Schwager und bat ihn, in den Stall zu kommen und festzustellen, wann es soweit sein würde. »Du kannst noch ein bis zwei Tage ruhig schlafen, es ist noch nicht soweit.« Die Kuh drehte den Kopf nach hinten, woher die Stimmen kamen; sie rührte den duftenden Klee nicht an. Sie fühlte ihre Stunde gekommen, nicht so der Schwager oder Paulina . . . Hätte Simon es gewußt? . . . Paulina und Béla gingen ruhig schlafen, währenddem sich das Drama der Ernährerin im Stall in dieser Nacht abspielte. Am nächsten Tag mußte die Kuh geschlachtet und das Kalb an den Dorfmetzger verkauft werden.

Als Simon das erste Mal von der Fremde nach Hause kam – denn niemand hatte es gewagt, ihm über das große Unglück zu schreiben – und er den leeren Stall vorfand, setzte er sich auf den Platz, wo die Kuh gestanden hatte, und kam zwei Tage und zwei Nächte nicht ins Haus.

Bettbezüge

Der 25. Hochzeitstag näherte sich. Die Töchter stickten im geheimen auf weißem Samt mit silbergrauem Faden in einen Ährenkranz die Zahl 25 und ließen das Bild einrahmen.

Vor 25 Jahren hatte Paulina eine herrliche Aussteuer mit in

die Ehe gebracht. Weil Simon immer wieder auf das falsche Pferd gesetzt hatte und von der glatten Wand des Lebens hinuntergeglitten war, blieben im Schrank nur wenige Stücke der beneidenswerten Herrlichkeit. Zwar trug Simon nicht die Schuld daran, daß die ungarisch-österreichische Monarchie zerfiel und er gerade damals nicht am richtigen Ort, sondern in Ungarn, auf der Puszta Sashalom, neben Hatvan, lebte. Er arbeitete dort als Verwalter bei einer großen Bank und war zugleich Brennereileiter. Da erlebte das junge Ehepaar die ersten glücklichen Jahre nach der Hochzeit, spielte Fangmich und Verstecken hinter den Akazienbäumen im Garten, lachte und liebte sich in Hülle und Fülle. Paulina freute sich an ihrer herrlichen Ausstattung: vierundzwanzig Leintücher, ebenso viele Bettbezüge aus schneeweißem Damast, feinste Tischtücher in jeder Farbe und mit passenden Servietten, Handtücher in zweierlei Sorten, Deckchen, Kissen... Man konnte sie wirklich beneiden um diese weiße, glänzende, feine, gestickte und mit filigranen Monogrammen versehene Pracht. Zu Simon hatte man vollstes Vertrauen und belohnte ihn gebührend. Er verrichtete seine Arbeit zur vollen Zufriedenheit. Für das ersparte Geld wollte er auf dem Hauptplatz in Hatvan ein zweistöckiges Haus kaufen, samt Post, Geschäften und Wohnungen. Paulina überlegte anders. Ihr Vater, der alte Schiller, war Dorfvorstand in einem winzigen slowakischen Dorf, in Hôrka, was Wäldchen heißt. Ein paar Bauernhäuser standen dort auf einem Hügel und schauten hochnäsig, wie Paulinas Vater, der sich als Bürgermeister fühlte, in die weite Gegend. Die Bauern ehrten und achteten den strengen, klugen Juden. Seine Kinder fürchteten ihn, und die arme Mutter, seine Frau Chana, gebar ihm vier Söhne und vier Töchter, wie Gott es wollte. Sie buk jeden Morgen vierundzwanzig Laib Brot, während ihr Mann, der »Bürgermeister«, sich mit Politik abgab und die Probleme der königlich-kaiserlichen Familien mit den Bauern im Wirtshaus besprach. Zeitungen aller Art lagen auf dem langen Eichentisch, und es blieb ihm kaum Zeit für Feldarbeiten oder kleinliche Familiensorgen; das besorgte Chana, die gute Frau und Mutter.

Die große Ehrfurcht – vielleicht war es Angst – blieb im Herzen aller Kinder, wohin auch immer sie der Wind verstreut hatte; und es gehörte sich, auch nachdem man schon längst erwachsen und verheiratet war, daß man vor einer wichtigen Entscheidung den klugen und geachteten Vater, den »Bürgermeister«, um Rat anging. Auf Simons Frage, wie er sein Geld anlegen sollte, lautete die Antwort des politisch so bewanderten »Bürgermeisters«: »Unser Kaiser und König – Gott sei ihm gnädig – braucht Geld; daher ist es unsere Pflicht – auch deine, Simon –, dem Vaterland zu helfen. Zeichne die Kriegsanleihe!« Das Haus auf dem Hauptplatz in Hatvan verwandelte sich in ein Papier, und Simon wurde innerhalb weniger Tage zum Bettler. Zugleich wurde er heimatlos, denn er saß in Ungarn, also demjenigen Teil der Monarchie, der von der Slowakei abgeschnitten wurde. Und er hatte geglaubt, der Naive und Dumme, daß er auch hier seine Heimat habe! Die Seinigen lebten hinter den Bergen, in der Slowakei. Die Eltern, Geschwister und alle, die zu ihm gehörten. War seine Heimat also dort? In Hatvan und auf der Puszta Sashalom wollte man nicht verstehen, daß er heim wollte. Als Müllersgehilfe verkleidet, mit Mehl getarnt, versuchte er, durch die noch nicht festgelegten und bewachten Grenzen zu den Seinen durchzukommen. Auf der anderen Seite staunten wiederum die Slowaken, wie ein Jude behaupten konnte, da beheimatet zu sein – nur weil er und seine Ahnen da geboren und viele davon auch schon begraben waren! Daß das nicht genügte, um sagen zu können, man sei in seiner Heimat, konnte wiederum Simon nicht verstehen. (Er wurde am Ende seines Lebens endgültig darüber belehrt . . .)

Paulina kam nach wenigen Monaten mit den beiden Töchtern in Simons »Heimat«. War das ihre Heimat? Susanna war soeben drei Monate alt geworden. Sie war leider noch auf der Puszta geboren. In Simons Heimat, der Tschechoslowakei, hatte sie es später deswegen noch schwieriger, zu beweisen, welches ihre Heimat sei. Sie war eben auch nicht am richtigen Ort oder zur richtigen Zeit zur Welt gekommen. Sie hätte besser noch drei Monate gewartet, dann wäre sie auf der richtigen Seite gewesen und hätte sich und Simon so manches erspart. Heimat erhält man eben nicht leicht. Am wenigsten die Juden . . . Doch wen konnte man da verantwortlich machen? Simon? Den lieben Gott? Die Geschichte?

Die fein gestickte, schöne Wäsche, das gepflegte Mobiliar, die geschliffenen Gläser und das Porzellan tauschte Paulina für das Leben mit Simon in seiner und ihrer neuen Heimat ein. Die Verwandten gaben das Notwendigste, und so fingen sie von neuem an, ganz von unten, und kletterten an der glatten Wand des Lebens wieder empor . . .

Im »Dorf der Freiheit« stellte Paulina schon lange vor dem fünfundzwanzigsten Hochzeitstag fest, daß die Bettwäsche vom ständigen Gebrauch buchstäblich zerfiel. Sie sagte es manchmal zu Simon im Bett, nur so nebenbei. Aber sie hatte ein schlechtes Gewissen dabei, denn sie wußte ja, daß sie ihren Mann damit nur unnötig belastete, denn er hatte kein überflüssiges Geld, das er für Bettbezüge hätte entbehren können. Sie klagte immer seltener, und zuletzt schwieg sie. Paulinas Trauer in den schönen, grünlichen Augen verstand Simon sehr wohl, und er fühlte sich schuldig. Aber wie konnte er die traurigen Augen wieder zum Lächeln bringen? Wie sollte er neue Bezüge kaufen? Ein Flicken bedeckte den anderen, und langsam wurde aus zwei Bezügen einer. Mit großer Angst faltete Paulina jedesmal die Wäsche zum Bügeln zusammen. Auch die mildeste Seife und das behutsamste Waschen halfen nichts.

Von Simon konnte sie kein Geld erwarten. Er selbst brauchte für sich, außer dem bißchen Essen, gar nichts. Es war ein Wunder, daß er nicht barfuß und nackt herumlief, denn er kaufte nie etwas für sich. Der liebe Gott sorgte für ihn, denn Er ließ hie und da einen Schwager oder sonst einen Mann in der großen Verwandtschaft sterben: Simon erbte dann ein paar Hemden oder auch Schuhe, welche zumeist auch paßten und so lange durchhielten, bis der nächste zum lieben Gott berufen wurde. So hielt sich Simon über Wasser. Mit dieser klugen und gerechten Einteilung des lieben Gottes war er recht zufrieden.

Paulina blieb dagegen mit ihrer unerfüllbaren Sehnsucht nach neuen Bezügen unglücklich und unzufrieden. Oft träumte sie von der schönen Damastwäsche, in der es sich einst mit Simon so weich geschlafen hatte. Das war vor vielen Jahren ... Jetzt lag sie auf geflickten, von verschiedenen Haushalten zusammengetragenen, gestreiften, geblümten und weißen billigen Kissen, die nicht zusammenpaßten.

Eines Tages, es war Mittagszeit, war Paulina eben damit beschäftigt, die Nudeln anzurichten, als jemand an die Tür klopfte. Es war ein Vertreter. »Ich brauche nichts und kaufe nichts; außerdem habe ich es eilig; mein Mann und die Kinder kommen jeden Augenblick, und das Essen muß bereit sein.« Sie sah den Eindringling nicht an. Wozu auch? Sie konnte sowieso nichts kaufen. Der Vertreter setzte sich still und unbemerkt auf einen Stuhl in der Ecke, als ob er Paulinas abweisende Worte nicht gehört hätte, und fing sein hundertmal erprobtes und bewährtes Katz-und-Maus-Spiel an. Auf dem sauberen Küchentisch breitete er seine Ware aus: glänzende Damastbettwäsche und ebensolche Tischtücher. Paulinas Atem ging schneller, ihre Augen bekamen einen merkwürdigen Glanz. Sie zitterte am ganzen Körper, denn sie sah – wie im Traum – ihre eigene Ausstattung. Der Vertreter hatte eine einfache Taktik: Man muß eine Frau vom Land nur zum Schauen bringen, ob sie will oder nicht, und sie dann langsam und unaufdringlich in Ekstase versetzen; denn, wenn eine Frau so feine, so weiche Wäsche sieht, kann sie nicht widerstehen; sie wird wie ein Kind. Wenn die Augen erst einmal vom Glanz und den Blümchen satt geworden sind, kommen automatisch die Hände dran. Man läßt sie betasten, streicheln, drücken, fühlen. Dann erst kommt der Angriff! Wenn dich eine Frau bis zu diesem Zeitpunkt nicht hinausgeworfen hat, hast du gewonnenes Spiel. Sie ist in einem unsichtbaren Netz gefangen; sie kann sich nicht mehr daraus befreien, und das Geschäft ist im trockenen. Dieser bewährten Taktik ging auch Paulina, wie so viele andere Frauen, auf den Leim. Sie kannte solche Schliche nicht; sie lebte in einer einfachen Welt der Wahrheit, und da bedeuteten Worte das, was sie aussagten.

Sie kaufte – mit noch nassen, mehligen Fingern unterschrieb sie. Die kleingedruckten Buchstaben auf dem Kaufvertrag beachtete sie nicht. Sie hatte gar keine Zeit dazu, es schlug soeben zwölf. Ein scheinbar unerfüllbarer Traum ging für Paulina nach 25 Jahren doch noch in Erfüllung. Der Vertreter ließ sie träumen. Nun war ja das spannende Spiel zu Ende. Spannend? Man konnte ja dieselben Worte und Tricks bei den meisten naiven oder besser gesagt dummen Frauen – und das waren fast alle! – anwenden. Das Ganze würde langsam langweilig, wenn es nicht ein solch einträgliches und bequemes Leben sichern würde. Der Vertreter hatte nie Psychologie oder Soziologie studiert, doch die Reaktionen der Menschen, hauptsächlich diejenigen der Frauen, waren ihm vertraut. Sein gesunder Instinkt sagte ihm, wie und wann er ihnen die Schlinge um den Hals zuziehen mußte. Trotz aller Routine mußte er sich eingestehen, daß er am Spiel mit den Frauen Gefallen fand; es reizte ihn doch immer wieder, sie zur Unterschrift zu bringen – der zweite Akt des Spieles ging ihn dann nichts mehr an.

»Der Damast ist herrlich und so fein wie der aus meiner Aussteuer ... aber ich kann es mir nicht leisten ... 500 Kronen ... ein Vermögen!« Paulina wehrte sich noch schwach und merkte gar nicht, daß sie schon verloren war. – »Es muß doch gar nicht Geld sein«, tröstete sie der Wohltäter. »Mit Butter, Eiern und Quark ...« – »Das wäre eigentlich möglich, wir könnten Kartoffeln mit Kraut essen, das ist ja auch sehr gesund ...« – »Ganz richtig, liebe Frau; ich wußte ja, Sie sind eine kluge Frau! Sie werden es überhaupt nicht spüren, wie Sie zu einer so feinen Wäsche gekommen sind, und meine Frau wird sich an Ihrer frischen Butter auch freuen ... Ich hole einfach jeden Freitag die Sachen ab! Und nun freuen Sie sich an diesem herrlichen Damast! Einen Haupttreffer haben Sie heute gelandet, das passiert nicht alle Tage!« Paulina wiederholte sich seine Worte viele Male; sie wollte sich selbst überzeugen, daß sie nicht leichtsinnig gewesen sei, und versuchte, ihr schlechtes Gewissen zu beruhigen.

»Sie werden mir ewig dankbar sein! – Sie müssen nur hier unten nochmals unterschreiben, daß ich Ihnen die Damastbezüge im Wert von 500 Kronen übergeben habe, denn ich muß meiner Firma beweisen, daß ich bei Ihnen war und . . .« Die meisten Worte hörte Paulina gar nicht und vergaß sie auch, denn es waren zu viele auf einmal, und die Zeit drängte. Die Nudeln waren in der Zwischenzeit verkocht und verpappt. Der Vertreter reichte ihr sanft, wie es sich für einen Kavalier gehört, die Feder in die rechte Hand, denn in der Linken hielt sie noch das große Sieb mit den Nudeln. Der feine Mann hörte mit den Lobhudeleien auf die Frau und ihr gutes Geschäft nicht auf, wie eine lästige Fliege, die man nicht abschütteln kann. Es war bereits halb eins, Simon würde jeden Augenblick erscheinen. Er durfte nichts erfahren. Sie unterschrieb hastig, wie ein Einbrecher, der sich nicht erwischen lassen will. Die feine und wertvolle Wäsche versteckte sie in der untersten Schublade, wo sonst die Flickwäsche lag, und wo Simon keinen Zutritt hatte . . . Der Vertreter stieß in der mit halbverfaultem Holz verzierten Veranda noch mit Simon zusammen. Der Fremde grüßte flüchtig und verschwand blitzschnell hinter dem Zaun. »Wer war das?« fragte Simon besorgt, er ahnte Unheil. »So ein zudringlicher Vertreter«, antwortete Paulina verlegen und schaute in die Porzellanschüssel mit den verkochten Nudeln, die wie Bauchwürmer aussahen. Sie stellte die Teller auf den Tisch, als ob sie es sehr eilig hätte und der Verschwundene nicht der Rede wert wäre.

»Diese verfluchten Vertreter hasse ich wie die Pest«, sagte Simon. »Sie saugen den Menschen den letzten Tropfen Blut aus den Adern, und man kann sie nicht loswerden, sowenig wie Wanzen. Aber zu mir würden sie umsonst kommen . . .« Dann setzte er sich an den Tisch, zusammen mit Paulina und den Kindern. Der Vertreter schien vergessen wie der vorjährige Schnee. Doch nicht bei allen, die bei Tisch saßen und verkochte Quarknudeln aßen . . .

Gesagt, getan. Die rein menschliche Nächstenliebe und Hilfe in Form von Butter, Quark und Eiern wurde nicht schriftlich festgehalten, weil ja die Frau, die liebe, gutgläubige und naive, an nichts Niederträchtiges gedacht hatte. Und so geschah es, daß sich der »gutherzige« Vertreter ein halbes Jahr lang Paulinas Butter, Quark und Eier schmecken ließ. Eines schönen Freitags kam er nicht mehr. Alles lag für ihn im kühlen Keller bereit. An Stelle des Vertreters kam ein weißer, großer Umschlag vom Kreisgericht. Er war die erste Mahnung des Gerichtshofes an Simon und Paulina Lewy, geb. Schiller, die sich am ... durch ihre Unterschrift auf dem Kaufvertrag mit Herrn S. verpflichtet hatte, der Firma X den Betrag von 500 Kronen in monatlichen Raten zu Kčs. 50.– zu bezahlen. Nachdem die Obgenannten ihren Verpflichtungen nicht nachgekommen seien, seien sie verpflichtet, den ganzen Betrag und die aufgelaufenen Zinsen unverzüglich und sofort auf einmal zu begleichen. Im andern Falle würden sie gerichtlich belangt, wie vom Gesetz bestimmt ... Datum ... Hochachtungsvoll ... Zur Kenntnis genommen am ... Über Butter, die Eier und den Quark, die ein halbes Jahr jeden Freitag ausgehändigt wurden, stand in der Mahnung kein Wort. Paulina hatte dafür nie eine Bestätigung oder eine Unterschrift verlangt. Sie hatte dem Vertreter vertraut wie allen Menschen. Nun sollte sie dafür ein hohes Lehrgeld zahlen. Eigentlich nicht sie, sondern Simon. So kam zu den bekannten noch ein neuer Betreibungsbeamter dazu. Doch er kam zu spät. Es gab nichts mehr zu pfänden. Die Banken waren vorsichtiger gewesen und hatten sich das alte Haus längst überschreiben lassen. Sie ließen bald darauf das alte Haus, die Stallungen, die Scheune, zwei Gärten und den Brunnen gerichtlich versteigern. Jemand kaufte alles spottbillig, und die Banken erhielten ihr Geld mit Zins und Zinseszinsen zurück und waren endlich zufrieden. Es gab nur einen Verlierer in dieser Runde: Simon. Er fiel von neuem die glatte, so mühsam erkletterte Wand des Lebens hinunter, bis in den Abgrund. Er ließ seine besten Jahre, seine Träume und seine in verschiedenen Richtungen in diesem Dorf verstreute Kraft zurück, im

Dorf, das er für das »Dorf der Freiheit« gehalten hatte. Ihm blieben die zwei Kinder und Paulina, sonst nichts. Die Flügel, die ihn immer so hoch trugen, wurden lahm wie nach einem Gewitter, und er konnte sie nicht mehr heben. Auch der Satz seiner Mutter, den sie ihm als größte Kostbarkeit auf den Lebensweg mitgegeben hatte: »Mein Kind, nur nicht die Flügel fallen lassen«, war ausgelöscht.

Die Auferstehung der »toten« Tochter

Es vergingen einige Jahre in Sorgen und Freuden. Der ersteren waren verhältnismäßig mehr. Man erinnerte sich selten der »toten« Tochter, und wenn, dann jeder für sich. Simon dachte heimlich wahrscheinlich am meisten an sie. Die Wunde wollte nicht heilen ... Aber er beklagte sich nicht und seufzte nur im stillen. Paulina träumte von ihrer älteren Tochter, und es waren immer schreckliche Träume. Sie erzählte sie selten. Susanna trug Irenes Bild mit sich wie einen schmerzenden Dorn. Sie war weg, und sie war da. Sie war tot und war lebendig ...
Von der »toten« Tochter kam eines Tages ein Brief:
»Teure Eltern! Ich heirate in Košice am ... Kommt zur Hochzeit. Eure Irene.«
Nur der Vater fuhr zur Hochzeit. Irene heiratete einen Schneider, einen Christen – nicht Hus, wie Simon sich gewünscht hatte. Er bot dem Schneider und seiner Tochter dieselbe Wohnung und dieselbe Nähmaschine an, die schon Hus, der stille, fleißige Jude, benützt hatte. Die Tochter kam mit ihrem Mann. Die Wohnung, die ursprünglich für Simons Eltern bestimmt war, wurde wieder mit Leben erfüllt. Man teilte die Möbel, das Bettzeug, das Geschirr. Und wieder suchten die jüdischen Familien alte Kleider oder kauften neue Stoffe und brachten sie zu Simons Schwiegersohn. Die Nähmaschine ratterte einige Zeit ihr monotones Lied, die geflickten Mäntel wurden pünktlich abgeliefert, die Hosen ge-

bügelt. Unauffällig wurden jedoch die neuen Stoffe weiterverkauft und zuletzt noch Simons Nähmaschine. Die Juden waren geduldig und warteten. Doch sie warteten vergeblich. Ihre Stoffe waren längst verkauft, die Nähmaschine verschwunden. Woher sollte Simon die Stoffe nehmen? Die Nähmaschine hätte er verschmerzt, nicht aber den Verlust seines ehrlichen Namens. Seine älteste Tochter war endgültig »tot«.

Irene überlebte den Krieg. Ihr Mann, der Schneider, ließ sich – im Gegensatz zu vielen anderen arischen Ehemännern – nicht von der Jüdin scheiden, obwohl ihm der Pfarrer aus Kunovice, seinem Geburtsort, dazu geraten hatte. Sie kam, als »rechtzeitig« Getaufte, für eine Zeit nach Theresienstadt. Dort meldete sie sich zu den Ärmsten der Armen, den Blinden und den Kranken. Sie teilte mit ihnen das Wenige, das es hier gab. Sie fragte alle Neuankömmlinge, ob sie Simon und Paulina, ihre Eltern, gesehen hätten. Nach dem Krieg erhielt sie viele Dankesbriefe. Dann adoptierte sie zwei Waisenkinder und zog sie auf. Der Knabe war dreieinhalb Jahre alt, der Sohn eines polnischen Grafen, der gleich am Anfang des Krieges in Warschau gefallen war. Seine leibliche Mutter, eine Wiener Künstlerin, war dann mit ihrem Kind nach Theresienstadt gekommen. Ein SS-Mann hatte sich in sie verliebt und sie vor dem Abtransport bewahrt. Nach dem Krieg war sie, erst neunundzwanzigjährig, gestorben, und ihr Sohn bekam neue Eltern. Jahrelang konnte dieser keinen Schäferhund und keine Uniform sehen . . .
Das Mädchen, das Irene später adoptierte, war fünf Monate alt und wurde in einem Waisenhaus von seiner leiblichen Mutter als »Uneheliches« verstoßen.
Auch fremde, unbekannte Menschen, die durch Inserate ein Zuhause suchten, wurden bei Irene und ihrem Mann aufgenommen. Nur für ihre eigenen Eltern blieb sie »tot«. Auch in Susannas Herz konnte die Liebe zur Schwester nicht mehr zum Leben erweckt werden.

Ein Kleid für Susanna

Susanna gedieh wie Simons Rosen im vorderen Blumengarten. Ihre Schulzeugnisse waren gut, sie brauchte keine Nachhilfestunden. Sie besuchte dieselbe Bürgerschule wie zuvor Irene, die Jubiläumsschule, die auf Simons Quadern ruhte. Sie träumte vom Besuch einer Hochschule; sie wollte Professorin werden. Das waren auch Simons geheime Träume. Und weil es im Dorf keine Geheimnisse gab, war die Sache jedes einzelnen auch die Sache des ganzen Dorfes – die Sorgen ebenso wie die Freuden. Von beiden gab es reichlich. So wußte jeder im Dorf, daß es dem Juden im oberen Dorfteil schlecht ging. Man wußte noch mehr, sogar Einzelheiten, z. B. wann und wieviele Betreibungsbeamte Simons Haus besucht hatten; auch war bekannt, daß er dem Schmid Beláčik und dem Wagner Brveník die Schuld erst spät und auf Raten beglichen hatte. Von den Schulden bei Epstein und Reichert, den Dorfjuden, wußte allerdings niemand.

Auch der Direktor der Bürgerschule hatte von Simons Schulden gehört; er kannte auch Susannas Träume. Eines Tages ließ er Simon zu sich rufen. Dieser ging leichten Herzens ... Der geehrte Direktor erklärte Simon deutlich und ausführlich, was Simon nicht wahrhaben wollte. »Susanna ist eine gute Schülerin, sie ist befähigt für den Besuch des Gymnasiums und der Hochschule. Doch, Herr Lewy, ich kenne Ihre Verhältnisse und Möglichkeiten; das Studium dauert zu lange, und es ist teuer; Sie würden es nicht schaffen ...« Simon schwieg. »Es wäre leichter für Sie«, fuhr der Direktor, durch Simons Schweigen tief betroffen, fort – denn er wußte, was sich im Innern dieses Menschen und Vaters abspielte –, »wenn Susanna Lehrerin würde. Das dauert nur vier Jahre. Sie wäre in Ihrer Nähe, denn in Štubnianske Teplice gibt es ein gutes Lehrerseminar, und wir würden uns freuen, sie dort zu wissen; das wäre der richtige Platz für sie; Ihre Tochter ist auch unser Stolz!«

Simon ging nicht durch das Dorf, er wählte einen einsamen Feldweg. Er wollte niemandem begegnen und ganz allein mit seinem Glück und zugleich seiner Enttäuschung sein. »Sie ist auch unser Stolz . . .« und: »Sie würden es nicht schaffen . . .«

Susanna bereitete sich vor. Der Zeichenlehrer redete ihr und den anderen Kandidaten, die sich für die Lehrerlaufbahn entschieden hatten, ein, daß auch im Zeichnen eine schwierige und strenge Aufnahmeprüfung zu bestehen sei; deshalb erachtete er es für seine Pflicht, die lieben Schüler auch im Zeichnen gut vorzubereiten. Er würde ihnen zusätzlich an jedem freien Mittwochnachmittag für zwei Stunden zur Verfügung stehen. Freiwillig und in seiner wohlverdienten Freizeit wollte er seine künftigen Kollegen und Kolleginnen mit der Rechten wie mit der Linken schöne runde Kreise, Ellipsen, Blumen und Tierchen und was sonst einem guten Lehrer dienlich ist, einüben lassen. Es meldeten sich ziemlich viele. Die meisten waren Hilfsarbeiter- und Bauernkinder, und in der Welt, zu der sie gehörten, tobte eine Pest, die man Weltwirtschaftskrise nannte. Wieviel die Schüler für diesen Extraunterricht zu bezahlen hätten, sagte der Zeichenlehrer erst später. Jeder vernünftige Mensch mußte doch begreifen, daß man nicht umsonst jeden freien Mittwochnachmittag opfern konnte! Wie Simon das Geld für diese unnützen Stunden aufbrachte, wußte Susanna nicht. Zum Glück der übervorteilten Schüler entdeckte eines Mittwochnachmittags der Direktor der Bürgerschule den hell erleuchteten Zeichensaal. Der Direktor war ein von allen geachteter, gutherziger und strenger Lehrer, ein Riese an Gestalt und ein sehr schöner Mann dazu. Erstaunt sah er die »Privatschüler« des »gutherzigen« Zeichenlehrers an, wie sie verbissen arbeiteten. Der Direktor durchschaute den niederträchtigen Zeichenlehrer und dessen Betrug, den er an seinen gutgläubigen Schülern beging. Er verbot ab sofort den so »wichtigen« zusätzlichen Zeichenunterricht in seinem Schulhaus. So wurde Simon durch Gottes und des Direktors Eingreifen von einer großen Last befreit.

Der Klassenlehrer bot seiner besten Schülerin privaten Unterricht im Violinspiel an. Das klang sehr verlockend. Ein Lehrer sollte doch mit seinen Schülern musizieren können! Doch ein Musikinstrument war in Simons Haus nicht vorhanden, und Privatstunden kamen auch nicht in Frage. Aber Musik, das wäre für eine Lehrerin gewiß wichtig... Wo nimmt man eine Violine her, wenn man zuerst Brot kaufen muß, und wie bezahlt man Privatunterricht, wenn im Haus kein Geld ist? Beides schien ein Ding der Unmöglichkeit...

Trotz allem, was Simon an der glatten Wand des Lebens schon erlebt hatte, glaubte er immer wieder an seinen guten Stern. So auch jetzt. Es müßte doch einen Ausweg geben! Und es gab einen. Daran glaubte auch das Volk, als es sagte: »Wenn die Not am größten, ist Gottes Hilfe am nächsten!« Die Hilfe kam in Gestalt eines zerlumpten Zigeuners, der unter dem Arm eine Violine trug. Man hätte sogar auf ihr spielen können, wenn sie Saiten gehabt hätte. Ob dieser Zigeuner selbst der liebe Gott war oder in seinem Auftrag erschien – beide Möglichkeiten waren denkbar –, hatte Simon nicht erfahren. Sein geliebtes Kind kam zu einer Violine, das war die Hauptsache. Die Violine wurde nicht mit Geld bezahlt, denn der Zigeuner verlangte merkwürdigerweise keines. Er wollte etwas Warmes zu essen und alte Kleider für sich selber, und wenn möglich, auch ein Kleid für sein Kind, das ja die übrigen Kinder dann abwechselnd tragen könnten... Simon gab leichten Herzens das Verlangte. Er konnte alles entbehren um den Preis einer Violine für sein Kind.

Susannas Klassenlehrer war zugleich Musiklehrer. Er war als Mensch und auch als Lehrer sehr beliebt. Durch die Heirat mit der Schwägerin des Direktors, einer alten Jungfer, bekam er einen sicheren Posten an der neuen Bürgerschule. Der Preis war sicher hoch, denn er selbst war ein lustiger, lebensfroher, temperamentvoller Mann, seine Frau dagegen sauertöpfisch; ihr Mund war selten zum Lachen bereit. Daran war nichts Besonderes. Schon lange vor dem Lehrer waren Könige, arme Studenten und sonst viele Männer in allen Ländern und zu allen Zeiten solche Verbindungen eingegangen.

Als überzeugter Sozialdemokrat fühlte sich der Klassenlehrer verpflichtet, einem armen, begabten Kind – auch einem jüdischen – umsonst Musikunterricht zu erteilen. Außerdem war Susanna der Stolz seiner Klasse, und als solche wollte er sie auch behandeln . . . War auch anderes dabei?

Für Simon war Susanna die vollkommene Entschädigung für alles, was er an der glatten Wand des Lebens zu erleiden hatte. Durch sie gehörte er auch in dieser Zeit der schrecklichen »Pest« zu den Glücklichen dieser Erde . . .

Susanna war im 14. Lebensjahr. Sie war gut entwickelt, fast schon eine Frau – wie einst Irene in diesem Alter. Mit der Zigeunervioline unter dem Arm ging sie neugierig und stolz zur ersten Violinstunde. Der Klassenlehrer empfing sie in seiner Wohnung freundlich, fast herzlich. Er war allein. Seine Frau war weg. Er roch nach Odol und Parfüm. Der Notenständer mit den Notenheften war vorbereitet. Susanna setzte sich neben ihren Lehrer und wurde in die Grundtheorie der Musik eingeführt. Es wurden ganze, halbe und Viertelnoten geübt, der Notenschlüssel erklärt. Dann stand der Lehrer auf und zeigte seiner Schülerin, wie man eine Violine hält. Susanna versuchte es mit ihrer Zigeunervioline. Der Lehrer stand hinter ihr und verbesserte ihre Haltung und den Griff der linken Hand. Dabei spürte sie den süßlichen Geruch des Odols und des Parfüms. Sie wurde verlegen. Der Lehrer atmete schnell und unregelmäßig. Die Stunde war zu Ende. Die Schülerin legte ihr Musikinstrument in das grüne Stoffutteral und wollte gehen. Der Klassenlehrer küßte sie auf die Stirn. Susanna bedankte sich wie ein artiges Kind und ging. Der süßliche Geruch begleitete sie auf dem ganzen Heimweg. Einige Tage konnte sie sich nicht beruhigen. Sie freute sich und fürchtete sich zugleich vor der nächsten Violinstunde. Sie wußte mit einem Schlag, daß sie kein Kind mehr war, und sie dachte an Irene und Simon. Schon mit zehn Jahren hatte sie vieles begriffen. Sie hat die Seufzer, die ihr Vater still und ihre Mutter oft und laut der tiefen Nacht anvertrauten, mit sich herumgetragen.

Susanna ging zweimal in der Woche zur Violinstunde. Derselbe Vorgang wiederholte sich bei jedem Besuch; die vergrämte Jungfer war nie zu Hause, der Odolgeruch vermischte sich mit Parfüm, der heiße Atem endete mit einem Kuß auf die Stirn. Susanna sprach mit niemandem darüber. Das hätte Irene auch tun sollen – vielleicht wäre sie noch hier, bei Simon . . .

Dann kam die Aufnahmeprüfung. Es meldeten sich 256 Bewerber – 36 konnten aufgenommen werden. Unter den Bewerbern waren 25 Juden. Von ihnen durfte nur einer oder eine aufgenommen werden. Wer brauchte schon so viele jüdische Lehrer? Ja, so war es! In einer demokratischen Republik des Jahres 1933 . . .

Susanna hatte ein sehr gutes Zeugnis, und sie hatte auch die Aufnahmeprüfung gut bestanden, aber ihr Name . . . Lewy . . . Der Klassenlehrer bürgte für die Jüdin, seine beste Schülerin, und sie wurde aufgenommen.

Mit fünfzehn Jahren sollte sie zum ersten Mal fort von zu Hause. Sie fühlte sich unendlich glücklich und auserwählt, denn sie wollte ja nichts anderes als Professorin oder, wenn es so sein mußte, Lehrerin werden. »Jüdische Simche kann nie vollkommen sein«, hörte sie oft zu Hause. Und das stimmte haargenau, denn die Armen – und das waren sie – durften nicht lange glücklich sein; das war das Vorrecht der Reichen, der Menschen hinter dem Zaun.

Der Posten, den Simon selber in der Fremde fand, war unsicher, das Gehalt lächerlich, die Genossenschaft verschuldet und vor dem Bankrott. Wenn er überhaupt ein Gehalt bekam, dann unregelmäßig und in Raten. Wie würde er vier Jahre lang für Susanna 300 Kronen monatlich allein für Kost und Logis aufbringen können? Dieses Problem schien unlösbar . . . vier Jahre lang, das waren vierzig Monate . . . 40 mal 300 . . . wo er doch nicht einmal wußte, wie er den nächsten

Tag überleben würde. Das Haus war weg, die Kuh war weg, und er war ein alter Jud ... Es blieb nur der liebe Gott ...

Simon drückte noch ein anderes, unmittelbareres Problem, das ihn nicht schlafen ließ. Susanna hatte kein passendes, kein ungeflicktes Kleid, um in die Fremde zu gehen. Wie würde sie sich im schäbigen Rock fühlen? In den für Simon so kurzen Nächten erwog er tausendmal, was gut und böse, gerecht und ungerecht, erlaubt oder sündig sei. Erst blieb er im allgemeinen, dann engte er den Kreis ein, bis er selbst zum Mittelpunkt wurde, von dem aus alle Dinge und Taten zu beurteilen waren. Kein Gesetz, auch kein jüdisches, konnte ihm eine endgültige Antwort geben. Am Ende blieb eine einzige Frage, die er ganz allein, als Mensch und Jude, beantworten mußte. Es war die Frage nach der Sünde, nach Recht und Unrecht und danach, ob er aufhöre, ein ehrlicher Mensch, ein anständiger Jude zu sein – wie ihm das beim ersten Besuch der Riese, der Halunke, deutlich gesagt hatte. Durfte er auch dann noch den Kopf hoch tragen und den Leuten, denen er begegnete, in die Augen schauen? Diese Fragen legte Simon auf eine Seite der Waagschale der Gerechtigkeit. Auf der anderen war sein geliebtes Kind, Susanna, sein Stolz, die kein passendes Kleid besaß. Vorläufig war sie die einzige, die all seine Träume zu erfüllen schien. Wie sollte sie unter fremden Menschen dastehen? So schäbig? Vielleicht würde sie sich schämen und traurig sein?
Je länger Simon an Susanna dachte und sie im Geist betrachtete, um so größer und inniger wurde seine Liebe zu diesem Kind. Er fühlte die Ungerechtigkeit des Lebens, und das Herz trieb ihn zu seinem Entschluß. Alles, was schön und gut war in dieser Welt, war in seinem Kind vereint ...
Susanna mußte ein neues, passendes Kleid haben! Ein schönes dazu, in dem sie stolz zwischen den anderen stehen konnte, als einziges jüdisches Kind ...
In der Genossenschaftsbrennerei, wo Simon eine Anstellung gefunden hatte, erzeugte er täglich viele Hektoliter Alkohol. Das war Staatsmonopol. Reiner Spiritus war teuer und rar.

Ob Arme oder Reiche, alle tranken, gern und viel. Zumeist die Armen, um Not und Elend zu ertränken. Es war eine der schrecklichen Geißeln des slowakischen Volkes, der Zerstörer vieler Familien und der Vater des Bettelstabes. Die geruchlose, durchsichtige Flüssigkeit wütete wie die Pest, von den Männern begehrt, von den Frauen verflucht. Die Reichen tranken den verdünnten und veredelten Spiritus. Man konnte davon feine Liköre, Eiercognac und anderes Zeug unter Zugabe von Essenzen herstellen.

Jeden Tag floß also dieses durchsichtige Gift – zugleich eine Kostbarkeit – durch Simons Hände. Was bekam er selbst dafür? Das Gehalt war schäbig wie das Dorf, ein Almosen, und das reichte kaum ... es war, wie es seine selige Mutter zu sagen pflegte, »zuwenig zum Leben und zuviel zum Sterben«. Ein Gedanke ließ Simon nicht los ... Man müßte doch nur einige Plomben geschickt entfernen und sie hernach wieder anbringen ... ein paar Liter, so zehn ungefähr, würden genügen, und Susanna ... Er nahm die Plomben ab und ließ zehn Liter Spiritus in zwei graue Blechdosen fließen. Dann hängte er die Plomben säuberlich wieder an – es sah aus, als wäre nichts geschehen. Aus den Kartoffeln kann man nicht immer die gleiche Menge Sprit erzeugen. Bei Hunderten von Hektolitern, was sind da schon zehn Liter? Es blieb nur eine winzige Narbe, und zwar in Simons Seele; aber die sah niemand. Simon verschloß die Blechdosen kräftig, verstaute sie in einem alten Rucksack und fuhr nach Hause.

Am nächsten Morgen – es war ein Sonntag – nahm Simon den geflickten, speckigen Rucksack mit den zwei Blechdosen und fuhr mit dem Zug weg. Den Rucksack legte er ins Gepäcknetz schräg gegenüber, damit er ihn im Auge behalten konnte. Es war Hochsommer, heiß und schwül. Simons Schweißtropfen auf Gesicht und Händen beachtete keiner der Mitreisenden sonderlich, denn auch sie schwitzten selbst gehörig. Die Leute zu Simons Rechten und Linken waren Menschen wie er, Menschen dritter Klasse. Der Armenklasse. Sie redeten über die Hitze, die Ernte, über Krankheiten und das Vieh. Simon drehte den Kopf einmal nach rechts, dann wieder nach links und sagte, je nachdem, »ja, ja« oder »so, so«. Dieses einfachste Wörterrepertoire genügte, um nicht aufzufallen.

Auf einmal fielen von oben Tropfen. Kleine. Fast wie erste Regentropfen aus heiterem Himmel. Ein Bauer schaute nach oben und sagte schroff: »Sie, es tropft.« Niemand rührte sich. Dann stand der Mann auf und schrie Simon an: »Sie, es tropft!« Alle blickten nach oben zum Rucksack und erkannten den süßlichen Geruch der begehrten Flüssigkeit. Den meisten von ihnen war dieser Geruch vertraut, und sie fingen an, verschmitzt zu lächeln. Zuerst verzogen sie nur den Mund, dann nahm das Lachen gefährliche Formen an, denn auch ein Lachen kann unterschiedlich sein: Es kann erlösend oder unheilbringend sein. Das Lachen, das Simon hörte, neigte der zweiten Möglichkeit zu. Er rührte sich nicht, denn seine Beine wurden steif wie eine trockene Rute. Sie gehorchten ihm nicht.

Der Zug verlangsamte sein Tempo, bremste und blieb schließlich stehen. Die Leute standen auf, nahmen ihre Körbe, Säcke und Ranzen und bereiteten sich zum Aussteigen vor. Von oben tröpfelte es in regelmäßigen Abständen unaufhörlich weiter. Simon begleitete mit angsterfüllten Augen jeden Tropfen, in dem ein Stückchen von Susannas schönem neuen Kleid steckte. Jeder dieser Tropfen vergrößerte seine Verzweiflung. Doch wer von den Mitreisenden wußte schon davon? Der stämmige Bauer stand auch auf. Ein Tropfen fiel auf seinen Hut. »Wenn Sie das Zeug nicht sofort wegschaffen, hole ich den Schaffner!« schrie er aufgebracht den kleinen Juden an.

Der Zug fauchte und zischte und setzte sich mit Mühe wieder in Bewegung. Nun sprang Simon auf, riß den durchnäßten Rucksack vom Gepäcknetz herunter und mischte sich im nächsten Waggon unter die Menge der Neuzugestiegenen. Auf dem Nebengleis raste ein Güterzug vorbei. Simon packte den Rucksack mit beiden Händen, hob ihn in die Höhe und warf ihn mit seiner ganzen Kraft zum Fenster hinaus in einen offenen Güterwagen des vorbeifahrenden Zuges. »Ein Wahnsinniger oder ein Verbrecher«, sagte jemand.

Mit dem nächsten Zug, von der nächsten Station, kehrte Simon zurück. Mit leeren Händen. Nun konnte er seinem geliebten Kind kein neues Kleid kaufen ...

II

Susanna

Im Seminar

Das Lehrerseminar befand sich in der Nähe von Martin, dem geistigen Mekka der Slowaken. Es war ein kleines Städtchen, eher noch ein Dorf, ein verschlafener, vergessener Kurort, abseits des Lebens. Wenn Ende des Sommers die letzten der Kur- und Sommergäste verschwanden, blieben nur noch die Seminaristen, um das Dorf vor dem Winterschlaf zu bewahren. Viele Bewohner lebten von den Studenten. Sie vermieteten Zimmer, und oft gaben sie diese auch mit Verpflegung ab. Die künftigen Lehrer waren das Salz des eintönigen, grauen Alltagslebens.

Parallel zur Hauptstraße erstreckte sich ein stiller, verträumter Park. Doch der war nur im Sommer still, wenn alte Weiber, Rentner und Kranke ihre Rheuma- und Ischiasschmerzen besprachen oder beweinten. Vom Herbst bis in den Sommer hinein war der Park verjüngt und voller Leben. Uralte Bäume, versteckte Bänke, weiches Gras, alles zum Lieben geschaffen und bereit ... Die jungen Seminaristen ließen sich nicht bitten und auch nicht aufklären, sie nutzten die Schönheiten der Natur reichlich aus. Einige ältere Bewohner fanden eine interessante und aufregende Beschäftigung, die weder von der Gemeinde noch von sonst jemand bezahlt wurde: Sie lauerten von morgens früh bis abends spät und – wenn es sich lohnte – auch bis Mitternacht hinter den alten Bäumen im Park und ebenso im nahen Wäldchen und belieferten dann die gottesfürchtigen und anständigen Mitbürger mit längeren oder kürzeren, pikanten oder scharf gewürzten und manchmal gar mit unanständigen bis haarsträubenden Erzählungen der gängigen Liebesaffären.

Der alte Jellinekbáči gehörte auch zu dieser Zunft. Bei ihm und seinen beiden Töchtern wohnte Susanna. Der alte Herr war einmal reich und dementsprechend angesehen gewesen. Der einzige, mißratene, leichtsinnige Sohn hatte ihn um sein ganzes Vermögen gebracht. Die Töchter und der schnauzbärtige alte Herr mit dem speckigen Hut betrachteten sich jedoch noch immer als eine adelige Familie. Sie waren Juden wie die anderen im Dorf, gleich und doch anders. Die kleinen, dicken, schielenden und krummbeinigen Töchter gehörten zur geistigen Elite des Städtchens. Sie erhielten Bildung, die ihnen erhalten blieb, auch nachdem sie materiell gänzlich heruntergekommen waren.

Der alte Jellinekbáči – so nannten ihn die Studentinnen – war mittelgroß. Mit der Zunge stieß er oft sein billiges, künstliches Gebiß von einer Seite auf die andere. Im rechten Mundwinkel hing stets eine kurze, krumme Pfeife, die zumeist leer war, denn es reichte oft auch für den billigsten Tabak nicht. An seinem ausgesessenen Anzug konnte man auch den Speisezettel der Woche ablesen. Die ungebügelte Hose baumelte an seinen gewiß nicht dicken Beinen. Die Hände hielt er verschränkt auf dem Rücken. Sein Husten war von weitem zu hören und war leicht von allen anderen zu unterscheiden: Er kam dumpf aus der Tiefe, hatte einen kurzen Anfang, dann eine gründlich lange Mitte und ein ehrenvolles, akzentuiertes Ende. Sein Gesicht war gezeichnet von Bitterkeit und den Spuren der erlittenen Kränkungen. Doch in seinem Auftreten blieb der Stolz und die Überlegenheit des reichen Mannes. Er hätte in der Tat fast ein verarmter Adeliger sein können, wenn er kein Jude gewesen wäre . . . Er war gescheitert, und das nicht nur in finanzieller Hinsicht, durch seinen mißlungenen, leichtsinnigen Sohn, der in seinem Haus »gestorben« war; man durfte ihn nie erwähnen, seinen Namen nicht aussprechen, denn er hatte sich an der ganzen Familie vergangen und ihren Namen beschmutzt. Schmerzlicher noch war das Scheitern seiner beiden Töchter.

Die jüngere, Jolan, war einst verlobt gewesen. Man hatte eine entsprechende Aussteuer hergerichtet . . . Der Bräutigam ließ sie kurz vor der Hochzeit sitzen. Die schöne Ausstattung blieb unberührt im Schrank liegen. Jolan war klein und rund, und sie schielte. Letzteres bedingte wiederum, daß sie den Kopf schief hielt und in den Himmel schaute.

Ihr Blick war scharf und mißtrauisch, was verständlich war. Sie war gebildet und belesen. Eine herrliche Bibliothek und unzählige Lexika schmückten das armselige Speisezimmer.

Die ältere, Gisella, war der Inbegriff der Häßlichkeit. Sie hatte, bedingt durch einen beidseitigen Bruch, einen riesigen Bauch und lief wie eine Ente, auf krummen Beinen hin- und herwatschelnd. Der große Kopf ruhte ohne Hals direkt auf dem Leib; die wulstigen Lippen, die Basedowaugen, von denen jedes in eine andere Richtung blickte, erweckten zugleich Mitleid und Abscheu. Sie war, wie ihre Schwester, bereits eine reife Fünfzigerin, obgleich der alte Herr die beiden zuweilen die »Jellinekmädchen« nannte.

Im Balkonzimmer wurden zwei Betten aufgestellt, zusammen mit einem Tisch, zwei Stühlen und einem Spiegel. Hier sollten die beiden neuen Seminaristinnen wohnen, Susanna und Emilia. Das Zimmer kostete, inklusive Verpflegung, 300 Kronen. Der Preis war angemessen. Doch wie relativ Dinge sein können, bekam Simon bald zu spüren. Für ihn waren 300 Kronen ein Vermögen, das er jeden Monat auftreiben mußte. Das wußte auch Susanna. Der Erste eines jeden Monats gehörte zu den schrecklichsten Tagen ihrer Studienzeit.
Für Emilias Eltern waren die 300 Kronen nur eine kleine zusätzliche Belastung. Emilia war eine gläubige Katholikin. Ihr Vater war Hilfsarbeiter bei der Eisenbahn. Ihre Familie bewohnte in Sučany ein schönes Häuschen neben dem Bahnhof. Auch ein Blumen- und Gemüsegarten, eine Kuh, Hühner und ein Schweinestall gehörten dazu, und hinter dem Haus sogar noch ein Stück Feld. Man hatte sich an die »Hergelaufenen« gewöhnt, aber man verzieh ihnen nicht, daß sie aus Mähren gekommen waren, und man liebte sie auch nicht besonders im Dorf. Warum nur entschlossen sich die bigotten Christen, ihre Tochter in ein jüdisches Haus zu geben? Susanna und Emilia suchten keine Hintergründe; sie freuten sich, gemeinsam wohnen zu dürfen. Sie waren zum ersten Mal weg von

ihren Eltern, in einer unbekannten, fremden Welt, und da war eine für die andere ein kleiner Ersatz ihres Elternhauses. Emilia war wortkarg, unsicher, zurückhaltend und scheu. Sie war nicht schön, aber sie hatte eine knabenhafte, zarte Figur mit kleinen, festen Brüsten. Susanna dagegen war üppig aufgeblüht, eine Frau. Im Seminar trafen die beiden viele junge Kollegen, die ihnen gefielen. Im Balkonzimmer wurde dies alles von den unerfahrenen Backfischen besprochen; dabei wurde auch die Sehnsucht laut, diesen »Schönen« zu gefallen. Sie stellten sich oft vor den Wandspiegel und betrachteten ihre jugendlichen Gestalten. Emilia wünschte sich Susannas Gesicht, Susanna wollte Emilias Gestalt haben.

Auf die beiden Mädchen kamen Probleme zu, die man am besten auf den lieben Gott abwälzte. Und so knieten sie, jede vor ihrem Bett, nieder, den Kopf in die Kissen gepreßt, und sagten unzählige »Vaterunser« auf der einen und »Baruch ata Adonai« auf der anderen Seite. Die Kissen hörten sich geduldig beider Gebete und Bitten an und leiteten sie weiter . . . Susanna und Emilia wohnten vier Jahre lang beisammen und erhielten den Beinamen »Zwillinge«. Sie waren unzertrennliche Freundinnen. Sie lachten, weinten und lernten zusammen. Susanna schrieb die Aufsätze doppelt, Emilia nähte und stickte für zwei.

Am Anfang jedes Schuljahres beobachteten und musterten die älteren männlichen Seminaristen die »Neuen«. Sie entdeckten bald das schöne, feine, neue Gesicht, und sie unternahmen alle billigen, doch bewährten Tricks, um mit Susanna in Kontakt zu kommen. Diese wurde rot und verlegen, aber sie freute sich. Sie balancierte zwischen »Ja« und »Nein«. Das »Ja« war der normale Trieb eines jungen Menschen, der sich vom anderen Geschlecht angezogen fühlte; ein leises Glücksgefühl war dabei, daß sie als Jüdin mit dem unverkennbaren Namen auch den christlichen Kollegen gefiel, denn sie mußten doch wissen, daß sie Jüdin war, die einzige übrigens in der ersten Klasse . . . Einige baten um ein Rendezvous, im Park natürlich. Susannas »Nein« war Angst, den geliebten Vater zu kränken oder zu enttäuschen, denn sie war das Kind, das ihn für alle Schicksalsschläge entschädigen sollte. Sie war seine Hoffnung. Sie wußte das und hatte schon mit zehn Jahren begriffen – nachdem Irene das Elternhaus verlassen hatte –, daß sie das schreckliche Leid gutmachen müsse. Das »Nein« gewann die Oberhand, und die rosaroten Liebesbrieflein blieben unbeantwortet. Susanna war sich in dieser Zeit ihres Opfers noch nicht bewußt. Sie ging zwar in den Park, aber nur zusammen mit Emilia. Ihre Absage an die Verehrer begründete sie nicht. Sie sagte einfach »nein« und schwieg. Auch Emilia erfuhr den wahren Grund nicht. Mit ihren fünfzehn Jahren wußte Susanna, daß Simons Glück und seine ganze Hoffnung auf ihr allein ruhte. Sie war glücklich – und zugleich unglücklich –, daß sie diese Aufgabe erfüllen durfte und mußte. Sie träumte gar manches Mal von Zärtlichkeiten und vielleicht auch von der heißen Umarmung eines jungen Mannes. Die anderen Mädchen – die meisten von ihnen – mußten nicht träumen; sie nahmen das Leben mit offenen Händen und bejahten es ohne Angst und Hemmungen ...

Zweimal in der Woche hatten die Seminaristen Klavierstunden in einem kleinen Kabinett. Ein Blonder der obersten Klasse, der sich nicht so leicht entmutigen und abschütteln ließ, brachte in Erfahrung, auf welche Zeit Susannas Klavierstunden festgesetzt waren. Ihm gefiel das dunkelblonde Mädchen aus der ersten Klasse, und er wollte sie kennenlernen, vielleicht gerade, weil sie sich so hartnäckig gegen alle Annäherungsversuche wehrte. Er war fest entschlossen, dieses Mädchen langsam und behutsam für sich zu gewinnen. Sein Plan war einfach: Im Klavierzimmer stellte er fest, daß Susanna am Montag von 17.00 bis 18.00 eingeschrieben war. Er wartete am Ende der Allee, die zum Seminar führte, auf sie. Es war jedesmal ganz finster – wie üblich in dieser Winterszeit –, und es schneite. Am Ende der Allee leuchtete eine Straßenlaterne. Unter dieser stand der Beharrliche. »Darf ich Sie begleiten?« fragte er. Ein leichtes Zittern durchlief Susannas

Körper. Das »Ja« drückte sich mit dem »Nein« zugleich in den Mund. Leise und unsicher sagte sie dann: »Ja, wenn Sie wollen . . .« Doch der Hartnäckige wartete gar nicht auf eine Antwort, er gesellte sich einfach zu ihr und begleitete sie bis zu ihrer Wohnung. Das Zittern verwandelte sich in ein herrliches Glücksgefühl, das sie noch nicht kannte. An ihrer Seite ging ein Mann, dem sie gefiel und der ihr gefiel, der sie gewiß liebte und unter so vielen anderen auserwählt hatte. Sie sprachen kaum, und wenn, dann dummes, unnützes Zeug; allein, daß sie nebeneinander gingen, war wichtig und schön. Die Welt schrumpfte auf die beiden jungen Menschen zusammen . . . Die weichen Schneeflocken schmolzen auf den erhitzten Gesichtern der Glücklichen. Man ging von einer Straßenlaterne zur anderen, bis man zur letzten kam. Die Schritte wurden langsamer, denn schon wurde Susannas Haus sichtbar. Das Eingangstor war beleuchtet. Darunter stand eine reglose Gestalt. Diese löste sich plötzlich wie eine Gewehrkugel aus dem Lauf und sprang zwischen Susanna und ihren Begleiter. Vielleicht hatte der alte Jellinekbáči zufällig im Schneegestöber gestanden, oder hatte er noch keine aufregende Neuigkeit für diesen Tag? Der verarmte »Fast-Adelige« streckte die rechte Hand aus, so daß man nur den Zeigefinger mit dem unnatürlich langen, gelblichen Nagel sah, und die stille, heilige Schönheit dieses Winterabends mit den tanzenden Schneeflocken wurde durch eine unbarmherzige menschliche Stimme zerschnitten; mit einem einzigen Wort wurde das Glück der ersten Liebe vernichtet. Das Wort lautete: »Marsch!«

Susanna ging ruhig die Treppe in den zweiten Stock hinauf. Hinter ihr folgte hastig und fauchend ein alter Mann. In seinem Herzen war Bitterkeit und auch schon der Tod – in Susannas Herzen war ihre erste Liebe. Wenn Tränen eine rote Farbe hätten, wie würde dann die weiße Landschaft draußen ausgesehen haben in dieser Nacht? Der Alte blieb stehen; sein Atem hielt nicht Schritt mit den Beinen; er hielt sich am Geländer fest. Er mußte tief Luft holen, die Geschichte war zu aufregend. Er hat sie ertappt, die »Heilige«, vor seinem anständigen, unbescholtenen Haus ... und sie wohnt unter seinem Dach! Anstatt zu lernen, treibt sie sich mit Burschen herum! Der Alte schürte sein inneres Feuer und seine Phantasie. Er sah seine verlorene Jugend, sein sich dem Ende zuneigendes Leben, seine Töchter, die niemand wollte ... Am selben Abend schrieb er an Simon Lewy einen ausführlichen Brief. Die Antwort darauf kam unglaublich schnell. Darin stand: »Wenn ich mich in dir täuschen sollte, mein Kind, kann ich nicht weiterleben. Dein Vater.« Susanna las den einen Satz hundertmal, bis er von ihrem Herzen nicht mehr wegzuwischen war. Die Fünfzehnjährige gelobte, das Vertrauen des geliebten Vaters niemals zu enttäuschen, doch der Brief verstümmelte ihre Jugend. Sie blieb die »Heilige«, und nur sie allein kannte den Grund dafür.

Der Fromme

In Susannas Klasse tauchte mitten im Schuljahr ein neuer Schüler auf, ein Jude. Er war mittelgroß, mit einem länglichen Kopf, einer großen Nase und rabenschwarzen Augen, die furchtsam und unsicher umherblickten – wie bei Ghettokindern, stets zur Flucht oder zur Abwehr vor einem Schlag ins Gesicht bereit. Sie schauten von unten nach oben, nicht geradeaus. Der untere Kiefer war größer als gewöhnlich und traf den oberen nicht, so daß seine Aussprache unartikuliert ausfiel. Am schwachen Körper hingen kurze Arme mit ungeschickten Händen. Der jüdische Mitschüler kam direkt von der Jeschiwa, wo er, abgesondert von der Außenwelt, ohne Sonne und ohne frische Luft die heilige Thora studiert hatte. Sein Vater hatte sich entschlossen, diesen Sohn zu einem jüdischen Lehrer ausbilden zu lassen. Für Susanna war es eine besondere Begegnung. Sie beobachtete ihn heimlich während längerer Zeit. In den ersten Tagen gingen sie nebeneinander her und fanden keine gemeinsame Sprache. Er war der Sohn eines orthodoxen Kantors und gehörte somit zu einer für Susanna fremden Welt. Sein Zuhause war in einem frommen slowakischen Städtchen, wo die Juden fast eine Hälfte der Bevölkerung ausmachten. Die Männer trugen dort lange, schwarze Kaftane, Schläfenlocken, Bärte und breite Hüte; die Frauen kochten koscher und gingen regelmäßig in die Mikwe, wie im Mittelalter. Nur die jüdischen Schnorrer erinnerten Susanna verschwommen an eine ähnliche, ihr unbekannte Welt.

Der Fromme wohnte in einem koscheren Hotel. Trotzdem kochte er für sich allein, oder erhielt das Essen von zu Hause zugeschickt, denn er traute dem Koscherkoch nicht ganz. Er aß zumeist harte Eier oder wartete, bis das nächste Paket von seiner Mutter eintraf. Er und die Seinen wollten ganz sicher sein, daß alles im Einklang mit der Heiligen Schrift zubereitet, also nicht »trefe« sei. Es wurde streng darauf geachtet, daß der Sohn das Gesetz auch in der Fremde einhalten konnte.

Obwohl aus zwei verschiedenen Welten stammend, kamen sich Susanna und der Fremde näher. Ihre Wege trafen sich auf einer Kreuzung, die niemand gewollt und niemand erzwungen hatte. Der Fromme lud die beiden Mitschülerinnen eines Tages zu sich in sein Hotelzimmer ein. Weil er nur einen einzigen Stuhl im Zimmer hatte, setzten sich die Mädchen auf sein Bett. Schüchtern wie er war, fing er auf seiner Violine zu spielen an. Die Melodien waren traurig, in Moll. Er schaute dabei fortwährend auf den Fußboden und schien entrückt – als wäre er allein. Er blieb in seiner inneren Welt, denn draußen berührte und begegnete er einer Welt, die er und die ihn nicht verstand. Die Musik in Moll wühlte das Innere der beiden Mädchen auf, auch dann noch, als er die neuesten Schlager zum besten gab. Alle Melodien waren von Melancholie und Weltschmerz gezeichnet. In dieser bedrückkenden Atmosphäre klopfte es sachte an die Tür. Ein Schnorrer. Er brummte etwas Unverständliches in den Bart und blieb in der Tür stehen. »Treten Sie ein«, sagte der Fromme. Dann stand er auf, öffnete seinen Kleiderschrank und sagte so einfach und selbstverständlich, wie man sich »Guten Tag« wünscht: »Nehmen Sie, was Sie brauchen.« Der Schnorrer stand verlegen und verblüfft zwischen Tür und Angel und rührte sich nicht. Eine Weile war es still, denn die beiden Gäste waren so sprachlos wie der Schnorrer. Dann packte der Fromme den Armen beim Ärmel und zog ihn zum Schrank. Die Augen des Schnorrers wanderten vom Frommen zu den Mädchen – er wollte ausfindig machen, wo er sich eigentlich befand. Sein Kopf war immer noch gesenkt und tief zwischen den Schultern eingezogen. Es geschah in seinem Schnorrerleben etwas, worauf er nicht vorbereitet war. Sollte er die einmalige Gelegenheit ausnützen . . . oder die Güte und Großzügigkeit nicht mißbrauchen? Zum Glück glaubte er an Wunder, wie die meisten seinesgleichen. War dies das erste Wunder, das ihm begegnete? Der Fromme zog, ohne zu suchen oder zu wählen, ein paar Hemden heraus, die zufällig zuoberst lagen, und reichte sie dem Verstummten. Dieser hielt sie krampfhaft in seinen knochigen Händen und rührte sich nicht von der Stelle. Vielleicht wollte er auch, daß das Wunder, das ihm heute begegnete und gewiß einmalig war, nicht vorübergehe. »Brauchen Sie noch etwas?« fragte ruhig der Fromme. Der Schnorrer wich zur Tür zurück, die Hemden unter den Arm gepreßt, und sagte: »Gott soll es Ihnen tausendmal vergelten.« Dann verschwand er, überzeugt von der unbegrenzten und unbegreiflichen Güte Gottes . . .

Die Mitschülerinnen schwiegen. Sie waren Zeuginnen einer Tat geworden, die nicht alltäglich war, und der sie noch nie in dieser Art begegnet waren. Der Fromme bereitete eine bescheidene Erfrischung zu, und niemand erwähnte das Geschehene. Susanna und Emilia verließen dann wortlos und zutiefst überwältigt den frommen Mitschüler und eilten durch die lärmende Straße heim in ihr Balkonzimmer.

Der Fromme verliebte sich in Susanna, die Heilige. Sie erwiderte seine Liebe nicht. Eines Tages sagte sie ganz einfach zu ihm: »Du bist mein Mitschüler und Freund, nichts mehr; weder jetzt noch in Zukunft kann sich daran etwas ändern.« Der Fromme verstand.

In der Klasse fand er einen einzigen männlichen Freund.

Dieser hieß Mikuláš, was auf deutsch Nikolaus heißt. Er stammte aus Bulgarien, hatte strohblondes, steifes Albinohaar und ebensolche Augenbrauen. Die grauen, scharfen, strengen und stolzen Augen verschafften ihm in der Klasse Respekt. Er war die Personifizierung eines furchtlosen, geradlinigen und ehrlichen Rebells, der gegen jede Ungerechtigkeit, von welcher Seite sie auch kommen mochte, seinen Mann stand. Die unverhältnismäßig langen Hände und Finger paßten nicht zu seinem Körper, und er trug sie wie etwas Fremdes mit sich. Er sprach wenig und selten. Bei den Professoren war er unbeliebt, seiner furchtlosen Offenheit wegen. Er blieb vier Jahre lang im Seminar, ohne seine Eltern in dieser Zeit ein einziges Mal zu besuchen, denn der Staat bezahlte wohl sein Studium, nicht aber Besuchsfahrten. Nach seiner Ausbildung sollte er in seinem bulgarischen Heimatdorf die wenigen slowakischen Kinder in deren Muttersprache unterrichten.

Dieser Nikolaus setzte sich eines Tages zum Frommen und wurde von diesem Tag an dessen Beschützer und treuester Freund. Keiner wagte es, Hand an den Frommen zu legen, ihn auszulachen oder zu beschimpfen. Manche hätten große Lust dazu verspürt. Die grauen, gefährlichen Adleraugen bewachten den Frommen ständig und überall. Susanna und der Fromme blieben Freunde. Mehr noch; ein unsichtbares Band zog sie zueinander. Doch es war nicht Liebe.

Der Fromme überlebte den Krieg. Viel später erzählte er Susanna, daß er eine geraume Zeit nicht mehr an Gott glauben konnte, denn er war Zeuge eines Massakers an jüdischen Kindern, Frauen und Alten geworden, das in einem Wald während des »Slowakischen Aufstandes« verübt worden war. Die quälenden Gedanken an den Allmächtigen, der nicht eingriff, hatten ihn vorübergehend zum Zweifler werden lassen.

Schneeschuhe und ein Wolfskragen

Der dritte Winter im Seminar war sehr streng und hart. Zuerst schneite es Tag und Nacht, dann erstarrte alles ringsum. Aber das war nichts Außergewöhnliches in dieser Gegend. Jeder Monat dieser vier Jahre bedeutete für Simon und Paulina zehnmal dreißig Fastentage. Aber es war ein Fasten für Susanna, und so war es eigentlich kein Fasten, nur ein Nicht-ganz-satt-Werden vom Brot und vom Malzkaffee. Das Fasten hatte doch einen konkreten Sinn: Am Ende würde Susanna Lehrerin sein! Außer den 300 Kronen, die monatlich irgendwie beschafft werden mußten, konnte Simon für seine erwachsene Tochter keinen Heller aufbringen. Deshalb staunten manche, auch die Jellinekmädchen, daß Susanna in diesen vier Jahren nicht barfuß herumlief. Sie verlangte nie etwas zum Anziehen von ihren Eltern; es kam auch nie ein Paket oder ein Besuch zu ihr. Emilia erhielt beides, oft und reichlich. Die Eisenbahner und ihre Familien hatten Ermäßigung und fuhren beinahe umsonst. Auch erhielten sie einen gesicherten Monatslohn, besaßen Felder, eine Kuh und einen Garten . . . Emilia teilte den Inhalt ihrer Pakete redlich mit Susanna.

In diesem dritten, eisigen Winter schlich Susanna eines Abends in der Dunkelheit auf den Hof, zu den Mülleimern, hob den Deckel und suchte hastig in den stinkenden Abfällen herum. »Die können doch noch nicht ganz unten sein . . .« Emilia hatte nur wenige Stunden zuvor ihre durchlöcherten Schneeschuhe weggeworfen, nachdem sie von zu Hause neue erhalten hatte. Nach einer Weile des Wühlens, die ihr in der klirrenden Kälte wie eine Ewigkeit vorkam, fand Susanna endlich das Gesuchte. Mit der linken Hand hielt sie den verrosteten Deckel des Eimers, mit der Rechten die havarierten Schneeschuhe. Sie stand noch eine Weile im Hof, von niemandem gesehen, zitterte vor Kälte und konnte sich doch nicht entschließen. Was würde Emilia sagen? Plötzlich hörte sie Schritte auf der steinernen Treppe. Sie preßte sich dicht an die unbeleuchteten Mülleimer, die beinahe so hoch waren wie sie selbst. Als die Schritte verstummten, nahm Susanna die steifen Schneeschuhe und drückte sie an ihre Brust unter dem dünnen, ungefütterten schwarzen Ripsmantel. Ein riesengroßer, schäbiger Wolfskragen sollte Wärme vortäuschen, aber der Mantel war und blieb ein Eisschrank, denn schon beim Berühren des glänzenden Stoffes überlief einen die Gänsehaut. Diesen Mantel hatte Susanna – wie hätte es anders sein können? – von einer alten Tante geerbt . . .

Susanna nahm drei Treppenstufen auf einmal, damit sie sich erwärmen konnte und niemandem begegnete. Schwer atmend blieb sie vor der braunen Eingangstür stehen und überlegte zum zweiten Mal, ob . . . Der Korridor wurde von einer schwachen Glühbirne erleuchtet. Vieljähriger Staub und unzählige Fliegentupfen schwächten zusätzlich das spärliche Licht. Dies alles, den Staub, die Fliegenspuren, sah Susanna zum ersten Mal, denn sie verweilte länger als üblich im Korridor. Sie atmete wieder regelmäßig. Dann öffnete sie vorsichtig die Tür. Niemand war da. Im Speisezimmer war es dunkel, denn man sparte an Licht. Und so konnte sie unbemerkt durch das erste Zimmer in das ihre hinüberschlüpfen. Endlich stand sie im hell erleuchteten und warmen Zimmer, im Schlafzimmer der verlassenen Braut, welches das Zimmer der Seminaristinnen geworden war. Die Mädchen teilten ein Ehebett, das nicht für sie bestimmt war, und träumten da von ihren Prinzen.

Emilia saß am Tisch und schrieb. Sie konnte die Mathematikaufgabe nicht bewältigen. »Wo warst du nur so lange? Draußen ist es doch sehr kalt! Warum hast du mich nicht gerufen? Ich muß doch auch mal . . .« Und sie ging etwas verstimmt hinaus. Emilias Weggehen kam Susanna sehr gelegen. Sie schob Emilias weggeworfene Schneeschuhe schnell unter das Bett. Die Mitschülerin kam zurück und sagte: »Draußen ist es so unheimlich . . . ich fürchte mich.« – »Warte doch, ich komme mit dir!« Das Klosett war weit weg, am Ende des lan-

gen Korridors. Die Mädchen gelangten ans Örtchen und schlossen die Tür mit einem Riegel zu. Innen war kein Licht, aber sie wußten, wo das runde Loch war und wo das Zeitungspapier. Die riesigen Spinnweben sah man nur am Tag. Emilia setzte sich aufs Loch. Susanna stand mit dem Rücken zur Tür, das Gesicht Emilia zugewendet. Aus der Dunkelheit kam Susannas Stimme: »Ich glaube, daß der Winter noch lange dauern wird . . .« – »Du hast recht, es scheint so«, antwortete das Loch. – »Werde ich die Kälte in meinen dünnen Halbschuhen aushalten?« – »Vielleicht könnte dir meine Mutter ein Paar Filzschuhe schicken, sie hat jetzt ein Paar neue gekauft.« – »Ich möchte es nicht . . .« – Das Loch: »Sei nicht dumm!« – »Trotzdem . . .« – Das Loch: »Ich habe eine Idee . . . wir tragen meine neuen Schneeschuhe abwechselnd . . . Du hast zwar einen größeren Fuß als ich, aber Schneeschuhe sind ja nicht sehr eng . . .«
Emilia stand auf. Dann liefen die »Zwillinge« ins warme Zimmer zurück. Dort umarmten sie den hohen Kachelofen von allen Seiten und freuten sich an seiner Wärme. »Ich habe eine Überraschung für dich, Emilia!« Susanna sprang zum Bett und zog die löchrigen Schneeschuhe hervor. »Was willst du damit?« fragte Emilia und öffnete ihre kindlichen Augen weit. – »Ich werde sie noch tragen . . .« – »Sie sind doch löchrig und . . .« – »Das kann man flicken – schau!« Susanna sprang vom Fußboden auf und brachte vom Schrank eine Kartonschachtel. »Das hier wird die Doppelsohle abgeben!« lachte sie triumphierend und stolz auf ihren Einfall. Sie nahm die lange Schere von der Tischschublade und schnitt wie ein Schuster Sohlen aus. Dann steckte sie diese von innen in die Schneeschuhe und lachte: »Na?« Die Freundinnen umarmten sich. »Ein Kunstwerk! Ich wußte nicht, daß du auch Sohlen fertigen kannst . . .« Unter dem Ehebett standen am nächsten Morgen zwei Paar Schneeschuhe. In den neuen und in den frischgesohlten überstanden und besiegten die beiden Mädchen diesen dritten strengen Winter . . .

Der Schöne

Der Direktor des Lehrerseminars war ein Tscheche. Er hatte Susanna gern und achtete sie, wie man eine Schülerin eben mag, die vier Jahre lang keine Schwierigkeiten bereitet, keine leichtsinnigen Bekanntschaften pflegt, sich nicht im Park herumtreibt, sondern fleißig lernt und darüber hinaus noch dichterisch begabt ist. Sie hatte zu seinem Geburtstag, zum heiligen Wenzelstag, ein langes, von allen Kollegen beklatschtes Gedicht geschrieben und mit viel Wärme vorgetragen. Der Direktor wußte ja nichts von Simon und seinem Brief, er kannte Susannas Vater nicht. Ihre Eltern kamen nie ins Seminar und auch nicht zu Besuch ...

Der Geschichtsprofessor, ein Slowake aus Poprad, war anderer Meinung als die übrigen Kollegen. Er war ein sehr schöner, gut präsentierender Mann, und die meisten Seminaristinnen waren verliebt in ihn. Kein Wunder! Seinen verträumten, sinnlichen Augen konnten die jungen – und ebenfalls sehr schönen – Mädchen nicht widerstehen. Er war ja nur verlobt, was man auf irgendeinem Schleichweg in Erfahrung gebracht hatte, und da konnte sich noch manches ändern ...

Wenn sich Susannas Augen mit denen des Sinnlichen trafen, blieben sie für einen kurzen Augenblick aneinander haften, und ein Gefühl gegenseitiger Abneigung stieg im Herzen der beiden auf. Kein Fluidum menschlicher Wärme, nur Haß. Der Name Lewy irritierte den »Schönen«. Er war ein schlechter Schauspieler und spürte, daß Susanna ihn durchschaute, seine armselige Seele und sein hohles Herz. Die Geschichtsstunden wurden für beide zur Qual. Auch die schönen, sinnlichen Augen und verliebten Blicke der übrigen Studentinnen milderten da nichts. Er stotterte und posierte wie ein stolzer Hahn mit seinen verträumten Augen, doch das alles konnte seine innere Leere nicht verdecken, und nicht nur für Susanna.

Eines Tages – es war schon im vierten Schuljahr – kam unangemeldet und überraschend der Direktor zur Inspektion. Der »Schauspieler« wurde unsicher und verlegen. Er setzte alles auf seine besten Schüler – Susanna gehörte nicht zu ihnen, obwohl Geschichte eigentlich ihr Lieblingsfach war –, aber er setzte auf die falschen Pferde! Das Thema lautete: Der Weltkrieg. In der zweitletzten Bank saß Susanna teilnahmslos da, wie immer in seinen Stunden, und hielt ihren Kopf gesenkt. Die Antworten der besten Schüler waren ungenügend und unverständlich, denn sie stotterten wie ihr Vorbild, oder sie schwiegen. Die Stille wurde unerträglich. Dann war die Reihe an den Mittelmäßigen. Auch sie stotterten. Sie verwechselten Nationen, Schlachten und Jahre, sie erwähnten weder Ursachen noch Zusammenhänge, weil sie von diesen nie gehört hatten. Es blieben nur noch wenige Schüler, die nicht aufgerufen worden waren. Sie saßen in den hintersten Bänken. In dieser bedrückenden Situation entschied sich der »Schöne« für den verhaßten Namen »Lewy«. Susanna stand auf und wußte im ersten Augenblick nicht, wo und wie sie beginnen sollte. Plötzlich jedoch verschwand vor ihren Augen der Poseur, die Mitschüler und der Direktor. Ihre Augen richteten sich nach innen, und sie erzählte einfach und fließend über die Ursachen, den Verlauf und die Zusammenhänge des Weltkrieges, über den sie im Alleingang viel gelesen hatte. Sie hatte diesen Krieg zwar nicht miterlebt, vieles davon sicher auch nicht verstanden, doch für den neuen Staat, der aus den Trümmern des Vielvölkerstaates entstanden ist und in welchem sie alle jetzt lebten, fühlte sie Verantwortung und Dankbarkeit. Von den Wirren des Krieges führte sie ungewollt auch die künftigen Lehrer, die dabei waren, Wegweiser des stolzen, freien Volkes zu werden, zum Verständnis der Vergangenheit.

Susanna sprach ziemlich lange – weil ja auch der Krieg lange gedauert hatte –, aber die Zeit war so schnell vergangen, daß niemand es bemerkt hatte. Sie sprach nicht für den Direktor und nicht für den »Schauspieler«, sondern einfach von der Seele weg. Der Direktor kam auf sie zu und drückte ihr die Hand: »Sie haben die Klasse gerettet und mich nicht enttäuscht.« Die Mitschüler trugen sie auf den Händen und jubelten, nur der »Schöne« sagte kein Wort. Nun konnte er Susanna nicht mehr die vorgesehene schlechte Note in Geschichte geben; er verbesserte diese aber nur um einen Punkt.

Eines der Fächer, in denen Susanna die Matura machte, war Geschichte. Als sie ihre Fragen beantwortet hatte, sagte der Vorsitzende der Maturitätskommission: »Wenn Sie im Leben unsere Hilfe brauchen sollten, sind wir immer bereit, Ihnen zu helfen!« Dieses Versprechen war voreilig und leichtsinnig ausgesprochen worden; es sollte bald die Zeit kommen, wo er daran erinnert würde.

Noch vor der Matura erhielt Susanna von den Verwandten Briefe seltsamen Inhalts. Sie enthielten die Mahnung und Aufforderung, die auf tausendjähriger Erfahrung beruhte: »Ändere deinen Namen, bevor du versuchst, in den Staatsdienst einzutreten.« Sie alle meinten es gut. Susanna dachte an Simon. Sie behielt seinen Namen. Vor ihren Augen standen in diesem Moment die ungezählten Tage des Hungers, die ebenso vielen Nächte der Verzweiflung und Sorge. Der Gedanke an den großen Traum in Simons und Paulinas Leben, der mit dem zweiseitigen Lehrerdiplom in Erfüllung ging, bestärkte Susanna in ihrem Entschluß. Das Dokument, auf dessen Rückseite »mit Auszeichnung« stand, berechtigte sie ausdrücklich, fortan an jeder beliebigen staatlichen Volksschule zu unterrichten.

Im Tal des Elends

Simon hielt Rückblick. Seine Gedanken schweiften zurück zu seinem alten Haus ... Unzählige kleine und große Wucherer, merkwürdigerweise keine Juden, fraßen Tag für Tag, langsam aber sicher, alles auf, was ein Mensch im Schweiße seines Angesichts in ungezählten Tagen erarbeitet hatte. Bei der öffentlichen Versteigerung seines ausgebesserten Hauses mit dem eigenen Brunnen und zwei Schwalbennestern kam sich Simon wie bei seinem eigenen Begräbnis vor. Er weinte innerlich – niemand sollte sehen, wie er, ein zum Scheitern Verurteilter und durch die Versteigerung öffentlich Hingerichteter, all seiner Habe und Würde beraubt wurde, und zwar zu einem lächerlichen Preis . . .

Die Zeit war gekommen, wo Simon ausziehen mußte. Aber wohin? Wer brauchte schon einen alten, schäbigen Juden? Die Flügel waren gebrochen, und er hatte keine Kraft mehr, sich emporzuschwingen. Wohin er auch kam, überall schlug man die Tür vor seiner Nase zu, bis endlich in einem gottverlassenen Dorf ein Brennereileiter gebraucht wurde. Der neue Arbeitgeber hatte keine Wohung für Simons Familie. Aber es war die einzige Arbeitsmöglichkeit weit und breit, und Simon packte zu. In diesem Dorf standen nur ein paar wenige gemauerte Häuser: die Kirche, die Schule, das Pfarrhaus, ein Wirtshaus und das Haus eines Großgrundbesitzers. Die übrigen Behausungen waren aus ungehobelten dicken Balken, beinahe fensterlos – denn die Fenster waren winzig und dazu noch mit Moos verstopft –, dunkel und primitiv. Menschen und Ziegen wohnten gemeinsam in einer Stube. Der aus Erde gestampfte Fußboden war kalt, und so wärmten sich die Tiere in einer Ecke aneinandergedrückt, ebenso die Menschen, oft in einem einzigen Bett oder auf der Bank neben dem Ofen. Da zeugten und gebaren sie Kinder und starben auch. Der Verstorbene hatte das Recht, ganz alleine im einzigen Bett zu liegen, bis er in den Sarg gelegt wurde.

Simons Hab und Gut hatte Platz in einem winzigen Magazin eines Dorfladens. Dazu gehörte eine fensterlose Kammer mit holprigem Erdfußboden. Hier sollte Paulina ihre Küche einrichten. Sie klagte nicht, sie weinte nur still vor sich hin, und nur, wenn sie sich allein wußte.

Simon mußte sich nochmals aufrichten, aber sein früherer Leitsatz »Man darf die Flügel nicht fallen lassen« half ihm nicht mehr . . .

Eines Nachts überfiel Simons jüngste Tochter hohes Fieber. Simon stand auf, nahm den langen, abgetragenen Mantel, den er vor kurzem von seinem verstorbenen Schwager geerbt hatte, und ging durch die stille Nacht den weiten Weg zum jüdischen Arzt, Doktor David, der in einem entfernten Dorf wohnte. Der Himmel war dunkelblau, mit glitzernden Sternen übersät, der Mond rund wie ein Laib Brot. Als Simon den Kopf hob und die Unendlichkeit sah, vergaß er für einen kurzen Augenblick alles Irdische, sich selbst, das kranke Kind, den kahlen Fußboden. Eine vollkommene Ruhe und Harmonie überwältigte seine Seele. Aber als er wieder seinen Kopf senkte, schämte er sich seines Entfliehens. Seine Gedanken kehrten zurück in das niedrige Zimmer, wo nur zwei Betten Platz hatten, in die fensterlose Kammer, zu seinem kranken Kind, zu Susanna und Paulina. Er beschleunigte seine Schritte, nahm die fettige Mütze in die Hand und lief, bis sein Herz nicht mehr Schritt halten wollte.

Doktor David war ein kleiner Mann mit übergroßen blauen Augen, die Wärme ausstrahlten. Er kurbelte sofort sein Auto an und fuhr zu Simons Tochter. Der kleine Dorfarzt hatte in seinem Leben viel Not und noch mehr Leid gesehen. Er rettete das Leben vieler Frauen nach einer verpfuschten Abtreibung oder schweren Geburt. Oft kam er zu spät, denn in diesem Tal des Elends rief man einen Arzt erst vor dem Tode. So hörte der Judendoktor oft nur noch die letzten Worte und Wünsche der Sterbenden und leitete sie weiter. Wer weiß, mit welchen Worten, welchem Gebet und an welchen lieben Gott? Oft, zu oft, wurde der kleine Doktor mit den himmelblauen Augen nur mit einem warmen Händedruck bezahlt. Manche einsamen Holzhütten waren auf den kärglichen Hügeln verstreut. Das einzige Bett, das die Braut in die Ehe gebracht hatte, war zugleich das Krankenlager. In ihm wurden Kinder geboren, starben die Alten und lagen die Kranken. Der jüdische Arzt erschien bei den bettelarmen Menschen in größter Not als Bote Gottes, und er war ein solcher, auch für Simon. Doktor David kannte die niedrigen, mit Strohdächern bedeckten Hütten, auch das große Elend darin; da wurde sein

Besuch und die Medikamente mit »Der liebe Gott soll Ihnen das tausendmal vergelten . . .« bezahlt. Doch zu einem Juden, der so wohnte wie Simon, war er noch nie gekommen. Die jüngste Tochter hatte Scharlach. Ein roter Zettel mit »Achtung! Ansteckungsgefahr« mußte an die Tür geklebt und die übrigen Bewohner ferngehalten werden. Wie denn, in einer einzigen fensterlosen, kalten Kammer? »Was schulde ich Ihnen, Herr Doktor?« fragte Simon nach der Untersuchung. Der Arzt nahm von dieser Frage, aus der tiefe Dankbarkeit vermischt mit Scham herauszuhören war, keine Notiz. Dann sagte er ruhig: »Ich bringe der Kleinen noch heute Medikamente, und dann komme ich täglich sie besuchen . . .« Schon wenig später traf er mit Medikamenten ein und brachte auch Obst mit. Nie erhielt Simon von ihm eine Rechnung.

Wer bin ich? An der Schwelle des Lebens

Im Loch, wie Simon verbittert die unwürdige Wohnung im stillen nannte, wurde es unerträglich. Er wußte niemanden, außer sich selbst, dem er die Schuld für dieses Elend hätte zuschreiben können. Unzählige Male fragte er sich, warum er es nur so weit gebracht hatte. Paulina, die noch immer eine schöne Frau war, tat im leid, wenn er sie in der unheimlichen Kammer kochen sah. Sie hätte ein besseres Los an seiner Seite verdient . . . Da waren auch seine zwei heranwachsenden Töchter, die keinen jungen Mann in dieses Loch einladen konnten. Er mußte dringend ein neues Heim finden, damit sich die Seinen nicht zu schämen brauchten. Nichts konnte ihn länger daran hindern, nicht die Not und auch nicht sein alternder, geschwächter Körper.
Unweit des verlassenen und verkommenen Dorfes war die Kreishauptstadt. Hier wohnten einige sehr reiche und auch sehr arme Juden. Die Reichen verkehrten nicht mit den Armen. Es war nicht so wie in Sučany. Die reichen Juden verachteten die armen Juden, und die Armen beneideten die

Reichen. Aber es war eine Stadt, die Ziegelhäuser mit großen Fenstern hatte. In dieser Stadt mit den geizigen und kleinlichen Juden fand Simon eine menschenwürdige Wohnung. Sie war nicht groß, aber auch nicht zu klein, und wenn alle in der sauberen Küche saßen, war es gemütlich und warm, für Körper und Seele.

Die Hausbesitzerin war eine alte, reiche Witwe. Ihre drei Söhne lebten in aller Welt verstreut. Diesmal konnte sie Hitler danken, daß alle drei Söhne zur gleichen Zeit zu ihr zurückkamen. Zwei von ihnen hatten lange in Wien gelebt und gemeint, dort zu Hause zu sein. Hitler erinnerte auch sie an diesen Irrtum, den so viele Juden immer von neuem beginnen. Die drei Söhne waren also wieder da, inzwischen alt und grau geworden. Der Älteste, ein Bankier, war Junggeselle; der Mittlere, ein Juwelier, hatte zwei Söhne. Der Jüngste hatte eine deutsche Christin zur Frau, was damals »halbgefährdet« oder »geschützt« bedeutete – was dieser »Schutz« wirklich wert war, erfuhr man erst später.

Susanna, die frischgebackene Lehrerin, erfuhr vom Vater, daß er eine gemütliche Wohnung bei einer reichen jüdischen Familie gefunden hatte. Sie kehrte mit ihrem Lehrerdiplom stolz und glücklich zu den Eltern heim. Nun mußte sie nur noch eine Anstellung finden, damit wenigstens einer in der Familie einen sicheren Verdienst hatte und für die übrigen sorgen konnte. Doch die Ernennungsurkunde kam nicht. Tage, Wochen, Monate vergingen, und Susanna, die Knie unter dem Kinn, saß am Fenster, das auf die Straße schaute, und wartete. Sie wartete auf den Briefträger. Zuerst wurde sie nur wortkarg. Dann verstummte sie ganz, und jeder wußte, weshalb. Die meisten der ehemaligen Mitschüler vom Seminar unterrichteten schon. Wieso nicht auch sie? Sie war neunzehn Jahre alt, ein Alter, in dem die Welt heil und gut sein sollte. Sie war es nicht. Simon wurde arbeitslos. Der alte Briefträger begann das Fenster mit dem traurigen Fräulein zu meiden. Eine unglückliche Liebe? ... die Ärmste ...

Nach ungezählten Tagen brach in Susanna der Stolz. Sie erinnerte sich der Worte des Seminardirektors und des Maturitätsvorsitzenden: »Wenn Sie Hilfe brauchen sollten . . .« Sie schrieb am gleichen Tag zwei Briefe mit identischem Inhalt und erhielt zwei gleichlautende Antworten: »Es ist wirklich schade . . .« und: »Es tut mir aufrichtig leid, daß ausgerechnet Sie, die Sie mit so viel Begeisterung . . . nicht . . . aber begreifen Sie bitte, daß auch in unserer demokratischen Republik das jüdische Problem nicht so weit gelöst ist, daß wir Sie in jeder Gemeinde anstellen könnten. Verlieren Sie nicht den Mut! Ich wünsche Ihnen . . .« Es war also der jüdische Name und Glaube. Bis zu diesem Tag ihres Lebens wußte Susanna eigentlich nur, daß sie jüdische Eltern hatte, sonst aber Slowakin war, wie ihre Mitschüler. Sie verehrte und liebte den Präsidenten Masaryk wie die anderen, sang Lieder bei Festanlässen und zu Hause auf den slowakischen Helden Štefánik, kannte sich in der Geschichte und Literatur dieses Landes aus und sprach die Sprache des slowakischen Volkes. Aber sie hieß Lewy, wie Simon.

Nach einem halben Jahr erhielt sie eine Anstellung. Das Städtchen, in dem Susanna zum ersten Mal unterrichten sollte, hieß unter den Juden – und manchen Slowaken – »Klein-Palästina«. Und es schien so, als ob da nur Juden wohnten. Kleine und größere Läden hatten ausschließlich jüdische Namen, Mosche Singer, Salomon Weiß und Söhne, und ähnliche mehr. Außerdem sprach man hier Ungarisch. In einem alten Kastell waren zwei Schulen untergebracht, eine slowakische und eine ungarische. Susanna wurde zwanzig. Sie bekam ein Zimmer bei einer lieben und vornehmen ungarischen Familie, und sie fühlte sich da wohl. Der Weg zur Schule führte sie an einem alten Gebäude vorbei, an dem ständig ein Summen wie aus einem Bienenstock zu hören war. Eines Tages schaute sie durchs offene Fenster und sah eine Menge bärtiger Bochrim. Es war eine Jeschiwa. Etwas, das sie nicht kannte, zog sie täglich stärker zu diesem »Bienenstock«. Sie blieb oft stehen, hörte zu, verstand nichts. Doch das Summen war ihr lieb und angenehm. Eines Morgens traf sie vor der Jeschiwa einen jungen hochgewachsenen

Bocher. Er trug einen breiten schwarzen Hut und hatte blondes, lockiges Haar. Sein Gesicht war zur Erde gesenkt, als ob er ein lebenswichtiges Problem zu lösen hätte und von niemandem gestört sein wollte. Für ihn schienen nur er und die Heilige Schrift auf Erden zu existieren. Er sah wie der Heiland aus. Von diesem Tag an wünschte sich Susanna, daß er in ihre Augen schaue. Je öfter sie ihn traf, desto stärker wurde ihr Wunsch, seine Augen zu sehen. Alle Versuche schlugen fehl. Er wollte nicht. Das kränkte sie.

Auf dem Weg zur Schule war auch eine kleine katholische Kirche, vielleicht nur eine Kapelle. Hier zelebrierte ein junger slowakischer Geistlicher die Messe. Er erteilte auch Religionsunterricht an der slowakischen Bürgerschule. Jeder Tag und jede Stunde war für ihn eine Danksagung und ein Fest des Lebens. Er lachte viel, sang und pfiff die verschiedensten Lieder und Schlager. In allem und jedem suchte er Freude und Freunde. Sein Gang war eine Art Freudentanz, und seine Sprache hatte den Rhythmus eines Liedes. Er war schlank, sein Gesicht voller Narben, häßlich. Jeden Morgen wartete er in seiner langen, schwarzen Soutane vor dem Gartentor auf Susanna. Dann gingen sie lachend nebeneinander durch die Straßen des jüdischen Städtchens bis zur kleinen Kirche. Dort trennten sich ihre Wege. Die Juden in »Klein-Palästina« waren entsetzt. Ein jüdisches Mädchen, eine Lewy, mit einem Goi, dazu einem Priester, das gab es hier noch nie!

Der lebenslustige Geistliche sagte einmal mitten im Summen einer Melodie: »Ich möchte die Kutte ablegen und Sie heiraten, wenn Sie es wollen!« Sie wollte nicht.

Neben den obligatorischen drei Schuljahren an der Bürgerschule war auch ein einjähriger Kurs für eine Abschlußklasse angeschlossen. Susanna vertrat einen Kollegen, der im Militärdienst war. Einige Schüler dieser Klasse waren älter als sie selbst und auch viel größer an Gestalt. Die neue Lehrerin war ein Grünhorn, ohne pädagogische Erfahrung und auch ohne genügendes Wissen für den Unterricht in einer Abschlußklasse. Die erwachsenen Schüler erkannten das ebenso bald wie Susanna. Der Mathematikunterricht war ein volles Fiasko. Susanna erfuhr, daß es viel mehr dazu brauchte, ein guter Lehrer zu sein, als sie im Seminar gelernt hatte. Die Mathematikstunden waren eine bittere Erfahrung und brachten Susanna dazu, an sich zu zweifeln. In den niedrigeren Klassen und in anderen Fächern fühlte sie festen Boden unter den Füßen. In der Nacht träumte sie oft, daß die Schüler der Abschlußklasse ihr vom Unterricht wegliefen, sie auslachten oder beschimpften.

Sie war nur einige wenige Monate im Städtchen, als sie der Direktor in sein Zimmer rief. Die Kollegen lächelten vielsagend und machten geheimnisvolle Gesichter. Im Zimmer des Direktors saß eine ältere Frau. Der Direktor, die Hände auf dem Rücken verschränkt, spazierte nervös durch den Raum. »Wie stellen Sie sich das vor, junge Kollegin«, sprach er höhnisch und blieb dicht vor Susanna stehen. »Sie haben noch keine pädagogische Erfahrung« – leider hatte er recht – »und kennen die Schulgesetze nicht« – was auch stimmte. »Sie dürfen die Noten eines Schülers nicht um zwei Punkte verschlechtern, das sollten Sie eigentlich wissen; dann müßte Frau Rotmann bei mir nicht Beschwerde einlegen . . .« Frau Rotmann saß im weichen Fauteuil und schaute mit kurzsichtigen Augen durch die dicke Brille auf Susanna. »Also?« sprach ungeduldig der Direktor. – »Er verdient eine Fünf – die schlechteste Note –, und ich habe sie ihm vor der ganzen Klasse versprochen. Ich darf das Vertrauen meiner Schüler nicht verlieren; er ist zwar nicht dumm, aber faul, und er hat kein Pflichtgefühl . . .« Susanna wußte nicht, wie es kam, daß sie diese Worte ausgesprochen hatte; sie kamen wie von selbst. Als sie dies gesagt hatte, fühlte sie Erleichterung. »Kann ich jetzt gehen?« Der Direktor stand in einer Ecke des Raumes. Frau Rotmann stand auf und verabschiedete sich flüchtig. Susanna verließ ebenfalls den Raum. Hinter der Tür standen die Kollegen. Einige von ihnen grinsten, die anderen lachten, aber nicht böswillig, wenige blieben ernst und schauten mitleidig auf Susanna. »Der Alte wird Ihnen das nicht verzeihen. Bei ihm sind Sie erledigt!« Es war die erste reale Begegnung mit dem Leben als Lehrerin, und sie war nicht rosig.

Oktober 1938 – Der letzte Zug

Das für die Slowakei zuständige Schulministerium ließ Susanna auf den 1. Oktober eine neue Anstellung zukommen. Darin hieß es, daß Susanna Lewy ab 1. Oktober 1938 eine Lehrervertretung in Dunajská Streda übernehmen sollte. Es war allen Tschechoslowaken klar, daß dieses Gebiet, das zum größten Teil von Ungarn besiedelt war, in den nächsten Tagen durch Hitlers Entscheid an Ungarn abgetreten würde. Warum wurde also Susanna auf den 1. Oktober in dieses Gebiet beordert, oder besser, abgeschoben? Diese Frage war leicht zu beantworten.

Der Zug, der sie hinführen sollte, war restlos überfüllt. Mütter mit Kindern, Koffern, Kissen, Kinderwagen und Ranzen. Die Leute saßen auch auf dem Dach und auf den Treppen. Alle wollten Bratislava noch rechtzeitig verlassen, denn Hitler drohte, im Falle der Nichterfüllung seiner Bedingungen, Bratislava mit Gewalt zu besetzen. Susanna saß auf ihrem grünen Kartonkoffer und betrachtete die fremden Menschen. Sie staunte über deren Unruhe und Angst. Der Zug kam mit mehrstündiger Verspätung an. Es war Mitternacht. Die meisten Flüchtenden fanden Unterkunft in den wenigen Hotels oder bei Bekannten. Susanna hatte kein Geld für ein Hotel und auch keine Bekannten in dem fremden Städtchen. Sie schloß sich einer Familie an und ging, wohin sie gingen, in ein Wirtshaus. Dort hatten sie ein Zimmer bestellt. Susanna blieb in der Tür stehen. »Was suchen Sie, Fräulein?« fragte der Wirt. – »Ein Zimmer!« – »Ha, ha, ein Zimmer, so, so ... wenn Sie es noch mit jemandem teilen möchten, zum Beispiel mit mir, dann hätte ich eines, ha ha ...« Susanna schwieg. Der Wirt kam näher, legte seine Hand auf Susannas Schulter und sagte noch immer lachend: »Nichts für ungut, liebes

Fräulein, ich mache ja nur Spaß; die Leute da können ja nichts anderes als heulen, dabei kommt das Schlimme erst auf uns zu.« Er führte Susanna in sein Zimmer, das neben der Schenke lag. Sie setzte sich auf sein Bett und schaute vom Fenster auf den silbrigen Mond, der ganz ruhig und erstaunt den Ameisenhaufen da unten beobachtete.

Am 5. November erhielten alle Staatsangestellten den Befehl, mit dem letzten Zug die Stadt zu verlassen, denn zwölf Stunden danach würde auch diese Stadt von den ungarischen Honweden besetzt werden. Auf manchen Dächern tauchten schon ungarische Fahnen auf. Doch auch Masaryks Bild und einige wenige tschechoslowakische Fahnen wehten noch zum Abschied. Wer wollte, konnte bleiben. Von den Lehrern blieb niemand. Susanna saß auch zwischen den Heimkehrenden. Fuhr sie nach Hause? In ihre Heimat, so wie die anderen? Sie glaubte es noch immer. Die heimgekehrten Lehrer sollten sich in der Stadt nach ihrer Ankunft beim nächsten Schulinspektorat melden. Susanna nahm alle Zeugnisse mit. Sie grüßte höflich, sagte, worum es ging, und übergab einem kleinen Mann, dem Schulinspektor im Wohnort ihrer Eltern, in Púchov, ihre Schriften. Der kleine Mann schaute sich zuerst Susanna an. Die Besichtigung der Person fiel gut aus. Er sagte nichts. Dann schaute er in ihre Unterlagen. Überall stand der Name Lewy. Was ging in den langen Pausen, die er einlegte, in diesem Menschen vor? Woran dachte er? Die unerträgliche Stille wurde plötzlich unterbrochen: »Wir brauchen keine jüdischen Lehrer!« schrie er, als wollte er seine eigene Stimme überschreien. Nur diesen einzigen Satz schrie der kleine Mann, aber der genügte für ein ganzes Menschenleben. Vielleicht, weil er keine Antwort hörte, oder auch aus einem anderen Grund – wer konnte das schon wissen – riß er alle Zeugnisse in große, dann immer kleinere Stückchen und beendete sein Vandalenwerk auf eine merkwürdige Weise. Er warf die kleinen Papierschnitzel in die Luft. Sie fielen weich auf den Boden wie Schneeflocken und blieben dort still liegen. Vielleicht schämten sie sich, denn sie verbargen vier Hungerjahre und noch so manches Leid. Susanna stand bei der Tür und rührte sich nicht. Als die Tat vollbracht war, schaute der Vandale in die Augen der Jüdin. Dort sah er nichts. Es waren Menschenaugen, die ihn da anstarrten, und die sein grausames Werk nicht verstanden. Doch das dauerte nur einen Augenblick. Er ertappte sich bei einem Gefühl der Verweichlichung und schämte sich dessen. Um seiner wieder Herr zu werden, fing er an, auf den Papierflocken herumzutrampeln, als wären sie Ungeziefer. Es war der erste Akt eines Trauerspiels, das noch viele Fortsetzungen haben sollte. Wußte sie es schon? Die Papierchen lagen auf dem Boden wie Scherben einer wertvollen Vase, die man nie mehr zu ihrer Schönheit erwecken kann. Heimat, Zukunft, wo war das alles? Ein einziger Gedanke erfüllte Susannas Seele in den Tagen danach. Wer bin ich? Ich bin nicht sie, sie sind nicht ich. Susanna befand sich in dieser Zeit in einem schwerelosen Zustand. Sie schwebte zwischen der Erde und den Sternen. Sie gehörte nicht hierhin, nicht dorthin und auch nicht sich selbst. Seit dem Schneeflockenregen hatte ihr Leben den festen Grund verloren.

Die alte Vermieterin in dem vornehmen Haus, in dem Simon wohnte, erhielt also Besuch aus drei Himmelsrichtungen. Ihre Söhne kehrten heim. Der Juwelier aus Wien entkam im allerletzten Moment Hitlers tödlicher Umarmung. Er brachte seine Frau und seine beiden Söhne mit. Der älteste Sohn war Gymnasiast, ein selbstbewußter, stolzer Städter. Er ging nicht mit gesenktem Kopf wie die übrigen Juden der Kreisstadt umher. War es nur sein jugendliches Alter, das ihn auch in der »Eiszeit« den Kopf hoch tragen ließ?
Der Clan entschied, daß Lolo, der Gymnasiast, Slowakisch lernen müsse, um sein Studium bis zur Matura fortsetzen zu können. Susanna, die junge Lehrerin von nebenan, sollte ihn unterrichten. Hinter dem herrschaftlichen Haus war ein kleiner Garten, und hinter dichten Kletterpflanzen versteckt eine verträumte Gartenlaube. Diese wurde für den stolzen Städter und die junge Lehrerin zum Ort ihrer Begegnung. Dort begann Susanna, ungeschickt und unerfahren, den jungen

Wiener im Slowakischen zu unterrichten. Zuerst bewunderte sie den stolzen Gang, der ihn so kraß und auffallend von den krummen Rücken der übrigen Juden unterschied. Dann allmählich trafen sich ihre Seelen und auch die Herzen, auf dem Weg zu ihrem Volk. Lolo war in der jüdischen Jugendbewegung in Wien aktiv gewesen. Er wußte so vieles, für Susanna ganz Unbekanntes, Neues und Faszinierendes aus der jüdischen Geschichte, daß sie durch ihn aus dem Zustand des seelischen Todes wieder zum Leben erwachte. Unbewußt begann auch sie, aufrecht zu gehen. Aus der Sprach- wurde eine Geschichtsstunde. Und auf diesem Weg begann Susannas Genesung. Von der jüdischen Geschichte hatte sie zuvor soviel wie nichts gewußt. Sie fragte zwar schon als Kind, weshalb man am Freitag abend Kerzen anzündete und an Stelle von Weihnachten Chanukka feierte. Doch Paulina, ihre gute Mutter, wußte keine Antwort, die ihr neugieriges Kind befriedigt hätte. »Meine Mutter – Gott, der Allmächtige schenke ihr Ruhe im Grab – und ihre Mutter Rifka hatten auch schon Kerzen zur Begrüßung des Sabbats angezündet; es ist einfach das Gebot Gottes, mein Kind...« Susanna fragte nicht weiter. Erst jetzt, als Ausgestoßene, brauchte sie eine klare Antwort auf die Frage: Wer bin ich? Sie stand da wie ein verlorenes Schaf, in einem Land, das nicht mehr ihr Land war. Rundherum war in dieser Zeit nichts und niemand. Auch nicht Simon.

Susanna war zwanzig. Bis zu dieser Zeit hatte die Mahnung ihres Vaters – »Wenn ich mich in dir täuschen sollte...« – nachgewirkt. Doch nun, in der Gartenlaube, spürte sie, daß sie sich verliebt hatte. Liebe umhüllte sie wie die dichten Kletterpflanzen die Gartenlaube. Es war eine Insel der Seligkeit, wo man über Liebe nicht sprach, sondern sie fühlte, in einer Welt der Eiszeit für Menschen, die nicht Deutsche oder Christen, sondern zufällig Juden waren. Außerhalb der Gartenlaube wehte ein eisiger Wind des Schreckens, der manche Kreaturen, die man auch Menschen nennen mußte, erstarren ließ.

Auf dem großen, mit buckligen Steinen gepflasterten Platz

von Púchov standen oft Fuhrleute aus den umliegenden armen Dörfern. Wenn sie das Brennholz verkauft hatten, kehrten sie bei Nathan, dem reichen Juden, ein, der für sie in einer großen, warmen Stube heißen Schnaps bereit hielt. Nathan war robust und wortkarg. In seinen Augen saß ein Schalk, und oft konnte man sein schallendes Gelächter in der Wirtsstube hören. Die Bauern liebten es, wenn Nathan sie neckte, denn er verstand ihre einfache Sprache, ihre Sorgen und ihr Leid wie keiner im Städtchen. Das Wirtshaus von Nathan war immer voll, auch in der Eiszeit der Juden. Susanna kam als Erzieherin zu Nathans Enkelkindern. Sie erhielt 300 Kronen und Verpflegung dafür. Die 300 Kronen reichten gerade für Simons menschenwürdige Wohnung und zwei Liter Milch, die Susannas Eltern und ihre jüngste Schwester am Leben erhielten. Simon glaubte, auf der niedrigsten Stufe des Elends angelangt zu sein, denn er mußte das ganze Geld seines Kindes annehmen, um überleben zu können. Er selbst schaffte es nicht . . . seine Flügel taugten nicht mehr.

Auch die wohlhabenden Herzkas, Simons Nachbarn, hatten Sorgen. Es waren die Sorgen aller Juden vor einem unbekannten, großen Unheil, das sie wie Tiere spürten und das sie, wie diese, unruhig werden ließ. Doch die Sorgen der armen Juden – und von diesen gab es viel mehr – waren doppelt so schwer wie die der Reichen, denn es waren außer den Sorgen aller Juden noch die Sorgen ums tägliche Brot und ums nackte Überleben. Die Eiszeit der menschlichen Liebe war angebrochen, in der es ein Jude nicht mehr wagte, Arbeit zu suchen, denn alle Türen waren ihm verschlossen, und es hätte dabei noch Schlimmeres passieren können. Freunde gab es fast keine mehr. Diese Gattung war vom Aussterben bedroht wie heutzutage Adler und Fledermäuse. Niemand fragte: »Wovon lebst du, alter Jude, und was essen deine Kinder?« Da blieb wieder nur der liebe Gott, und vor seiner Tür standen lange Kolonnen, so daß man überhaupt nicht an die Reihe kam. Vor dem Allmächtigen stand sein »auserwähltes Volk«, und Er machte sich taub und blind wie einst in Odessa und Kischinew . . . Man sah nur wenige Juden auf den Straßen, und die waren taubstumm. Ihre Gesichter bekamen merkwürdige Züge. Die Haut zog sich zusammen wie eine Ziehharmonika, nur daß sie nicht spielte . . .

Von dem Zimmer aus, in dem Susanna die Kinder der reichen jüdischen Familie betreute, sah man die Kirchturmuhr. Je näher sich der Zeiger halb neun näherte, um so mächtiger wurde in Susanna ein Gefühl wach, das sie früher nicht gekannt hatte. Es war das Gefühl der Liebe. Lolo war jünger, seine Familie begütert und angesehen. Susanna wußte, daß er nicht ihr Mann werden konnte. Er war groß und schlank, seine Augen waren braun, die Brauen buschig, die Stirn nieder, die Nase stumpf und die Zähne unregelmäßig. Um halb neun stand er vor dem Tor und wartete auf Susanna. Die beiden jungen Juden gingen dann langsam, Hand in Hand, einem Feldweg zu. Zwischen ihnen und der übrigen Welt entstand eine Art Wand, die sie vor jeglichem Unheil schützte. Über ihnen wölbte sich der geheimnisvolle Himmel. Durch die Hände und Worte der nächtlichen Wanderer floß Liebe. Nur die ruhenden Felder und zirpenden Heuschrecken hörten zu und verstanden diese Sprache. Sie hörten auch Worte vom Heiligen Land, wo dieselben Sterne leuchten, nur daß sie gewiß dort näher und heller sein müssen, denn bestimmt leuchtet jenes Land auch in der Nacht . . . Lolo und Susanna saßen im Gras und lauschten den Lauten der ruhenden Natur. »Meine Kinder und deine Kinder werden schon unter den Sternen des Heiligen Landes leben . . . Es werden zwar nicht unsere gemeinsamen Kinder sein, doch diejenigen unseres Volkes.« – »Warum nicht meine und deine? Du liebst mich doch!« – »Ja, aber ich bin älter als du, und eine Frau soll jünger sein, damit sie die Liebe des Mannes nicht verliert . . .« Der Feldweg nahm sie wieder auf. Auf dem Heimweg bogen sie in ein Seitensträßchen ein. Die beiden aneinandergeschmiegten Gestalten verließen nochmals die Gegenwart und tauchten in der Vergangenheit unter. Bar Kochba, Josephus Flavius und Jeremia waren ihre Begleiter. Am Ende des Weges nahmen sie mit ihren verliebten Blicken Abschied vom

stillen, geheimnisvollen Himmel. Wie schön war die Welt . . .
wie friedlich . . .! – »Wenn du einmal im Heiligen Land dieselben Sterne sehen wirst wie ich, bin ich bei dir und du bei
mir.« – Langsam schritten sie in die Eiszeit zurück, zwei Menschen mit offenem, klaren Blick und aufrechtem Gang, im
Jahre des Herrn 1939.

Der Prophet

In Trenčín, einer lebhaften, lieblichen Stadt an der Waag,
über welcher eine stolze Burgruine in den Himmel ragte,
wohnten zwei von Paulinas Schwestern. Die ältere der beiden
war jung verwitwet und blieb allein mit einer Tochter. Sie
übernahm zuerst einen kleinen Kiosk. Die Witwe war schön,
jung, und sie liebte die Menschen. Die Menschen zahlten es
ihr mit gleicher Münze zurück. Die jungen Offiziere der Stadt
und die alten Rentner ließen sich gerne von einem lieben
Wesen bedienen. Doch das Menschenglück ist wie eine Sei-
fenblase. Die Herrlichkeit dauerte nur sehr kurz. Der jungen
Witwe, die mit dem Päckchen Tabak auch eine Prise Men-
schenliebe vergab, wurde bald die Lizenz entzogen; sie wurde
wie Simon und viele andere von der glatten Wand des Lebens
hinuntergestoßen und mußte von vorn beginnen.
Bald fand man sie an der Ecke einer lebhaften Straße, in
einem kleinen Laden, wo sie vorgedruckte Stickereien aus
Leinen verkaufte, wie sie die Hausfrauen jener Zeit an der
Wand in ihrer Küche hängen hatten. Darauf waren witzige
Sprüche zur Erhaltung der guten Laune der Männer oder
auch Segenssprüche zu lesen. Sie bedruckte die weiße Lein-
wand in der Nacht mit blauer Farbe und bespritzte sie dann
mit Brennspiritus, damit das Blau besser haftete. Tag und
Nacht füllte sie ihre Lungen mit diesem giftigen Gestank. Das
finstere, dumpfe Magazin mit dem bissigen Geruch wurde für
lange Zeit ihr zweites Zuhause.
Oben im Laden, in den vielen kleinen Schubladen, lagen far-

biges Garn, Seidenspulen, Wolle und auch Nadeln in jeder Größe und für jeden Geschmack. Verschiedene Knöpfe und billige Gobelins waren ebenfalls vorrätig. Anfänglich kamen die meisten Kundinnen aus den umliegenden Dörfern. Sie kauften wenig und mit Umsicht; sie überlegten hundertmal, was billiger, schöner und auch gottgefälliger wäre. Die Stickereien an der Küchenwand sollten womöglich eine fromme Aufschrift haben, damit alle zu jeder Zeit an den lieben Gott erinnert wurden, so wie etwa: »Wo Glaube, da Liebe, wo Liebe, da Friede, wo Friede, da Gott, wo Gott, ist keine Not.« Es sollten auch spaßige, spritzige und zweideutige Aufschriften für den Gatten vorhanden sein, damit er sich nicht nur mit guter Laune an den gedeckten Tisch setzte, sondern auch seine Pflichten als Mann nicht vergaß. Aber auch Blumen, Windmühlen und Zwerge waren gefragt.

Die Bäuerinnen trugen ihre Säuglinge in einem viereckigen, groben Flachstuch, das auf dem Rücken, quer über die Brust und über eine Schulter, fest verknotet war. Die größeren Sprößlinge hielten sich an den breiten, bunten Kattunröcken ihrer Mütter fest. Alle trugen schöne, slowakische Trachten. Bei der Judenwitwe fanden sie jedes Garn, breite und schmale Schnürchen in großer Auswahl, auch glitzernde Pailletten und gläserne Kunstkorallen – Verzierungen, die zu ihrer Tracht paßten und ihrem Geschmack entsprachen. Die Witwe verstand nicht nur ihre Sprache, sie wußte auch, als wäre sie eine der Ihren, was zu einem Brautkleid oder einer Tracht paßte. Und sie hatte Geduld. Ihr Rat war unaufdringlich und aufrichtig wie der Rat einer Schwester. In ihrem kleinen Laden fühlte man sich geborgen wie im Dorf, und man vergaß die lärmende, fremde Stadt. Nur bei der Judenwitwe fand man auch die billigsten und schönsten Bändchen für die stolzen Rekruten, die mit ihren geschmückten Hüten singend durch das Dorf zogen und vor aller Augen die von ihrer Liebsten geschenkten langen, bunten Bändchen schwangen.

Eines Tages erhielt Susanna ein Telegramm folgenden Inhalts: »Susanna, komm sofort, Tante Amalia.« Tante Amalia war die Tante mit den Schnürchen. »Vielleicht ist sie krank und braucht dich«, meinte Simon. Es war keine Krankheit, es war ein »Beckück« – der erste und letzte in Susannas Leben. Tante Amalia hatte zwei Neffen. Die saßen jetzt am einen Ende des Tisches, Susanna am anderen. Der ältere Neffe, Janko, fing sofort laut und eifrig mit seiner Ansprache an: »Liebes Fräulein, man nimmt uns heute Pelze, Schmuck, Geld und Parnose weg. Morgen sind wir Bettler, und als solche werden wir behandelt werden. Aber auch das nicht lange. Wer braucht schon Bettler? Und erst noch jüdische? Das Vermögen der Juden stinkt nicht, sie selbst dagegen schon . . . und am Ende, ja, da nimmt man uns das Leben. Das will ich hier nicht abwarten. Ich wandere aus, nach Neuseeland.« Diese Worte sprach im Jahr 1939 ein Mensch, ein Jude namens Janko, in Trenčín aus und wurde, ohne es zu wissen, ein Prophet. Niemand am Tisch glaubte ihm. Propheten werden vom eigenen Volk aus dem eigenen Land vertrieben, denn wer will schon von solchem Unheil hören? Das lehrt uns die Geschichte. Nach der Rede des Propheten wurde es still im Zimmer. Susanna dachte: »Ein Hochstapler!« Die übrigen wollten es auch nicht wahrhaben und beneideten ihn vielleicht.

»Ich bin ein armes Mädchen und könnte mir die Reise nach Neuseeland nicht leisten; ich besitze nichts, nur meinen Beruf«, sprach Susanna ruhig in die dumpfe Atmosphäre hinein. Es lehnte sich in ihr etwas auf gegen diesen so selbstsicheren, fast frechen Juden. »Die Reise kostet zwar vierzigtausend, doch das wäre nicht Ihre Sorge, und auch sonst brauche ich nichts, nur Ihre Zustimmung, denn Sie gefallen mir . . . Meine Ordination und Möbel sind schon unterwegs, ich brauche nur noch eine Frau, eine wie Sie, doch müßten Sie sich rasch entscheiden . . . Ich habe wenig Zeit, unser Schiff läuft in einem Monat aus, und die Hochzeitsformalitäten dauern ein paar Wochen . . . Also?« – »Ich kann ohne Liebe nicht heiraten und nicht mit jemandem leben, für den ich nichts empfinde. Ich kenne Sie nicht und weiß also nicht, mit wem ich leben müßte«, antwortete Susanna hart. »Mein liebes Fräulein, die

Liebe kommt von selbst, man gewöhnt sich aneinander ...«, sagte Janko hastig. – »Liebe und Gewohnheit sind nicht dasselbe; Liebe kann man nicht wie eine schöne Vase im Schaufenster kaufen ...« – »Das klingt zwar schön, fast poetisch, doch heute gilt: Rette sich, wer kann! Ihre Thesen gelten vielleicht in normalen, ruhigen Zeiten, heute sind sie unbrauchbar und naiv!« – »Ich bin auch nicht allein. Meine Eltern und meine Schwester sind auf mich angewiesen; ich könnte sie nicht allein hierlassen.«

Die Tanten und die übrigen Verwandten verfolgten gespannt dieses harte Rededuell und drehten ihre ernsten Gesichter von einem zum anderen. Sie sprachen kein Wort. Es ging um zwei Leute, die zusammen ein neues Leben beginnen sollten, und alle fühlten, daß es da auch noch um mehr ging. »Meine Liebe, alle können wir uns leider nicht retten!« Susanna schaute ihm hart in die kleinen, lebhaften, schwarzen Augen und sagte: »Dann retten Sie sich allein, ich bleibe ...« Nach diesen Worten stand der Angesprochene auf und verabschiedete sich. In der Tür sagte er noch: »Sie können noch drei Tage überlegen, denn die Formalitäten dauern auch mit einem Dispens, den ich leicht beschaffen könnte, ein paar Wochen, und mein Schiff wartet nicht.« Dann verschwand er mit dem Mann der zweiten Tante, die auch in Trenčín lebte. Das Klappern ihrer Schritte wurde immer schwächer, bis es ganz verstummte. Die hinter dem Tisch Verbliebenen schwiegen noch immer. Was sollten sie auch sagen? Man hörte ein Auto abfahren, und der Onkel kam zurück. Er war ein großer, starker Mann mit einem gerechten Herzen. »Wie kann ein armes Mädchen in diesen Zeiten ein solches Glück, eine Auswanderung nach Neuseeland, so leichtsinnig ausschlagen? Ordination, Möbel und vier Zimmer, die Reise ...« Er sprach und hielt es sitzend nicht aus. Mit sechs großen Schritten maß er das Zimmer, immer wieder, seine Hände und Stimme zitterten. »Ein armes Mädchen hat auch Anrecht auf Glück und Liebe«, sagte Susanna ruhig und sprach aus, was sie in ihrem Herzen fühlte. Die Verwandten erhoben sich, und jeder wußte, daß

Susanna nicht mit dem Schiff nach Neuseeland fahren
würde.

Der Prophet hatte die Wahrheit verkündet. Man nahm den
Juden nach und nach alles: die Geschäfte, die Häuser, die
Juwelen, das Geld, die Pelze, die Sportausrüstung – wozu
brauchten sie diese noch? – alles schön der Reihe nach.
Man verbot ihnen zu reisen, in öffentlichen Gebäuden ohne
Bewilligung zu erscheinen; den Kindern verbot man, die
Schulen zu besuchen, den Vätern, Geld zu verdienen. Was
verbot man nicht? Zu sterben. Man befahl allen Juden, den
gelben Davidstern zu tragen, in dem der Giftstachel des
Mittelalters eingenäht war. Und in dieser Zeit, als die
Sterne vom Himmelsgewölbe zu den Juden heruntergestie-
gen waren und als Davidsterne auf der Herzseite aufleuch-
teten, leuchtete auch Susannas Gesicht auf. Ein Gefühl der
Menschenwürde und die Überlegenheit des Getretenen, die
aus der Kenntnis der jüdischen Vergangenheit hervorquoll
– eine Verachtung, in einem fast unmerklichen Lächeln aus-
gedrückt – traten in ihr Gesicht. Dieses Lächeln diente ihr
als Abwehr und Schutz gegen die Grausamkeiten, die in
einem christlichen Staat unter dem Segen eines Priester-
oberhauptes stattfanden.

Ein Sabbat wird gerettet

Als der Erste des Monats, an dem Susannas 300 Kronen
eintrafen, anbrach, verschwand Simon noch vor Sonnenaufgang und kehrte erst spät abends, todmüde, mit dreckver-
schmierten Schuhen, nach Hause zurück. Paulina hatte das
Geld auf dem Küchentisch gefunden und es vor Simons
Heimkehr versorgt.
Jeden Tag bestieg der Gescheiterte einen steilen Hügel, hinter welchem kleine, verschlafene Dörflein vegetierten. Dort
kaufte Simon einen Rucksack voll Eier, um wenige Heller

billiger als in der Stadt. Viele zerbrachen schon auf dem Rückweg, denn er besaß für diesen Transport keinen geeigneten Korb. Die übrigen, noch intakt gebliebenen Eier verkaufte er heimlich mit viel Mühe und Überredungskünsten an Bekannte — er besaß ja keine Erlaubnis zum Hausieren. Nach kurzer Zeit gab er auf. Der Verlust war größer als der Gewinn, und er besaß nur ein einziges Paar Schuhe.

Eines Freitags kam ein Bauer zu Simon. Im Korb trug er Butter und Quark. Die Butter war frisch, goldgelb, in grüne, duftende Meerrettichblätter eingewickelt. Sie war auch mit Halbmonden verziert, gerade wie Paulina sie einst hergestellt hatte. Der Quark war schneeweiß und bröckelte nicht, sondern hielt sich in einem trichterförmigen Klumpen zusammen. Es war Freitag, ein Tag vor Sabbat. Das Kind würde im Kästchen gewiß etwas Süßes suchen . . . Simon wollte einen Sabbat mit Quarkkuchen feiern und sein Kind satt und fröhlich sehen. Doch dieser Wunsch schien zuerst unerfüllbar.

Plötzlich zog Simon Paulinas grauen, altmodischen Mantel aus dem Schrank; er selbst hatte ihn in den ersten Jahren ihrer glücklichen Ehe für Paulina gekauft. Es war ein feiner, weicher, silbergrauer Flauschmantel und hatte auf der unteren Vorderseite waagrechte Volants, wie es anno dazumal hoch in Mode war. Paulina trug den »eleganten« Mantel selten, nur bei festlichen Anlässen — und wieviele waren das schon? Im Herbst, wenn die großen Feiertage kamen, zog sie ihn jeweils an, und so blieb er wie neu. Simon zog Paulinas sonntäglichen Mantel an, und siehe da, er konnte seinen ganzen Körper in ihn einhüllen, aber nur, wenn er kaum atmete und den Bauch einzog. So kam er ins Vorzimmer, wo der Bauer schon ungeduldig wartete. »Kaufen Sie nun oder nicht? Ich habe es eilig!« Simon überhörte die Frage und stellte sich vor den blühenden Oleander, der sich zu einem Bäumchen entwickelt hatte und den ganzen Raum durch seine Blütenpracht in einen Blumengarten verwandelte. Dort also posierte Simon auf seinen kurzen Beinen wie ein junges Mannequin in Paulinas Mantel. »Was soll das?« fragte der verblüffte Bauer. »Gefällt Ihnen der Mantel? Probieren Sie!

Weich wie Ihre Butter – paßt wie angegossen...« – »Ich brauche keinen Mantel!« – »Aber deine Frau will doch am Sonntag in die Kirche. Alle werden festlich gekleidet sein, nur sie nicht! Überleg doch – und ihr könnt ihn beide tragen, wie du siehst! Wo bekommst du für ein Stück Butter einen Mantel? Und so einen feinen dazu?« Der Bauer war glücklicherweise auch nicht groß gewachsen, zudem viel schlanker als Simon. Simon half ihm in den Mantel, zog her, zog hin, tätschelte und drehte den unbeholfenen Bauern wie ein Karussell, daß ihm gewiß ganz schwindlig wurde. Man sah, er fühlte sich nicht wohl in dem feinen Mantel. Simon knöpfte den Mantel von oben nach unten zu und band auch die Schleife in der Taille. Die beiden Männer waren allein im Vorzimmer; die Frauen hielten sich in der Küche auf, von wo sie durch die halbverglaste Tür die Tragikomödie beobachteten. Hastig stellte der Bauer den Korb auf den Küchentisch, daneben die in Meerrettich eingewickelte Butter und den Quark. Dann nahm er den grauen Mantel und ging zufrieden, den Juden so drangekriegt zu haben, mit den restlichen Gütern auf den Markt. Ein Sabbat war gerettet, aber um welchen Preis?

Simon lächelte zufrieden und verschmitzt, die Frauen lachten laut und herzhaft wie schon lange nicht mehr. Aber danach überfiel sie alle ein ungutes Gefühl... War das Geschehene eine Sünde? Als Paulina die Butter und den Quark weggeräumt hatte, sagte Simon: »Die Bäuerin erhält das erste Mal in ihrem Leben einen so feinen Mantel; sie wird sich freuen!« Er vergaß dabei – vielleicht wollte er es auch vergessen –, daß die Bäuerin eine Tracht zu tragen pflegte und der schönste Mantel nicht dazu paßte. Doch mit diesem Satz nahm Simon allen, auch sich selbst, die Last der Sünde und das drückende Gefühl, ein Unrecht begangen zu haben, ab.

Der Bauer schritt stolz in dem grauen Frauenmantel durch die breite Hauptstraße zum Markt; seine Gestalt wurde immer kleiner, bis er in dem Punkt verschwand, in dem sich alle Linien treffen.

Simon knetet eine Brotkugel

Nur eine kurze Zeit war es Simon vergönnt, in der menschenwürdigen Wohnung zu bleiben, denn diese gehörte eigentlich zu dem Laden, der nach dem Tode des Eigentümers, Herrn Herzka, leerstand. Die Söhne hatten es nicht zugelassen, daß ihre Mutter alleine den Laden weiterführte, und so wurde er geschlossen, bis ein Mann namens Zieger es sich in den Kopf setzte, in diesem leeren Laden Särge und Totenkränze zu verkaufen. Er behauptete, daß in einer Kreisstadt ein solcher Laden von großer Wichtigkeit sei, und er hatte recht. Das wußte auch Simon. Die Toten brauchen einen Sarg, und je nachdem auch einen oder mehrere Kränze mit verstaubten, künstlichen Blumen. Die Lebenden haben es doch besser: Wenn sie Geld haben, können sie sich eine Wohnung aussuchen, die Toten dagegen müssen sich mit der ihnen zugewiesenen schmalen Grube begnügen. Alles, was Herr Zieger sagte, stimmte, und Simon konnte nichts einwenden. Herr Zieger hatte auch mehr Recht auf die Wohnung als Simon, wo er doch den Mitmenschen in nichts nützlich war, denn er war ja, wie fast alle Juden, arbeitslos, also ein Schmarotzer. Herr Zieger dagegen, der den Hinterbliebenen einen kostspieligen und zeitraubenden Weg nach Žilina ersparte, um einen Sarg zu besorgen, war ein nützlicher, fast unentbehrlicher Mitbürger. Alle Argumente sprachen gegen Simon und für Herrn Zieger. Simon versuchte nicht lange, sich zu wehren. Wo auch, bei wem und womit? Er dachte dabei weniger an sich selbst als an seine Töchter, die bald im heiratsfähigen Alter sein und junge Bewerber ins Haus bringen würden. Und schließlich war Susanna Lehrerin, da sollte man doch entsprechend wohnen! Auch diesmal ging es nicht nach Simons Wünschen; er durfte nicht in einem eigenen Heim wohnen, aber wenigstens menschenwürdig, damit man sich nicht zu schämen brauchte.

Er fand schließlich eine Wohnung an der Ecke einer sehr langen, geraden Straße, fast könnte man sagen, an einer Hauptstraße. In das Vorzimmer stellte er den blühenden Rosenlorbeer. Die weißen und rosaroten Blüten wärmten sein Herz, denn er lebte nun weit weg von Feldern und Gärten, in einem zwar menschenwürdigen Käfig, doch ohne Freiheit, die er zum Atmen brauchte, und ohne das Gefühl, zum blauen Himmel zu gehören und ein Teil des Ganzen zu sein. Er lebte wie ein Fisch ohne Wasser und auch so stumm, denn wer hatte schon Zeit und Verständnis für solch alberne Dinge? Das einzige, was die übrigen Menschen beachteten, war die Blütenpracht, und da sagten sie: »Es bedeutet Glück für das Haus, wenn ein Rosenlorbeer so blüht wie dieser . . .« Sie hatten recht und auch wieder nicht, von welcher Seite man es eben betrachtete, und Simon sah es von der Seite des Glücks aus. Denn eben, der Strauch blühte und gedieh ohne Unterlaß; vielleicht – aber das wagte Simon nach all dem, was hinter ihm lag, nur im geheimen zu glauben – vielleicht würde das große Glück doch noch kommen . . .

Die Fenster des Zimmers schauten auf die lange, gerade Straße. Diese war zugleich ziemlich breit, wie es sich in einer Kreisstadt gehörte, und zog sich in gerader Linie nach den Gesetzen der Perspektive bis in einen Punkt hinein. Der arbeitslose Simon saß oft, wenn er das ganze Brennholz – und dessen war nicht viel – zersägt und zerhackt hatte, in einem alten ledernen Stuhl hinter einem dieser Fenster, die Hände vor dem Bauch gefaltet wie zu einem Gebet. Er betete nicht. Er beobachtete stundenlang die Menschen, die ihn nicht mehr brauchten. Sie sagten, er sei ein Jud. Ein alter Jud. Das stimmte. Wer braucht einen alten Juden? Seine Töchter hatten noch keine Aussteuer, und er saß da und verdiente nichts. Sie, die draußen, wollten ihn nicht, sie eilten vorbei, grüßten einander – kein Jude war zu sehen –, blieben zuweilen kurz stehen, fragten nach der Gesundheit und dem Wohlergehen der Kinder, lachten, schüttelten die Hände, hoben den Hut und gingen ihrer Wege, wie wenn nichts hinter den jüdischen

Fenstern geschehen wäre. Die zufriedenen und gesprächigen Menschen auf der geraden Hauptstraße waren alle Slowaken; das Städtchen schien judenrein zu sein. Saßen alle Juden wie Simon hinter den Fenstern? Wer von den Vorbeieilenden, Zufriedenen, Gesprächigen würde stehenbleiben, um zu fragen, wie es ihm, Simon, gehe? Ob seine Kinder satt und gesund seien?

Die jüngste seiner Töchter, die »Schönheit«, wurde mit vierzehn zuckerkrank, kurz nachdem man sie als Judenkind aus der Bürgerschule hinausgeworfen hatte. Niemand in Simons oder Paulinas Familie war je zuckerkrank gewesen, soweit sich die beiden erinnern konnten. In der Klasse war diese Tochter nicht nur die Schönste, sondern auch die Beste. Von dem Tag an, als sie nicht mehr zur Schule durfte, wollte sie ihre Mitschüler nicht mehr sehen. Bald danach mußte sie häufig mehrmals in der Nacht aufstehen, um Unmengen Wasser zu trinken. Die Ärzte verordneten der Zuckerkranken eine strenge Diät, viel Fleisch und Gemüse. Beides war zu teuer und oft nicht erhältlich. Der Zuckerspiegel stieg. Im Urin und im Blut. Auf sechseinhalb Prozent. Man sah es der »Schönen« nicht an, nur ihre Beine und Arme wurden mit kleinen Stichen übersät. Die Nachbarn sagten, in jungen Jahren sei diese Krankheit sehr gefährlich. Das konnte doch nicht wahr sein! Der liebe Gott durfte doch nicht alle Plagen auf einen Menschen, auf Simon, abwälzen? Während dieser Überlegungen formte Simon zwischen den Fingern seiner rechten Hand so lange eine kleine Brotkugel, bis diese schwarz wurde. Durch die Wärme seiner Finger wurde sie auch glatt. Die Menschen auf der schnurgeraden Straße kamen und verschwanden. Zuerst waren sie groß, dann immer kleiner, bis jeder nur noch ein Punkt wurde. Fast wie im Leben eines Menschen, nur umgekehrt . . . Simon saß noch immer im ledernen Stuhl und knetete seine schwarz gewordene Brotkugel. Was sollte er auch tun? Die Gedanken, die ihn plagten, waren wie hungrige Geier. Sie pickten unaufhörlich an seinem Herzen. War es nicht bitter genug, daß nur Susannas Geld sie vor dem Betteln bewahrte? Ihr Gehalt reichte gerade für die menschenwürdige Wohnung und zwei Liter Milch pro Tag, die Hauptnahrung für drei Leute . . . Und nun noch das schwerkranke Kind? Wo war der liebe Gott? Nur selten schien Er sich an Simon zu erinnern, und wenn, dann nur mit einer Peitsche. »Ich weiß, Er muß viele betreuen, dafür ist Er eben ein Gott und kein Mensch . . . Simon, du mußt dich damit abfinden, daß du nicht immer, oder besser, nicht zu oft, oder noch besser, überhaupt nicht, an die Reihe kommst!«

Hachschara – Die Vorbereitung

Die Prophezeiungen des Neuseelandauswanderers gingen nacheinander in Erfüllung. Die jüdischen Kinder durften die öffentlichen Schulen nicht mehr besuchen. Die naiven, großen Kinderaugen fragten nach dem Grund und verlangten Antwort. Sie bekamen sie nicht, oder nur sehr selten, und dann in kleinen Tropfen wie bittere Medizin. Wer wagte es schon, diesen unschuldigen Kinderaugen die Wahrheit über die Wiederholung der grausamen jüdischen Geschichte zu erzählen; wer wagte es zu sagen, daß es Sünde war, in dieser Zeit des 20. Jahrhunderts ein jüdisches Kind zur Welt zu bringen? Erzählen wollten sie es nicht, erklären konnten sie es nicht . . . Es blieb nur ein einziger Weg offen, ein alt-neuer Weg, der schon längst in der Bibel vorgezeichnet, immer wieder verschüttet und dann wiederum neu begangen wurde – der Weg ins Heilige Land. Das, was Susanna von Lolo auf dem »Feldweg der Liebe« erfuhr, was sie aufrecht gehen ließ, die Kraft und Freude ihrer Auferstehung, wollte sie auf die ausgestoßenen jüdischen Kinder übertragen. Sie versuchte durch ihre neugewonnene Selbstsicherheit auch in den Herzen und Gesichtern der erschreckten Kinder Ruhe und Stolz zu wecken.
Eines Tages wurde Susanna gebeten, die jüdischen Kinder

zusammenzurufen, um einem Vortrag über das Heilige Land beizuwohnen. Die Kinder erfuhren zum ersten Mal von einem Land, das sie zuvor nicht kannten, das ihnen zunächst völlig fremd war. Am Ende des Vortrages schien es, als hätte sich dieses Land in ein Märchenland verwandelt – nur daß ein König oder der böse Drache fehlten. Doch dieser oberflächliche Schein trog, denn allmählich erwachte im tiefsten Innern dieser Kinder etwas, das seit Urzeiten verschüttet gelegen hatte und nun, wie die Ruinen einer alten Stadt, wieder zum Vorschein kam. Es galt nur, den Schutt sorgfältig zu entfernen, wie es Archäologen zu tun pflegen.

Am Ende des Vortrags sah man den Gesichtern der Kinder an, daß das, was der Bote erzählte, eigentlich nicht so weit und auch gar nicht so fremd und unbekannt war. Sie schauten einander an, von rechts und von links, als sähen sie sich zum ersten Mal. In diesem Augenblick hatten sie gefühlt, daß sie zueinander gehörten. Ein nie zuvor gekanntes Gefühl der Brüderlichkeit erfüllte sie, die ausgestoßenen Kinder mit den fragenden Augen. Sie kehrten mit einem Lächeln zu ihren Eltern zurück, das die eigenen Mütter und Väter schon lange nicht mehr kannten. Dann sprach der Bote mit Susanna. Sie hatten zwar dasselbe Ziel, denselben Weg, doch es waren zwei fremde Menschen, die nur dieser Weg und nur das gemeinsame Ziel verband. Da kam ein dritter Mensch zwischen diese beiden Ströme und führte sie zusammen, denn so war es ihnen beschieden . . .

Paulina hatte einen Onkel namens Ignaz. Er war Lokomotivführer. Bei einem Zugunglück wurde er zum Invaliden; er verlor ein Bein. An Stelle des verlorenen Beines erhielt er eine Prothese. Seine Frau starb sehr früh und hinterließ ihm vier Kinder, drei Söhne und eine Tochter. Zwei Söhne flogen bald aus dem Nest. Sie heirateten zwei christliche Mädchen und ließen nie mehr von sich hören. Der dritte Sohn und die zwölfjährige Tochter blieben bei dem invaliden Vater. Die Tochter trat an Mutters Stelle und übernahm die Pflichten einer erwachsenen Frau. Und sie machte es gut. Der Invalide lebte ein ruhiges, geordnetes Leben. Er sah, wie seine Tochter allmählich zur Frau erblühte. Sie war schön und trug Kleider, die ihr paßten, noch mehr, solche, die sie begehrenswert machten. Der Invalide beobachtete aus seiner Ecke wie eine Spinne aus ihrem Netz jede Bewegung der festen Brüste und Hüften. Er lebte schon lange ohne Frau und schlief mit einem Bein. Das andere, das aus Holz, Riemen und Metall, stand leblos in der Ecke. Er haßte dieses künstliche Bein, später auch das gesunde, denn beide taugten zu nichts. Dann haßte er sein Leben. In Gedanken fing er an, seine Tochter zu lieben und in ihr auch eine Frau und Geliebte zu sehen. Damit band er seine schöne Tochter an sich, gerade wie das hölzerne Bein. Kein Mann sollte und durfte des Invaliden Tochter berühren. Sie gehörte ihm wie das Bein . . .

Er machte am Tag nur wenige Schritte, denn sie wohnten im zweiten Stock, und einen Aufzug gab es nicht. Er verließ die warme, saubere Küche fast nie, denn seine Tochter sorgte für alles. Sie kämmte und schnitt die grauen Haare an seinem fast kahlen Kopf, sie rasierte ihn täglich, und so war er zufrieden. Stundenlang beobachtete er sie über die an die Nasenspitze gedrückte Brille, wie sie in einer weißen Schürze ein schmackhaftes Mittagessen zubereitete, den Ofen putzte und den Tisch mit einem weißen Tischtuch für ihn deckte. Er sah ihre flinken Beine und ihr blondes Haar, das nur ihm gehörte, wie das gesunde Bein. Doch die Jahre klebten sich an sein Leben wie Leim, und er konnte sie nicht abschütteln. Die Tochter brachte Puder und Schminke nach Hause. Sie ging zum Friseur. In ihrer Blütezeit durfte niemand kommen, um die Rose zu pflücken. Ein Blatt fiel nach dem anderen, unauffällig und still . . . Die Gleichaltrigen waren längst verheiratet, hatten einen Mann und Kinder. Sie hatte den Invaliden, den Vater, und ihren kränklichen Bruder, der nicht heiraten wollte. Allmählich glitt die einzige Tochter in die Welt der alten Jungfern hinüber. Diese Welt schmeckte bitter. Einmal, als der Vater schon auf dem Friedhof ruhte, wurde sie aus ihrer Einsamkeit herausgerissen. Es war im Herbst, und die Hohen Feiertage waren gekommen, als sie auf die unermüdlichen

Einladungen Paulinas einging und zu Besuch kam. Sie lernte einen Mann kennen, in den sie sich verliebte. Der Vater stand ihr nun nicht mehr im Weg. Sie durfte heiraten und glücklich werden. Mit ihrem Mann und ihrem Sohn. Sie wohnte dann in Paulinas Nähe und breitete ihre liebevollen Flügel weit über ihren Mann und das Kind aus.

Der Bote für das Heilige Land saß am Küchentisch neben Simon, als die Tochter des Invaliden hereinschaute. Sie begrüßten einander und sahen sich tief in die Augen. Dann schaute die Invalidentochter von Susanna zurück zum Gast. Sie lauschte seiner Stimme. Die langen Jahre mit dem Invaliden hatten sie klug, fast hellseherisch werden lassen. Als der Bote wieder gegangen war, sagte sie zu Susanna: »Du wirst mit ihm glücklich sein, nimm ihn, wenn er dich heiraten will. Er ist dein Schicksal!« Es war ihre letzte Botschaft und Aufgabe, die sie zu erfüllen hatte. Dann verschlang sie in Auschwitz das Feuer, und durch die Schornsteine erreichte sie die Ewigkeit. Mit ihrem Mann, den sie so spät gefunden und so kurz lieben durfte, mit ihrem Kind, nach dem sie sich so gesehnt hatte ... Vielleicht traf sie dort auch ihren Vater, dem sie ihre Jugend geopfert hatte.

Der Bote bereitete sich für das Heilige Land vor. In einer Hachschara in der Mittelslowakei, in Brezno. Dort ging er tagsüber mit Icik, Mosche und anderen in eine Sägerei, dann zum Betonieren oder auch zum Holzhacken, je nachdem, welche Arbeit gerade verlangt wurde. In seinem Herzen trug er das Bild seiner Mutter, der er sehr zugetan war, und Vieras, seiner Studentenliebe aus Prag, die er noch immer liebte, obwohl sie eine Tschechin und Christin war. Schmuel, den Boten, störte das nicht. Er wuchs ja unter Masaryk auf und sah die Menschen anders als seine Eltern. Er liebte die tschechische Kultur und das tschechische Volk. Vielleicht auch deshalb, weil die Geschichte dieses Volkes viele Ähnlichkeiten mit der jüdischen Geschichte hatte, also auch mit der seinen. Viera war die Tochter dieses Volkes, dieser Kultur. Sie war klug und tolerant, und sie liebte den Juden aus der Slowakei. Beide studierten Rechtswissenschaften an der Prager Universität. Doch der Krieg, wie schon so oft, errichtete eine Mauer zwischen die beiden Liebenden, und diese sollte sie für immer trennen. Viera verschwand im »Protektorat«, und Schmuel blieb im »Slowakischen Staat«, wo schon sechs Generationen seiner Familie auf dem jüdischen Friedhof als stumme Zeugen ruhten. Das half ihm nichts. Bei Christen hätte es vielleicht geholfen, aber nicht bei Juden ... Die Liebenden sträubten sich, die Politik der Mächtigen zu akzeptieren; ihre Herzen schlugen füreinander, auch über die Mauer hinweg. So kam Schmuel mit Vieras Bild auf die Hachschara. Da traf er Mirjam, Lea, Debora. Sie berührten sein verwundetes Herz nicht.

Die Hunderternote

Aus der Dunkelheit der Jahre vor dem Zweiten Weltkrieg begann sich für die jüdische Jugend in der Slowakei immer deutlicher und heller das Gelobte Land als Rettung abzuzeichnen. Es war der einzige Weg, den sie gehen wollten und mußten. Die Vorbereitung darauf begann für Susanna auf dem mit der ersten Liebe gezeichneten Feldweg. Sie wußte nun, wohin ihr Weg führen würde. Ihrem Vater vertraute sie sich an. »Du gehst als Vorposten, mein Kind, wir kommen dir nach. Mir war vor Jahren, als ich noch kräftig und jung war, dieser Weg versperrt, denn deine Mutter wollte nicht fort ... jetzt geh du auch in meinem Namen.«
Aus dem Keller wurde der alte, aus Weidenruten geflochtene Koffer heraufgeholt. Einen anderen gab es nicht mehr – der grüne aus Karton war längst auf dem Müll gelandet. Beim Abschied drückte Simon seiner Tochter, die der Vorposten sein sollte, eine zusammengeknüllte Hunderternote in die Hand. Es war die Hunderternote eines guten Nachbarn, der sie Simon »geliehen« hatte, obwohl er genau wußte, daß Si-

mon diese nie zurückgeben konnte – er gab sie für Susanna auf den Weg, den er selber später einmal gehen wollte. Es war eigentlich die erste Rate auch für seinen Weg.

Ein neues, ganz fremdartiges Wort, das in der slowakischen Sprache unbekannt war, tauchte unter vielen jüdischen Dächern auf: »Hachschara«. Dieses Wort war der erste Schritt zur Erlösung aus der Hölle. Man sprach es mit Ehrfurcht und mit Sehnsucht aus. Das fremdartige Wort wurde unter Simons Dach mit Susanna identifiziert – es sah aus wie sie, denn keiner wußte so richtig, was es eigentlich bedeutete, man ahnte es nur, es hatte hunderterlei Gesichter. Die Jugend eines Volkes, das zur Vernichtung verdammt war, lehnte sich auf – mit ihrem Herzen, ihrer Kraft, ihren Händen und einer großen Sehnsucht. Dies geschah in einem lieblichen Land, mitten in Europa, in der Zeit der braunen Pest, die man Nazismus nannte. Am dunklen Himmel dieser Zeit leuchteten vereinzelt und weit voneinander verstreut ein paar Sterne. Es waren kleine Inseln des Lebens, der Hoffnung, der Brüderlichkeit: die Hachscharas.

Auf eine dieser Inseln kam Susanna mit ihrem schweren Koffer. Die Gemeinschaft zählte vierzig junge Menschen, die auf zwei Stockwerken eines bescheidenen Arbeiterhauses untergebracht waren. Das Haus befand sich außerhalb der Stadt. Alle Mitglieder – »Chawerim« – erhielten dort hebräische Namen. Der neue Mensch soll auch mit einem neuen Namen beginnen. Die Männer arbeiteten in den Wintermonaten als Hilfsarbeiter, zusammen mit Zigeunern. Die Juden und die Zigeuner erfuhren bald, was unmenschliche Arbeit bedeutete. Bei minus 30 bis 40 Grad Kälte trugen sie auf ihren Schultern lange, schwere Schiffsbohlen, die blutige Spuren hinterließen. Höchstens eine Stunde hielt ein Mensch durch, dann mußte er seine steifen Glieder am Lagerfeuer auftauen lassen. Manchmal war es schon zu spät. Ohren, Nase oder Finger blieben steif und leblos. Wie schwer Schiffsbohlen sind, die jahrelang der Zeit und dem Salzwasser standhalten müssen, wissen wenige. Ihr Gewicht kannten nur die Zigeuner und die Juden. Da, in der unbeschreiblichen Kälte und unter der unermeßlichen Last, entstanden wahre Freundschaften.

Schoschana – so hieß Susanna nun – schob ihren geflochtenen Koffer unter die Pritschen. Zuunterst, in einen Strumpf eingewickelt, versteckte sie die Hunderternote. Am Abend wusch sich jeder, zog saubere Wäsche an, und es wurde gegessen, gesungen und Hebräisch gelernt. Vor dem Schlafengehen sagte die kleine Mirjam zu Schoschana: »Alles, was wir hier haben, gehört auch dir, denn du gehörst jetzt zu uns. Dort im Ochel findest du Wäsche, vielleicht gefällt dir etwas davon, Boker tow!« Was Mirjam zu Schoschana sagte, war neu. Es war nicht nur neu, es knüpfte auch einen Zusammenhang zum Strumpf... Die Mädchen schliefen auf Pritschen im ersten Stock, wo sich auch die Küche befand. In den Schlafräumen wurde nicht geheizt, nur im Ochel. Susanna kam im November, und sie fand über ihrem Schlafraum lange, vielleicht als Verzierung gedachte, spitzige Eiszapfen hängen. Am Tag, wenn sich die Wintersonne auch ins Zimmer der Mädchen schlich, sah es aus wie im Palast der Eiskönigin. Wenige Tage nach Susannas Ankunft erhielt Mosche, ein schlanker, rothaariger Chawer, ein Paket. Er stellte es auf den Tisch und sagte: »Chewra, auf meinen Befehl antreten!« Sein unregelmäßiger Mund verzog sich zu einer Grimasse, die Zufriedenheit und Glück ausdrückte. Alle kamen und aßen, nur Mosche nicht. Die Schachtel wurde im Nu geleert.

Brot wurde in einem großen Trog gebacken. Icik schüttete einen halben Sack Mehl aus. Für ihn, den Stier, wie man ihn seiner ungewöhnlichen Kraft wegen nannte, war der Sack ein Kinderspiel. Mit seiner riesigen Tatze nahm er einige Handvoll Salz, Kümmel, zerquetschte Kartoffeln und knetete jede Woche eine Unmenge Brotteig. Um drei Uhr morgens stand Icik mit der Chawera, die gerade Dienst hatte, auf, wusch die behaarten Hände gründlich und stellte sich mit gespreizten Beinen an den Trog. Seine kurzen, starken Finger bohrten sich tausendmal in den Teig. Der Schweiß floß in kleinen Bächen über sein rundes, mit Pockennarben überzogenes Gesicht. Mancher salzige Tropfen endete im weichen Teig. Endlich klebte der Teig nicht mehr an den Händen. Icik streckte sich aus, sein Gesicht glänzte, und sein großer Mund zog sich auseinander zu einem siegreichen Lächeln. Die gesegnete Arbeit des Brotknetens war vollbracht. Danach wurde der Tisch mit Mehl bestreut, und von dem Teig wurden gleichmäßige, runde und längliche Laibe geformt, in aus Strohhalmen geflochtene Körbe gelegt und mit weißen Tüchern zugedeckt. Auf zwei kleinen Wägelchen wurden sie anschließend zur Backstube beim Bäcker gefahren. Als Schoschana das erste Mal mit Icik Brot buk und sah, wie er für die Chewra seinen Schweiß in den Trog hineinfließen ließ, zog sie heimlich aus ihrem Strumpf die grüne Hunderternote und übergab sie Mirjam. Erst danach fühlte sie sich wie eine von ihnen.

Nach der Arbeit in der Sägerei und dem Schleppen der Schiffsbohlen erhielten die Chawerim Arbeit beim Betonieren. Am Abend wollten sie kaum essen, nichts lernen, nichts hören, denn sie hatten die letzte Kraft im Beton gelassen. Man sprach im Städtchen von den billigen und guten Arbeitern, und man überließ ihnen auch das Holzhacken. Auch da stellten sie ihren Mann.

Die Mädchen, Chawerot genannt, halfen mit. Auch beim Holzhacken. Außerdem führten sie den Haushalt für die Gemeinschaft. Sie kochten auf einem Herd, der für eine kleine Arbeiterfamilie gedacht war. Nun mußte er für vierzig Menschen herhalten. Sie wuschen die schmutzigen Hemden, Hosen und Bettücher aus gröbstem Leinen im Trog mit Waschbrett und Bürste. Die Mädchen, noch vor kurzem von ihren Müttern behütet und geschont, wußten nicht, was schrecklicher war, der Waschtag, der um vier Uhr morgens begann und in der Nacht endete, oder das Frühstückkochen in der eiskalten Küche, wo aus feuchtem Holz Feuer entfacht und ein 20-Liter-Topf Milch zum Kochen gebracht werden sollte, damit die Männer bis zur Abfahrt des ersten Morgenzuges etwas Warmes zum Schutz vor der tödlichen Kälte im Magen hatten. Beides war gleichermaßen schrecklich. Das Wäschewaschen bedeutete für zwei Mädchen, 14 Stunden lang auf einem eiskalten Zementfußboden mit billigster Seife und Bürste Kleidungsstücke für vierzig Menschen zu schrubben. Der Schmutz war eingefressen, die nassen Bettücher schwer, der Tag schien kein Ende zu nehmen – ein wahrer Alptraum.

Die Pein war ebenso groß, wenn die Reihe an der Chawera war, das Frühstück zu bereiten. Um vier Uhr morgens war im Winter noch tiefe Nacht. Die Küche war eiskalt, verrußt, das Holz naß; es zischte vor Wut, qualmte nur, anstatt Wärme zu erzeugen. Die Uhrzeiger rasten vorwärts, und die verschlafenen, düsteren Gestalten kamen nacheinander, ungeduldig und bedrückt von der Sorge, ob sie es auch an diesem Tag noch aushalten würden; alle wollten schnellstens ein warmes »Tipfelchen« Malzkaffee, wärmten sich über dem riesigen Topf mit der erst lauwarmen Milch die Hände und nahmen damit auch noch das bißchen Wärme weg ... Welch ein Aufatmen, wenn die Küche wieder leer und es gelungen war, das Frühstück für die Chawerim rechtzeitig zuzubereiten! Die Chawera dankte dann Gott, dem Allmächtigen, für seine Güte, denn nun durfte sie wieder sechs Tage ruhig schlafen, und die Angst übernahm turnusgemäß die nächste in der Reihe ... Ihre Gedanken begleiteten dann die armen Männer, die mit tief ins Gesicht heruntergezogenen Mützen und der kleinen Ration Brot im sonst leeren Rucksack in den eisigen Wintermorgen verschwunden waren und nur von der böswilligen und heulenden Windsbraut begleitet wurden, um erst wieder in dunkler Nacht zurückzukehren.

Man konnte die jüdischen Burschen nicht von den übrigen Arbeitern unterscheiden. Christen, Juden, Zigeuner, alle waren eine Gemeinschaft, ohne Haß und ohne Vorurteile. Bis hierher reichte die Stürmerpropaganda, das aus Judenhaß und gegen die Menschenwürde geborene Teufelswerk, nicht. Die Zigeuner zogen mit ihren halberfrorenen Fingern langsam und ungeschickt aus einem ledernen Tabakbeutel den billigsten Tabak hervor, drehten aus Zeitungspapier eine Zigarette und reichten sie im Kreise herum. Jeder nahm einen Zug, bis sie jemandem die Finger anbrannte. Auch warmer

Tee wurde herumgereicht; manchmal ging auch Schnaps, der von einer Hochzeit, einer Beerdigung oder einer Taufe übriggeblieben war, von Mund zu Mund.

Die Arbeit und auch die schäbige Kleidung der Juden war dieselbe wie die der Zigeuner. Die Gleichheit galt allerdings nur in der Sägerei. Die Zigeuner erregten im Städtchen kein Aufsehen, sie waren von jeher da. Doch die anderen, die beobachtete man mit Mißtrauen, die Juden aus der Stadt genau wie die Christen. Die jüdischen Arbeiter, ein ungewohntes Bild, weckten verschiedenartige Gefühle bei der einheimischen Bevölkerung. Für die jüdischen Händler, Ärzte und Handwerker bedeuteten sie das konkrete Bild des geahnten, doch verdrängten Unheils, das auch auf sie zukommen konnte. Auch Mitleid mischte sich in ihre aufgeschreckten Gefühle, denn es waren jüdische Kinder wie die ihren . . . Die Christen wollten ihren Augen nicht trauen. Manche hatten ein schlechtes Gewissen, und manche freuten sich, daß endlich auch Juden mit einer Hacke oder einem Beil zu sehen waren. Die meisten Christen waren Protestanten, also Feinde des katholischen Regimes, und so kamen sie unwillkürlich auf die Seite der Verfolgten, der Juden, und behandelten diese freundlich und menschlich.

Und wie sah der Abend bei den jungen Juden aus? Am Abend kam die Chewra zusammen. Sie saßen im Ochel beim Essen, Hebräischlernen, hörten Vorträge – die meisten schliefen allerdings vor Müdigkeit ein – und sangen gelegentlich. Sie sollten der Grundstein eines Kibbutz werden, des Kibbutz »Al Hachoma«. Ihr Kibbutz, noch nicht geboren und schon getauft, war das Ziel, die Zukunft, das Leben. Hier bereiteten sie sich vor. Hart und entschlossen.

Der Bote aus Púchov, Schmuel, saß im weißen, aufgeschlossenen Hemd in der Mitte der Chewra. Susanna saß ihm gegenüber. Ihre Augen trafen sich, und schon begann die Prophezeiung der Invalidentochter in Erfüllung zu gehen. In der kleinen Küche, hinter dem riesigen Milchtopf, hing eine Tafel an der Wand. Auf dieser waren Namen aufgeschrieben. Immer nur zwei. Ein Chawer und eine Chawera. Die zwei gingen dann am Abend mit dem 20-Liter-Topf Milch holen. Sie mußten langsam und behutsam gehen, damit sie keinen Tropfen ihrer kostbaren Fracht verschütteten. Der Topf war schwer. Der Bauer wohnte weit entfernt. Jede Woche standen von nun an die zwei gleichen Namen nebeneinander. Schmuel – Schoschana. Sie trugen gemeinsam den großen blauen Topf und gingen langsam und wortlos durch das Städtchen. Sie eilten nicht. Der Milchtopf verband sie, er war die Brücke zwischen zwei Ufern, über einem Strom der Zuneigung.

Nach ein paar Wochen kam von der Zentrale aus Bratislava ein Schreiben, in welchem angekündigt wurde, daß die ersten nach Palästina abfahren würden, um den neuen Kibbutz zu gründen und Vorbereitungen für die Ankunft der übrigen zu treffen. Schmuel gehörte auch zum Garin. Der Traum begann in Erfüllung zu gehen. Alle veränderten sich nach diesem Schreiben. Die Augen, die Sprache, die Schritte . . . Die harte Arbeitswelt hörte für sie auf zu existieren. Nur bei Schmuel und Susanna war es anders. Sie sollten sich trennen, obwohl sie noch nicht vereint waren und nicht von Liebe sprachen. Es kam die letzte Nacht vor dem Abschied, denn diejenigen, die zum Garin gehörten, erhielten noch Urlaub zur Vorbereitung. Susanna lag auf dem Bett mit offenen Augen, die nur auf einen Punkt geheftet schienen. Im Parterre schliefen die Männer. Schmuel saß auf dem Bett, seine Beine hingen hinunter. Der neugierige Mond guckte herein und sah ungehobelte Pritschen mit groben, billigen schwarzen Decken, Gesichter mit offenem Mund und unter den Betten verdreckte Bakantschen und stinkende Fußlappen, die an Stelle der Socken die Füße vor dem hart gefrorenen Leder schützen sollten. In dieser letzten Nacht vor der Abreise trennte sich Schmuel von seiner Liebe in Böhmen, und an Stelle der blauen Augen und dem schwarzen, glatten Haar trat die Jüdin in sein Leben. Und Susanna? Sie fragte ihr Herz, und es sagte ihr: »Er ist es.« Wie im Traum tauchte die Invalidentochter in der Dunkelheit auf, und sie sagte wieder: »Nimm ihn, er ist dein Schicksal . . .«

Ein nebliger, kalter Novembermorgen brach an nach jener Nacht, in der zwei Menschen zueinander fanden. Die Chewra verrichtete ihre tägliche Arbeit. Auch Schmuel. Für ihn gab es keinen Nebel und keine Kälte. Gegen Abend bat er Susanna, mit ihm ins Städtchen zu gehen.

Eingemummte Männer und Frauen gingen an ihnen vorbei. Manche trugen schwere Einkaufstaschen oder zogen einen vollbeladenen Schlitten hinter sich. Zwischen diesen, mit alltäglichen Sorgen beladenen Slowaken gingen zwei Judenkinder, die über ihr Schicksal entscheiden wollten. Sie mußten sich beeilen, es blieben ihnen nur wenige Stunden. Die anderen eilten auch, aber vor Kälte und wegen der herannahenden Nacht; sie wollten rechtzeitig zu Hause beim warmen Ofen und beim gedeckten Tisch sein. Die zwei aber eilten und eilten auch nicht, denn es bedurfte nicht vieler Worte, um auszudrücken, was sie füreinander fühlten und eigentlich schon längst entschieden hatten. Sie wußten, daß sie gemeinsam durchs Leben gehen mußten.

Der Tag des Abschieds kam. Der Zug setzte sich in Bewegung. Man hörte viele Schalom und »L'hitraot ba Erez Israel!« Zwei Tage später kam ein Brief an die Chewra: »Schoschana und ich haben uns entschlossen, gemeinsam durchs Leben zu gehen; bitte beurlaubt sie für ein paar Tage, damit meine Eltern sie noch kennenlernen, bevor ich abreise, Schalom, Schmuel.« Der Urlaub wurde ihr gewährt. In Žilina stand Schmuel am Bahnsteig in einem alten, kurzen Ledermantel. »Schalom, Schoschana« – »Schalom, Schmuel!« – »Wie gut, daß ich dich wiedersehe . . .« Das war alles. Der nächste Zug, der Schoschana zuerst zu ihren eigenen Eltern bringen sollte, stand schon zur Abfahrt bereit. »Wir erwarten dich morgen!« Sie stieg ein und blieb auf dem schmalen Korridor stehen. Verlegen und verliebt. Man hörte einen Pfiff. Schmuel sprang auf die Treppen und küßte Susanna das erste Mal. Der Zug fuhr ab. Die Entfernung zwischen den beiden Menschen, die sich liebten, vergrößerte sich. Im selben Maße wuchs ihre Sehnsucht und Liebe zueinander.

Simon war überrascht. Er hatte seine Tochter nicht nach so kurzer Zeit zurückerwartet. Hatte sie aufgegeben? War es das Heimweh nach den Eltern? Oder das harte Leben, von dem er gehört hatte? »Was ist geschehen, mein Kind?« Sie umarmte ihn und weinte. Er drückte sie an sein Herz und wußte, daß sie verliebt war. Aber so schnell? Auf diese Möglichkeit war er nicht gefaßt und hatte auch nicht bemerkt, daß die Uhren in dieser Zeit schneller schlugen als zuvor. »Du hast ihn ausgewählt ... wenn er ein ehrlicher und gesunder Mann ist, hast du meinen Segen. Vergiß aber seinen Eltern nicht zu sagen, daß du arm bist, damit sie dir das nicht eines Tages vorwerfen!« Am nächsten Tag fuhr Susanna in einem schäbigen Kleid zu Schmuels Eltern.

Die Zeiten, die der »Prophet« von Neuseeland vorausgesagt hatte, hatten auch Schmuels Eltern getroffen. Sie hatten aus ihrer schönen Wohnung in das elterliche, alte Haus zur Großmutter übersiedeln müssen. Die Advokatenkanzlei war geschlossen worden. Man lebte von einem Tag zum anderen und dankte dem lieben Gott für jeden Abend, den man noch in Frieden erleben durfte. Es waren deren wenige.

Das große Tor zu Großmutters Haus öffnete sich, und ein stattlicher, weißhaariger Mann stand vor Susanna. Er umarmte sie und sagte einfach: »Sei willkommen, mein Kind!« Dann führte er sie in Großmutters Zimmer. Dort stand Schmuels Mutter, eine silberhaarige, stolze und schöne Frau in einem grünen, seidenen Hauskleid. Das feine Gesicht war bleich und vornehm, die grauen, großen Augen mit langen Wimpern geschmückt, der Mund schmal und ungeschminkt und trotzdem karminrot, die Nase fein gebogen, und über der Oberlippe standen ein paar Schnurrbarthaare. Diese »adelige« Erscheinung verwirrte das Mädchen im schäbigen Kleid, und es sprach die Dame als »gnädige Frau« an. Doch die »Gnädige« verzog traurig ihr Gesicht und sagte: »Ich will deine Mutter sein, und du sollst mein drittes Kind werden!« Sie hielt ihr Wort.

Die Verlobung wurde auf Donnerstag in derselben Woche

festgelegt. Bei Simon wurden große Vorbereitungen getroffen. Von allen guten Nachbarn und Bekannten wurde Geschirr entliehen, Kleider geputzt und aufgebügelt, die Möbel umgestellt, denn es war die Verlobung der geliebten Tochter und zugleich ein Abschied vor der großen Reise ins Gelobte Land. Eine liebe Nachbarin konnte aus Bohnen einen Kastanienkuchen hervorzaubern, den niemand vom echten unterscheiden konnte. Es wurde Silberbesteck von irgendwoher beschafft. Feines Essen und genügend Stühle. Fast alles war Kulisse. Simon konnte sich nicht ehrlich freuen. Das schöne Besteck ließ ihn kalt. Es blieb keine Zeit zum Grübeln, und das war wieder gut so ... Auch Susannas schwarzes Kleid mit violettem Kragen gehörte nicht ihr. Simon konnte ihr kein Verlobungskleid kaufen.

Die Verlobung verlief ruhig. Man sang nicht, man tanzte nicht, man weinte auch nicht. Juden durfte man in dieser Zeit nicht hören; es gab auch keinen Anlaß zu lauten Freudenfesten, im Gegenteil. Und weinen wollten sie auch nicht. Sie wußten, daß sie sich am besten unsichtbar und unhörbar verhalten mußten.

Die Abfahrt des Schiffes verzögerte sich. Das Datum des Auslaufens war unsicher. Schmuel kam nach Brezno zurück. Zu Susanna. Wie gut, daß im Leben nicht alles gelingt und manchmal auch etwas schiefgeht ... Für die beiden Verlobten verwandelten sich diese Vorgeburtswehen des Krieges in tausendfaches Glück. Der frostige Morgen war schön, die schmutzige Wäsche, das nasse Holz, alles war gut und hell, weil in Liebe gehüllt. Sie schliefen unter einem Dach. Jeder Tag war gesegnet, denn er endete mit dem Abend, wo sich ihre Hände und Augen trafen.

Mirjam, Mosche und die übrigen Chawerim waren müde. Sie sahen die Welt, wie sie wirklich war. Und sie war düster. Im Ochel war es still geworden. Wenn die Nacht anbrach, die Zeit zum Ruhen und Vergessen, wenn die Tische und Bänke sich leerten, blieben Schmuel und Schoschana noch lange sitzen. Sie wollten sich nie mehr trennen. Sie konnten sich nicht mehr vorstellen, ohne den anderen zu leben. Doch Schoschana war ein neues Mitglied der Chewra. Sie durfte nicht sofort mit Schmuel ins Heilige Land fahren. Vielleicht mit dem nächsten Schiff oder dem übernächsten, wenn die übrigen, die vor ihr gekommen waren, abgefahren waren. Würde es ein nächstes Schiff noch geben?

Auch andere jüdische Organisationen waren aktiv und bemühten sich fieberhaft, die Jugend zu retten. Zum Beispiel die Frommen, die Misrachisten. Susanna wollte nicht ohne Schmuel im Galut bleiben. Sie schrieb an die Misrachisten und bekam für zehntausend Kronen einen Platz auf deren Schiff. Die guten Tanten aus Trenčín und der begüterte Onkel halfen den Betrag zusammenzubringen; sie füllten auch die große, hölzerne, mit Eisen beschlagene und mit Wachspapier ausgeschlagene Kiste mit der vorgeschriebenen Ausstattung. Es halfen auch Nachbarn und einige jüdische Familien des Städtchens, denn es war auch in diesen, für alle furchtbaren Zeiten die Pflicht eines Juden, eine Mizwe zu tun. In diesem Falle bedeutete dies, einem jüdischen Kind zu verhelfen, ins Heilige Land zu gelangen. Zuoberst in die Auswanderungskiste kam eine Flaumdecke mit zwei Kissen – eine Gabe, für die Paulina lange Jahre gespart hatte.

Die gescheiterte Rettung

Zwei jugoslawische Schiffe ankerten im Hafen von Bratislava, »Helena« und »Mišič«. Sie waren ursprünglich für Sommerurlauber bestimmt und verkehrten entlang der jugoslawischen Küste.
Vor der großen Reise ins Heilige Land versammelten sich die »Auserwählten« – es waren siebenhundert an der Zahl – in einem großen Raum in der Hafenhalle. Ein junger Mann sprang auf eine ungehobelte Kiste und fing an zu sprechen.

Seine hebräische Ansprache war für die meisten unverständlich, doch das Feuer seiner Worte sprang auf alle Anwesenden über, und sie weinten, weil sie ihren Gefühlen keinen anderen Ausdruck zu geben wußten. Beide Ausflugsschiffe waren für höchstens hundertfünfzig Sommergäste gebaut. Diese sonderbaren Reisenden waren aber keine Sommergäste, und es waren auch nicht hundertfünfzig an der Zahl. Es waren Juden, die sich aus der Vorhölle retten wollten. Einige waren aus Österreich und dem Protektorat, die übrigen aus der Slowakei. Jeder fand sein Nachtlager dort, wo es gerade ein freies Plätzchen gab, und das war auf dem Deck des Schiffes, Kopf an Kopf, Fuß an Kopf. In der Nacht fand man keinen Fußboden mehr, nur ausgestreckte oder zusammengekauerte weiche Körper. Man hörte Flüche, nicht in verschiedenen Sprachen, nur auf slowakisch. Die Flüchtlinge aus Österreich und Böhmen waren anders als diejenigen aus der Slowakei. Die Österreicher und Tschechen saßen mit ernsten, ruhigen Gesichtern, wortlos und resigniert, nebeneinander. Sie hatten den »ersten Kreis der Hölle« schon hinter sich. Susanna beobachtete diese disziplinierten Menschen, die dasselbe Ziel hatten wie sie, mit Bewunderung. Diese ruhigen Mitfahrer schauten oft sehnsüchtig, wie die silbrigen und auch schmutzigen Wellen der Donau dahineilten, weg, weit weg, dorthin, wo man vielleicht vergessen und frei sein würde ... Die Augen beobachteten die Wellen, die Gesichter strahlten Ruhe aus; das laute Gerede der Neuankömmlinge berührte diese Menschen nicht; sie wollten das Geräusch der Turbinen hören, das Zeichen zur Abfahrt und zur Befreiung aus der Angst.

Die Turbinen schwiegen. Die slowakischen Juden redeten und redeten; manche schrien oder zankten sich – sie hatten noch die Kraft dazu. Die Tage und auch die Nächte waren voller Unruhe, Ungeduld und Spannung. Die Menschen schliefen immer weniger, einer war dem anderen im Wege. Das Schiff fuhr nicht ab. Siebzehn Tage und siebzehn Nächte nicht. Man versuchte, die siebenhundertfünfzig Juden mit der Behauptung zu beruhigen, man müsse am Schiff Reparaturen ausführen. Die österreichischen und auch die tschechischen Juden wurden stets unruhiger und trauriger; vielleicht wußten sie aus ihren bitteren Erfahrungen, daß sie nie abfahren würden.

In einer hellen Mondnacht wurde auf Deck des Schiffes das Pessachfest gefeiert. Man sang und aß eine gute Pessachknödelsuppe. Der Rabbiner von Bratislava betete inbrünstig und beschwor den lieben Gott, zugunsten seiner »auserwählten siebenhundertfünfzig Kinder« einzugreifen. Alle fühlten sich bereits im Heiligen Land an diesem Abend und vergaßen für wenige Stunden die Gegenwart. Da fielen plötzlich vom »Braunen Haus« der Nazis drei Bomben. Sie fielen ins Wasser. Der liebe Gott griff ein . . . Es sollte der letzte Gruß der Braunhemden an die Reisebereiten sein. Es war aber nicht der letzte.

Ein neuer Tag der Hoffnung brach an. Die Unruhe steigerte sich. Susanna stand an der Reling des Schiffes und schaute ins trübe Wasser. Einige Seemöwen kreisten in der Luft. Jemand legte die Hand auf ihre Schulter. Sie drehte sich um und sah ein dunkelbraunes, hartes Gesicht mit schwarzen, weichen Augen. »Ich beobachte Sie schon seit Tagen und möchte Sie sprechen. Kommen Sie in meine Kabine.« Er wartete nicht auf Antwort oder Zustimmung und ging voraus. Susanna folgte ihm zögernd; sie kannte ihn nicht. Sie sah ihn zum ersten Mal. Er trug die Uniform der Seemannschaft und war Steuermann auf der »Helena«. Die Kabine war klein, aber gemütlich. Viele Fotografien hingen an den Wänden. Susanna setzte sich an den kleinen Tisch und schwieg. Der Gastgeber stellte zwei Weingläser und eine Flasche Wein auf den Tisch. Dann goß er die Gläschen voll und sagte: »Sie sind noch sehr jung, und in Ihren Augen ist Entschlossenheit und Mut. Sie stehen oft an der Reling und schauen ins Wasser, aber nicht so wie die Juden aus Österreich. Diese betrachten das Wasser als die zweite Möglichkeit – Sie aber als Hoffnung. Ich möchte für das Judentum etwas Gutes tun. In meinen Erinnerungen, ganz am Anfang meiner Kindheit, sehe ich meinen Großvater. Der war Jude. Ich sehe ihn oft, wie er sich beim

Beten verbeugte und schaukelte, wie sein weißer Bart zitterte. Ich fürchtete ihn ein wenig und fühlte mich zugleich von ihm angezogen. Die Erinnerungen wurden hier auf diesem Schiff wieder wach. Ich möchte Ihnen helfen. Das Schiff fährt nicht ab, nicht mit diesen Juden. Die englische Regierung droht den Jugoslawen mit Repressalien, sollten sie diesen illegalen Transport durchführen. Morgen werden alle ausgeschifft. Ich nehme Sie in meiner Kabine mit bis Belgrad, von dort müssen Sie sich allerdings selbst weiterhelfen ... Die Kiste mit Ihren Habseligkeiten müssen Sie jedoch verschmerzen.« Der Steuermann hob das Glas und fügte bei: »Auf Ihre glückliche Reise!«

Am siebzehnten Tag wurden sie ausgeschifft. Nicht alle, denn einige Juden aus Österreich und Böhmen sprangen in die trüben Fluten der Donau – sie hatten keinen Mut mehr, zurückzukehren; für sie gab es kein Zurück ... Am siebzehnten Tag erloschen siebenhundertfünfzig Träume, und diejenigen, die man in der Slowakei schon abgeschrieben hatte, die »Toten«, kamen zurück in den nächsten Kreis der Hölle.
Der Steuermann konnte für das Judentum nichts Gutes tun, denn Susanna kehrte zu ihren Eltern zurück ...

Simons Söhne

Die Zeiten waren schwer. Unter den jüdischen Dächern wurde es still. Die Juden hatten das Lachen verlernt und beinahe die Sprache vergessen. Aber die Liebe, das größte Geschenk Gottes, blieb ihren Herzen und Körpern erhalten.
Paulina war siebenundvierzig Jahre alt, Simon sechzig. Sie liebten sich noch wie am ersten Tag. Auch in den trüben Tagen sehnten sie sich nach Liebe. Liebe war ihr tägliches Brot und die Quelle ihrer Hoffnung. Paulina dachte schon, daß alles vorbei sei – eine bittere Erkenntnis für sie, wie für jede andere Frau. Vier Monate lang glaubte sie es, dann erfuhr sie,

daß sie schwanger war. Im Jahre 1942, nach dreißig Jahren
Ehe, im siebenundvierzigsten Lebensjahr ... Sie fuhr nach
Trenčín zu ihren Schwestern. Kein Arzt wollte es tun; es war
in einem katholischen Land verboten. Paulina durfte in diesen Zeiten kein Kind zur Welt bringen, das wußte jeder, sie
selbst am besten. Es waren zwei Knaben, die sich Simon sein
ganzes Leben lang so sehr gewünscht hatte – doch sie kamen
zu spät, in einer Zeit der Menschenwölfe, und gingen wieder,
ohne das Licht dieser schönen Welt erblickt zu haben ...

Bruder Jakov

Schmuel hatte einen um zehn Jahre jüngeren Bruder. Ihn
überraschte der erste Kreis der Hölle, als er im vierten Jahr
auf dem Gymnasium war. Nachdem er ausgeschlossen wurde,
ging er nach Radvaň, wo eine Jugendhachschara ihren Sitz
hatte. Hier wurde halbtags hart gearbeitet und halbtags Unterricht in allen weltlichen Fächern sowie in der hebräischen
Sprache erteilt. Unter den handwerklichen Tätigkeiten standen Gärtnern, Tischlern, Maler - oder Schreinerarbeiten zur
Wahl. Die Knaben und Mädchen wurden auch in Sexual-
kunde und Sozialwissenschaften unterrichtet. Sie hatten
junge, hervorragende jüdische Lehrer und waren begeistert.
In kürzester Zeit sprachen sie hebräisch. Aus dem jüngeren
Bruder wurde ein selbstbewußter, gebildeter, offenherziger
junger Mann. In Radvaň arbeitete er ganz zufällig bei einem
Malermeister.
Als die Jugendhachschara aufgelöst wurde, kam der jüngere
Bruder zu Simon. In Púchov bekam er bei einem deutschen
Malermeister eine Stelle und arbeitete fleißig und exakt für
Christen in und außerhalb der Stadt. Pfeifend und singend
sauste er in einer mit allen Farben beklecksten Jacke und
Hose auf einem alten, verrosteten Fahrrad dahin, mit Leiter,
Töpfen und Pinseln. Er hatte sehr lange Beine, und beim Sin-
gen und Pfeifen beugte er sich im Rhythmus der Lieder von

einer Seite auf die andere. Er wurde eine bekannte Gestalt in Púchov. Die Bewohner sahen diesen lustigen und vergnügten Jungen auf dem Fahrrad gerne durch die Straßen sausen. Manch einer blieb stehen und drehte sich nach ihm um, denn so vergnügte Jungs sah man selten in dieser Zeit. Auch in der katholischen Kirche, wo er beflissentlich Statuen auffrischte, fühlte er sich wohl und schloß mit den stummen Heiligen Freundschaft, denn er betrachtete sie als Menschen, so wie er selbst einer war, mehr noch, als Brüder und Schwestern. Er sang und pfiff für sie und sich selbst hebräische Lieder, bis eines Tages der Herr Pfarrer hinter ihm stand, zuhörte und zusah, wie dieser Junge flink mit der Leiter umging und seine Arbeit zur besten Zufriedenheit ausführte. »Du arbeitest gut, mein Junge; wie heißt du denn, und woher kommst du?« – »Ich heiße Jakov und komme aus demselben Städtchen wie Sie, Herr Pfarrer . . .« – »So, so, und wer ist dein Vater, wenn du alles so präzise weißt?« – »Mein Vater war Advokat in Rajec, und ich bin sein jüngerer Sohn . . .« Es blieb beim Staunen und einer peinlichen Pause, die mit einem herzlichen Händedruck und zwanzig Kronen Trinkgeld endete. Was dachte sich wohl der Herr Pfarrer, als der Junge ging?

Auf dem alten Fahrrad fuhr der Malerjunge dann sonntags durch viele Täler und Wälder zu seiner kranken Mutter mit einer Flasche Vermouth, die er für das außergewöhnlich hohe Trinkgeld des Pfarrers erstanden hatte.

Zum Geburtstag wünschte er sich vom Vater einen Satz Pinsel und ein Buch über die Geschichte der Schrift. Alle staunten über diese Wünsche, denn sie meinten, daß der begabte Junge sehr darunter litt, anstatt Gymnasiast Malergeselle zu sein. Doch er klärte seine Lieben über ihren Irrtum auf: »Wenn ich in einer Wohnung Wände streiche, fühle ich mich glücklich, denn ich weiß, daß ich die Menschen, die hier wohnen werden, durch die Arbeit meiner Hände zufrieden, ja vielleicht glücklich machen kann, und ich selbst habe zu diesem Glück beigetragen. Die Schrifttafeln, die ich am Eingang in die Städte und Dörfer ausbessere? Wie vielen Menschen zeigen sie den richtigen Weg! Ich kann die Form der Schrift wählen, wenn ich eine Firmentafel male, und es gibt so viele Arten von Stilen ... Nein, ich will gerne Maler und Anstreicher bleiben, nur will ich von allem mehr wissen, von den Farben, der Schrift ... Ich ahnte früher nicht, wie schön dieser Beruf sein kann ...« Er ahnte auch nicht, daß er nichts von dem verwirklichen würde, daß seine Träume, vermischt mit dem schwarzen Rauch der Gaskammern, gegen den Himmel aufsteigen würden, bevor er noch beginnen konnte, die Geschichte der Schrift und des Lebens zu lesen.

Die letzte Hochzeit

Die Prophezeiungen des Auswanderers nach Neuseeland erfüllten sich in unglaublich präziser und rascher Reihenfolge. So durften die jüdischen Kinder im Jahre 1940 keine öffentlichen Schulen mehr besuchen. Einige jüdische Gemeinden gründeten daraufhin eine jüdische Schule. In Sučany und Umgebung wohnten ungefähr zwanzig schulpflichtige jüdische Kinder. Die jüdischen Familien, die von jeglichem Broterwerb ausgeschlossen waren, wollten ihre Kinder trotz aller Schwierigkeiten nicht geistig und seelisch verkümmern lassen. Sie beschlossen deshalb, ihre Kinder in eine jüdische Schule zu schicken, die allerdings nur aus einer einzigen Klasse bestand. Man hoffte, wie schon so manches Mal in der jüdischen Geschichte, die schlechten Zeiten irgendwie überbrücken zu können, bis wieder normale, menschlichere Verhältnisse kommen würden. Die Eltern wurden verpflichtet, Beiträge zur Finanzierung des Schulbetriebs zu leisten. Die Juden waren bereit, alle Opfer zu bringen, damit ihre Kinder in diesen unsicheren, judenfeindlichen Zeiten geschützt und unter sich weitergebildet werden konnten. Wassermannbáči schrieb an Susanna: »Wir gründen in Sučany eine jüdische Schule und rechnen mit dir!« Sie kam zurück ins Dorf ihrer Kindheit. Aber die Menschen waren nicht mehr dieselben. Unbehagen, wie bei der Rückkehr eines Sträflings ins Alltagsleben, schlich sich zwischen die Bewohner und Susanna.

Die jüdische Schule wurde im roten Ziegelhaus, bei der »Amerikanerin«, untergebracht. Das kleine Wohnzimmer wurde für die Klasse hergerichtet. Das winzige Vorzimmer diente als Ablageraum, und in der lichtlosen Speisekammer wohnte Susanna. Vom alten Bett mußte ein Stück abgesägt werden, damit es – auch als einziges Möbelstück – überhaupt Platz hatte. Eine Petroleumlampe diente als Beleuchtung.

Die Amerikanerin war noch immer eine lebhafte, gutherzige Frau. Sie fühlte sich in der Rolle der Hausvermieterin und zugleich Schuldienerin wichtig und wohl. Am Morgen begrüßte sie die Kinder freundlich, machte Witzchen – sie war auch die einzige, die mit jüdischen Kindern in dieser traurigen Zeit Späße machen konnte. Sie kannte alle mit Namen, half beim An- und Ausziehen, kam während des Unterrichts in die Klasse, kontrollierte den Ofen, blieb ein Weilchen stehen, hörte zu. Ihr farbloses Leben an der Seite des wortkargen, alten Gatten bekam eine neue Wendung. Sie wurde jemand, wenn auch nur bei den Juden. Eltern und Kinder grüßten sie herzlich, und sie verstand ihre Dankbarkeit. Auch fühlte sie sich das erste Mal in ihrem Leben wichtig und geachtet.

Nach einem Monat kam überraschend eine Schulkommission mit vielen Meßgeräten und maß einen halben Tag lang die Entfernung des Ofens von der ersten und der letzten Bank, dann die Höhe und Breite der Fenster; zum Schluß diskutierten, überlegten und schüttelten die wichtigen, großen Herren ihre klugen Köpfe; sie hatten es nicht eilig, da sie für diesen Tag gute Spesen erhielten und zudem die Abwechslung von ihrer eintönigen Arbeit am Schreibtisch genossen. Am längsten blieben die Herren beim Eingang ins rote Haus stehen, denn dieser bestand aus einer Tür, die kaum zu sehen war; sie war wie hineingeschnitten in die Vorderwand des Hauses. Beim Betreten des Gebäudes mußte eine Schwelle überschritten werden, und diese Schwelle bereitete nun den pflichtbewußten Herren die größte Sorge, war sie doch um fünfzehn Zentimeter höher, als es das Schulgesetz zuließ. Und für die Sicherheit der Kinder, auch für diejenige der »Ausgestoßenen«, waren die großen Herren doch verantwortlich. Gott behüte, wenn ein Kind, auch ein jüdisches, stolpern würde! Wer könnte das verantworten? Die jüdische Schule wurde der hohen Schwelle wegen bei Frau Roháčička nicht bewilligt. Welch ein Hohn – das Heil der jüdischen Kinder lag diesen strengen und »gerechten« Herren im Jahre 1940 gewiß sehr am Herzen!

Die Amerikanerin weinte, als man die Bänke hinaustrug. Auch die Kinder weinten. Die neue Vermieterin war eine Witwe, groß, schlank und verbittert. Das Schicksal hatte sie mit vielen Stöcken geschlagen. Mit dem einen erschlug es ihr das liebste Kind. Wenn die jüdischen Kinder nun in der Pause auf den Hof eilten und spielten, stand sie oben auf der Treppe und beobachtete stumm deren Treiben. Sie litt fürchterlich und durfte ihren Schmerz nicht hinausschreien und auch nicht weinen, nicht vor den Kindern ... Die jüdischen Kinder spürten diesen Konflikt und sahen in den traurigen Augen und dem verschlossenen Mund etwas Unheilvolles. Auch sie verstummten allmählich, als fühlten sie sich schuldig daran, daß sie noch am Leben waren. Sie sprachen des öfteren von der heiteren, kleinen Amerikanerin und sehnten sich nach ihr ...
Die jüdische Schule besuchten zuerst fünfzehn, dann zwanzig Schüler. Alle diese Kinder waren aus der öffentlichen Schule ausgewiesen worden. Sie waren unerwünscht und als minderwertige Menschen von der rein arischen Gesellschaft ausgeschlossen. Sie kamen verwundert, beschämt, unsicher und verwundet in eine Schule, die nur aus einer Klasse bestand und die man »Jüdische Schule« nannte. Es mußte doch etwas Böses daran sein, Jude zu sein. Weshalb wurde das Unrecht auch auf sie gewälzt? Diese Frage wurde nicht ausgesprochen, sie blieb im Herzen stecken wie ein Fischgrat im Hals. Nur langsam bildete sich eine Gemeinschaft mit den Attributen einer normalen Klasse heran, in der sich die Schüler mit der

Zeit geborgen und sicher fühlten. Sie hörten von Pflanzen und Tieren, von Ländern, wo es keine »jüdischen Schulen«, keinen Judenstern und vielleicht auch keine Angst gab. Sie durften in Gedanken entfliehen und taten es oft und gern – aber nur bis zur Türschwelle. Hinter dieser wartete eine feindliche und unbegreifliche Welt auf sie, vor der sie sich hüten, verstellen und verstecken mußten. Sie sehnten sich nach dieser für sie versperrten Welt und haßten sie zugleich. Drei von zwanzig Kindern überlebten...

Bevor die Kinder zusammen mit ihren Eltern für immer ihr Dorf verlassen mußten, hatte Susanna sie gebeten, ihren Eltern diese »Reise« nicht zu erschweren. In späteren Jahren, lange nach dem Krieg, wurde Susanna bewußt, wie grausam ihre Bitte damals war, denn sie hatte erfahren, daß die Erst-, Zweit- und Fünftkläßler ihr Wort gehalten hatten.

Einer von den Schülern, der kleine Oskar, war schon in der Schule ein großer Held. Er war Halbwaise, und sein Stiefvater war Bäcker. Oskars Tag begann tief in der Nacht, denn er mußte den Backofen vorheizen, bevor er sich zu Fuß auf dem langen Weg vom Nachbarsdorf durch den Schnee, der oft höher war als er selbst, in die jüdische Schule durchbeißen durfte. Er kam nie zu spät. Oft fand ihn Susanna halberfroren vor dem Schuleingang sitzen und warten. Er wollte seine Lehrerin nicht wecken, sagte er beschämt! Auf der ersten Seite des »Goldenen Heftes« stand sein Name, und es genügte ihm, das zu wissen, um glücklich zu sein. Es war gewiß auch sein einziges Glück auf dieser Erde, denn es war ihm nicht vergönnt, auch nur ein Jahr lang die jüdische Schule zu besuchen und ein Held zu bleiben. Er war zehnjährig, als er diese Welt verließ...

Der slowakische Staat, der aus den Trümmern der Tschechoslowakei unter dem Schutz Hitlers entstanden war, fühlte sich in seiner großen Mehrheit im Sturm dieser Zeiten recht wohl. Der Erzfeind, wie es dem Volke bei jeder Gelegenheit eingehämmert wurde, der Jude, verließ auf immer und ganz still ihr Land. Was er hinterließ, schmeckte gut und stank auch nicht. Auch das Gut der Tschechen, der gottlosen, wurde nicht abgelehnt. Doch konnten die in ihre Heimat, nach Böhmen, zurückfahren – verbittert zwar, denn viele von ihnen hinterließen Wertvolles und Gutes im lieblichen Land ihrer slowakischen Brüder. Aber sie hatten einen Ort, den sie Heimat nennen konnten, der ihnen eine Existenz bot. Auf die allermeisten Juden, die die Slowakei verließen, wartete keine Heimat, sondern das Verderben.

Manche Juden wurden für eine gewisse Zeit noch dringend gebraucht. Diesen verlieh man großzügigerweise eine befristete Verlängerung ihres Lebens in Form einer weißen oder gelben Legitimation, auf der zwei Buchstaben standen, »HŽ«, was »wirtschaftlich wichtiger Jude« hieß. Der Plebs, die einfachen und armen Juden, die Blutsauger und Schänder des slowakischen Volkes, waren uninteressant, unwichtig, ja überflüssig geworden. Es waren doch lauter Bettler, und somit Schmarotzer! Daß man ihnen vorher alles weggenommen hatte, darüber sprach niemand. Damit man diese Schädlinge von der übrigen, gesunden Bevölkerung absondern konnte, bezeichnete man sie mit einem gelben Stern. Dieser Stern leuchtete nicht, aber er wurde das Zeichen einer neuzeitlichen Inquisition.

Das befreite Land, das Sorgenkind Hitlers, entsann sich seiner noch nicht sanierten Sümpfe. Tausende von Alten, Kranken, Kindern und Jugendlichen waren schon fort . . . Die kräftigen Juden, die noch in Militäruniform steckten, könnten doch, bevor sie in Polen verschwänden und an Deutschland verkauft würden, eine nützliche Arbeit tun: Sümpfe entwässern.

Von den Juden, die in Richtung Polen verschwanden, hörte man vorerst nichts. Aber man wollte ja auch nichts hören – sie waren weg, und damit basta. Es war nicht die Sache der Slowaken, sich um sie zu kümmern. Auf die Deutschen konnte man sich verlassen, und so schliefen die Slowaken ruhig und unbesorgt weiter. Sie waren ein kleines Volk im Herzen Europas und keine Judenversorger! Man sehnte sich auch nicht nach deren Rückkehr. Weg war weg, und man gewöhnte sich schnell und leicht an die jüdischen Möbel, Häuser und an ihr Geld.

Niemand wußte genau, wo und wann der »humane« Gedanke mit der Entwässerung der Sümpfe geboren wurde. Die jungen, kräftigen und wehrpflichtigen Juden – absurderweise gab es auch solche – sollten diesen gottgefälligen Plan in die Tat umsetzen. Es war doch das heilige Recht der Slowaken, zu verlangen, daß die Juden, die in diesem Land geboren und slowakisches Brot gegessen hatten, bevor sie in Hitlers Hände und Obhut übergeben würden, einen Teil ihrer großen Schuld an diesem herrlichen Heimatland abtrugen! Die Jahrgänge 1920 und ältere, die einen Studienaufschub hatten und sich nicht für fünf bis fünfundzwanzig Kronen täglich loskaufen konnten, kamen in jüdische Militärlager. Diese wurden dem Kriegsministerium unterstellt und unter der Bezeichnung »VI. Arbeitsbataillon« geführt. Damit man die jüdischen Soldaten von weitem von denjenigen der regulären Armee unterscheiden konnte, wurden sie in dunkelblaue Uniformen gesteckt und erhielten »Tellermützen«. Die Zigeuner dagegen, die andere ebenso verhaßte und minderwertige »Rasse«, trugen braune Uniformen. Die »Dunkelblauen« und die »Braunen« konnten von unbeschreiblichem Glück sprechen, denn sie verlängerten für eine unbestimmte Zeit, wenn auch unter harten Bedingungen, ihr Leben. Sie erhielten keine Gewehre, sondern Schaufeln. Feinde ersten Ranges durften keine Waffen tragen ...

Als Soldat, auch als jüdischer, erhielt Schmuel keine Heiratsbewilligung. Zwei Jahre flogen lange Briefe voll Liebe und Hoffnung zwischen Schmuel und Susanna hin und her. Der Präsident des slowakischen Staates, ein Geistlicher, mußte sich für alle Wohltaten des Führers als Freund erkenntlich zeigen. Als Beweis seiner treuen Ergebenheit schickte er also auch slowakische Soldaten an die russische Front, wo die deutschen Brüder heldenhaft ihr Blut vergossen. Sie sollten

Seite an Seite mit den Elitetruppen der »Befreier Europas« auch zum endgültigen Sieg beitragen. Manche Slowaken erhielten Orden für Tapferkeit, Treue und »außergewöhnliche« Verdienste – verschiedenster Art – wie es in jedem Krieg vorkommt, denn ein Krieg bietet die vielfältigsten Möglichkeiten, Held zu werden ... Doch so einfach war es wiederum nicht mit den Slowaken-Brüdern. Viele von ihnen fühlten sich nämlich mehr als Slawen denn als Germanen, und viele trugen im Herzen noch Masaryks humane Gedanken; und sie waren es, die zu den Russen überliefen. »Blut ist keine Buttermilch.« Vielleicht hatte Dr. Tiso, der geistliche und weltliche Vater, die slowakische Seele doch nicht gut genug gekannt und eingeschätzt, denn von Angesicht zu Angesicht mit dem russischen und vielleicht auch jüdischen Blut, Elend und Jammer in der Ukraine, hat sich mancher Slowake auf die »andere« Seite gestellt. Aber wer konnte das so genau wissen? Die Zeitungen waren voll von Siegesmeldungen; das Leid und die Verluste hüben und drüben wurden verherrlicht oder verschwiegen. Nur die Russen durften sterben, und dazu noch in großer Zahl. Die Massaker an den Juden wurden totgeschwiegen. Wen interessierte das schon, wenn es doch um so große Schlachten zur Befreiung der Menschheit ging?

Eines Tages entdeckte man auf der ersten Seite der Siegesnachrichten das Bild des Priesters von »Klein-Palästina« in der Uniform eines Hauptmanns, der den slowakischen Soldaten vor einer Schlacht in der Ukraine den Segen erteilte. Es war derselbe Priester, der Susanna, die Jüdin, jeden Morgen vor dem Tor erwartet und zur Schule begleitet hatte. Er war unterdessen im slowakischen Staat zum Vorsitzenden der militärischen geistlichen Verwaltung in Bratislava geworden. Als solcher konnte er als einziger für Schmuel und Susanna eine Bewilligung zur Heirat erteilen. Und er bewilligte diese mit einem herzlichen und humorvollen Glückwunsch.
In dieser Zeit wurden zweierlei jüdische Ehen geschlossen. Die einen waren Scheinehen, denn so konnten sich jüdische Mädchen durch Heirat mit einem »geschützten« oder »wirt-

schaftlich wichtigen« Juden immerhin für eine gewisse Zeit retten. Ehen aus Liebe gab es auch.

Die Eltern und Verwandten betrachteten die große Liebe mit den Augen der furchtbaren Zeit. Sie sahen, was die Verliebten nicht sehen konnten. Schmuel war Soldat, wenn auch im jüdischen Militärlager. Es war Krieg. Soldaten starben. Durch eine Kugel oder auch an Erschöpfung. Sie kamen als Krüppel zurück – solche sah man zwar selten, denn sie wurden abgesondert; sie paßten nicht zu den Siegesparolen der Propaganda. Neben den Verstümmelten, Blinden, Tauben, Wahnsinnigen blieben Witwen und Waisen. Die Eltern und die alten Juden konnten oft zwischen den grünen, dunkelblauen und braunen Uniformen kaum unterscheiden. In ihrer Jugend hatte es keine Militär-Arbeitsbataillone für Juden, keine Soldaten mit Schaufel gegeben, und so übertrugen sie die Gefahren der regulären Soldaten auch auf diejenigen im Militärlager. Sie gewöhnten sich auch schlecht an die eigenartige Adresse, die sie auf dem Brief an einen jüdischen Soldaten anbringen mußten: »Arbeiterjud soundso«. Waren die Sorgen und Zweifel der Eltern berechtigt?

Die Liebe war stärker als der Krieg. Sie war die einzige Nahrung, die überleben half. Susanna glaubte eigentlich nicht an Gott wie ihre Mutter. Sie konnte die Beziehung Gott-Mensch nie richtig klar herstellen, obwohl sie sich unzählige Male darum bemühte. Und doch brauchte sie etwas, an das sie sich am Abend, wenn die Sonne und das Licht erloschen, klammern konnte. Nur am Abend fühlte sie sich schwach und verlassen. Sie haßte die Finsternis und liebte die Sonne. Wärme und Halt fand sie in einem kleinen, roten Büchlein, das sie von ihrer Schwiegermutter erhalten hatte und das neben ihrem abgesägten Bett lag. Auf der vordersten Seite stand: »In leidvollen, trüben Stunden hat mancher hier schon Trost gefunden. Mögest du nur in frohen Tagen die Worte dieses Buches sagen. Das wünscht dir innigst deine Mutter Frieda, am 2. Oktober 1940.« Einige Seiten dieses Gebetbüchleins waren voll von Fingerabdrücken. Dort waren Gebete für den

Gatten, die Eltern und die kranke Schwester. Eines Nachts träumte Susanna zum ersten Mal in ihrem Leben von ihrer Großmutter mütterlicherseits. Sie und Schmuel kamen vor der Abreise ins Heilige Land mit schweren Rucksäcken beladen zu ihr, um Abschied zu nehmen. Großmutter saß hoch in den Wolken auf einem königlichen Thron und lächelte. Die beiden Abschiednehmenden schauten zu ihr in die Höhe. Dann hob sie ihre Hände und segnete sie. Danach entschwand sie, und Susanna erwachte. Es war früh am Morgen, und so schrieb Susanna noch schnell zwei Briefe vor dem Unterricht. Der erste war an die Großmutter gerichtet; die Enkelin danke ihr für ihren Segen. Der zweite ging an die Eltern, denen sie von ihrem merkwürdigen Traum berichtete, vom Segen der Großmutter, der sie nun und für alle Zeiten als Schmuels Frau überall begleiten würde. Um zehn Uhr vormittags kam ein Telegramm: »Großmutter heute morgen gestorben.«

Ein neuer Vorfrühling brach an. Und mit ihm eine intensive Lust am Leben. Gleichzeitig vergrößerte sich die Angst vor dem Tod. Alles lebte in Erwartung der Auferstehung. Die Alten klammerten sich von neuem an den dünnen Faden ihres Lebens, und ebenso die Juden. Am Tag sah man den unendlich blauen Himmel, die majestätischen, weißen Berge; die frische Luft belebte alle Adern. Das war am Tag. Die Nacht war unheimlich und gefährlich. Sie brachte keinen Schlaf, keine Erleichterung und keine Ruhe. Man schreckte bei jedem Geräusch auf, war ständig auf der Lauer wie ein Tier, das in einem Käfig auf sein Ende wartet. Vielleicht schon heute, oder erst morgen, in der Nacht, jetzt, irgendwann, bald . . . Sie kommen, und du mußt gehn . . .
An einem herrlichen winterlichen Tag im Jahre 1942 feierten – o Wunder! – zwei Juden ihre Hochzeit. Die Eltern und Geschwister erhielten eine einmalige Bewilligung zur Fahrt mit dem Zug. Dort saßen sie in einem Abteil »Nur für Juden«. Sie kamen, um ihren Kindern unter der Chüppe den elterlichen Segen zu erteilen. Es sollte die letzte jüdische Hochzeit in der

kleinen Dorfsynagoge in Sučany sein... Susannas und Schmuels Hochzeitsreise führte in die winzige Küche mit dem abgesägten Bett. Zuvor dankten sie ihren Eltern, und Schmuel sagte es mit Napoleons Worten: »Alles, was in mir Gutes ist, verdanke ich dir, meine Mutter!« Es wurde nicht gesungen, wie es sonst bei einer Hochzeit Brauch war. Jeder wollte vor dem anderen die Gewißheit und das Gefühl des letzten Festes und auch der letzten gemeinsamen Begegnung verbergen. Vom Militärlager war ein Freund gekommen; er war Trauzeuge, und es war auch sein letztes Fest, denn er erlebte seine eigene Hochzeit nicht mehr – er liegt in der slowakischen Erde, und niemand kennt sein Grab.

Dann wurde es in der Synagoge von Sučany für längere Zeit totenstill, bis man sicher war, daß die Juden nicht mehr zurückkehrten. Nach dem Krieg wurde aus dem Gotteshaus ein Gemüselager und später, als sich das schlechte Gewissen zu rühren begann, eine Kulturstätte.

Der Frühling verdrängte den Winter von seinem Thron, aber es blieben noch lange Zeit Spuren von dessen Herrschaft. Es war an einem Sonntag. Susanna hielt Schmuels Brief in der Hand. Sie hatte Fieber. Eine unbeschreibliche Sehnsucht und Unruhe jagte sie zu Schmuel. Sie fuhr mit dem nächsten Zug nach Liptovský Hrádok, wo Schmuel gerade seinen Arbeitsdienst in einem jüdischen Militärlager absolvierte. Die Leute zeigten Susanna freundlich den Weg, wo die jüdischen Soldaten wohnten. Der Weg war weit und führte ans andere Ende des Städtchens. Dort stand ein Wirtshaus mit einer riesengroßen Scheune. In dieser wohnten sie. Aber vor wenigen Stunden seien sie ausgezogen. Wohin? »In dieser Richtung; Sie finden es kaum, denn es liegt in den Wäldern, in Chrastie.« Ein schmaler Pfad führte in die Wälder. Der gesuchte Ort hieß auf deutsch »Gestrüpp«. Als Susanna hier ankam, war es Abend geworden. Die dunkel gekleideten Soldaten waren eifrig damit beschäftigt, die Bretter für ihre Baracken zusammenzunageln. Sie mußten sich beeilen, wenn sie in der hereinbrechenden

Nacht nicht unter freiem Himmel schlafen wollten. Man suchte nach Schmuel. Er kam verschmiert und fragte voll Angst und Liebe: »Weshalb kommst du hierher? Jetzt? Es wird Nacht . . . Du kannst nicht hierbleiben; dies sind Militärobjekte, und kein Zivilist darf sich hier aufhalten . . . was ist los, Liebste?« Sie umarmte ihn und weinte. Die übrigen Soldaten hatten aufgehört zu hämmern und standen als wortlose Zeugen eines vielleicht letzten Abschieds von zwei Liebenden dabei. Jeder sah in ihnen sich selbst . . . Alles dauerte nur sehr kurze Zeit. Es war nicht die Zeit für viele Worte, denn es war Krieg, und es gingen aus allen Richtungen Transporte mit menschlicher Ware nach Polen. Was vom Herzen kam, mußte man unterdrücken, sonst war man verloren. Die Hämmer setzten sich wieder in Bewegung. Wild und laut. »Susanna, du übertreibst, du träumst, es ist doch um dich alles ruhig; die Schule existiert noch, du bist geschützt . . .« Spät in der Nacht kam sie zurück. Und schon am nächsten Morgen – wie gut, daß sie Abschied genommen, noch einmal Schmuel an sich gedrückt, den Geliebten umarmt hatte – versammelte man alle »Auserwählten« vor dem Rathaus. Auch Susanna war dabei. Sie sandte noch in Eile zwei Telegramme ab. An die Eltern und an Schmuel: »Ich fahre Richtung Žilina. Lebt wohl! Susanna.«

Vor dem Rathaus standen fast alle Juden von Sučany, die beordert waren, das Dorf zu verlassen. Einige – sehr wenige! – Christen standen abseits und beobachteten die »Auserwählten«, ihre gewesenen Mitbürger, denn von diesem Moment an hörten sie auf, als solche zu existieren. Die Christen hatten seit Menschengedenken mit diesen Juden in Frieden gelebt. Ein einziger Tag verwandelte und vernichtete alles. Die christlichen Frauen schüttelten vor dem, was sie sahen, ungläubig den Kopf und sagten: »So was gab es in Sučany noch nie . . . Jesus, Maria!«
Die Juden schwiegen. Auch ihre Kinder, Susannas Schüler. Sie hielten ihr Wort. Sie schwiegen und standen neben ihren Eltern, Rucksäcken und Koffern. Die meisten, auch die Kin-

der, hefteten ihren Blick auf einen Pflasterstein am Boden. Die Turmuhr an der evangelischen Kirche schnitt die unendliche Zeit in kleine Stücke.

Die Amerikanerin kam nicht zum Rathaus. Alles fiel ihr aus der Hand, auch die schöne Petroleumlampe, die sie sonst niemandem anvertraut hatte. Grundlos beschimpfte sie ihren Alten, was sie sonst selten tat. Sie fand keine Ruhe; es war unerhört . . . Sučany ohne Juden? Sie erinnerte sich, wie sie in größter Not nur dort Salz und Zucker auf Borg für ihre vier kleinen Kinder erhalten hatte und oft, ach ja, dafür nicht bezahlen konnte. Aber der Jud, der Reichert, drückte beide Augen zu und winkte lachend ab: »Lassen Sie es, Frau Roháčik, Gott wird schon für Sie bezahlen . . .« Und Er bezahlte auch einige Male. »Heilige Maria, das kannst du doch nicht zulassen . . .« – »Was winselst du da herum wie ein Hund; hilfst du ihnen etwa?« sagte der Alte in der Ecke, als er das nicht mehr mit anhören konnte. Auch ihm zog sich das Herz zusammen, aber er war hart, ein Mann, und Männer weinen nicht wie die Weiber.

»Du alter Trottel, wenn man dich und deine Kinder so wegtreiben würde – der liebe Gott soll uns davor behüten und mir verzeihen – wie Vieh, wie Vieh . . .« – »Hör auf damit, was soll's. Gott weiß, was Er tut, und vielleicht ist es gut so . . .« – »Gott verzeihe dir deine Sünden, du sprichst ja wie sie – und ich soll mit dir unter einem Dach leben?«

Das Jammern hörte nicht auf. Der Alte nahm seinen Stock und ging in den Wald. Zwar fand man in dieser Jahreszeit keine Pilze, und auch vom Kleinholz hatte er noch einen stattlichen Vorrat, aber er war es müde, der alten Hexe zuzuhören – und die Juden, wie sie dort standen, der Teufel soll sie holen! Er spuckte in einem langen Bogen aus, damit nichts an seiner Hose klebenblieb, und schritt aus dem roten Tor, das für jüdische Kinder um fünfzehn Zentimeter zu hoch gewesen war. Dann zündete er die krumme Pfeife an und verschwand hinter dem Haus. Als er den Wald erreichte, sagte er zu sich: »Hier hat man wenigstens seine Ruhe . . . Sie gehen gottlob nicht aus meinem Tor, und so hat es Gott doch gut gemacht und gut durchdacht; nur meine arme Alte kann das nicht begreifen . . .«

Vom Rathaus ging ein merkwürdiger Umzug über den gepflasterten Dorfplatz. Einen solchen Umzug hatte das Dorf noch nie gesehen. Da gab es wohl Hochzeitszüge, Leichenzüge und manchmal auch Umzüge von Kindern, die sich einem Zirkus anschlossen. Aber an diesem Tag war keine Hochzeit, kein Begräbnis, und auch kein Zirkus schlug hier seine Zelte auf. Es war ein Umzug, der in der Sprache des einfachen Volkes noch keinen Namen hatte. Die Leute dieses namenlosen Zuges gingen langsam, Schritt für Schritt, das letzte Mal durch ihr Dorf. Es wurde nicht gesprochen, es wurden Pflastersteine gezählt. Nur manchmal, ganz selten, trafen sich die Augen der Juden mit denen der Christen. Die Augen, die gehen mußten, und die Augen, die bleiben durften. Es gab eigentlich schon hier die Rampe des Lebens und des Todes. Der einzige, der schrie und fluchte, war der betrunkene Steiner, der Metzger, mit der blauroten, großen Nase und dem verschwommenen Blick.
Eigentlich war Sonnenfeld, der Reiche aus Wien, an Steiners Elend schuld, denn er hatte ihn nach dem Ersten Weltkrieg mit dem Verkauf seiner Güter betraut, die im demokratischen Staat neu parzelliert wurden, um den landlosen Bauern endlich auch einen Anteil zu sichern. Steiner, der Dorfmetzger, war ehrlich und zuverlässig. Er teilte und verkaufte, und das mußte im Dorf nach alter Sitte stets reichlich begossen werden. Als es nichts mehr zu verkaufen gab, blieb Steiner beim Trinken. Er schlug seine Frau und seine Kinder, wie es viele Bauern auch taten, und er versoff sein ganzes Vermögen. Das war an sich in den Dörfern nichts Außergewöhnliches. Ungewöhnlich daran war, daß Steiner ein jüdischer Trunkenbold war, und solche gab es selten. Der Trunkenbold hörte nicht auf zu fluchen, zu schreien und zu drohen; er war der einzige, der sich noch frei fühlte, nichts fürchtete und sich im Recht glaubte, zu schreien, zu fluchen und Gott zu lästern. Seine Rechte erhob sich zu einer wahrhaften Prophetenhand: »Ver-

flucht seid ihr für alle Ewigkeit, ihr Hunde, ihr Schufte . . .!«
An seiner rechten Seite hielt sich Renate, sein jüngstes, tuberkulöses Kind, an der schmutzigen Hose ihres einzigen Beschützers, ihres betrunkenen Vaters, fest. Ihr Leben hing an einem sehr dünnen Faden; ihre Tage waren gezählt, ihr Taschentuch rot. Keiner von den schwarzgestiefelten Gardisten beachtete den Trunkenbold, der auf dem letzten Marsch der Juden von Sučany zum Bahnhof ein Held wurde, ihr Sprecher, Ankläger und einziger Verteidiger. Steiners Fäuste schlugen auch gegen den Himmel: »Ich will hier begraben werden, neben meiner Frau!« Der Himmel schwieg, die Fäuste öffneten sich, die Stimme erlosch . . .

Der Zug setzte sich in Bewegung. Ein eigenartiger Zug. Mit eigenartigen Fahrgästen. Sie fuhren ohne Fahrkarten, umsonst, in den Tod.

Žilina war die erste Haltestelle. Diese Stadt liegt in einer romantischen Landschaft, umgeben und geschützt von hohen, majestätischen Bergen. Im Jahre 1942 wurde sie für die Juden zum Fluß Lethe. Wer ihn überschritt, war im Reiche der Toten . . . Bis man aber auf der anderen Seite des Flusses angelangt war, ging die Sonne für manche Juden allerdings noch ein paarmal auf und unter . . .

Die Schwalben flogen gegen den Himmel, und die Ameisen schleppten unermüdlich lange und kurze Halme zu ihrem Haufen. Es geschahen noch ganz gewöhnliche Dinge, auch in dieser Zeit. Kinder wurden geboren und Greise starben in diesem guten Land. Dem rotnasigen Trunkenbold hörte keiner mehr zu, wie er das Volk verfluchte, weil es ihm nicht erlaubte, in dieser lieblichen Landschaft neben seiner Frau beerdigt zu werden.

Žilina

Das Sammellager in Žilina befand sich außerhalb der Stadt. Ein undurchsichtiger, hoher Zaun schirmte die innere Welt von der äußeren ab. In der inneren gab es alte, zerfallene Militärbaracken aus der Zeit des Ersten Weltkrieges. Jede Baracke hatte zwei Eingänge, und bei jedem dieser Eingänge stand ein slowakischer Gardist in Uniform mit einem Gewehr in der Hand. Im Innern der Baracken lagen spärliche Büschel von Stroh auf dem Zementfußboden, und in der Mitte befand sich ein Abort. Hunderte von Juden tummelten sich innerhalb des Zaunes. Jeder wurde nach der Ankunft »gründlich«, d. h. bis auf die Haut, aber streng nach moralischen Gesetzen durchsucht, Männer von Männern, Frauen von Frauen. Diese Männer und Frauen waren es gewöhnt, schnell zu arbeiten, im Akkord sozusagen, wie am Fließband. Alte und Junge, Kranke und Kinder, alles wurde »gerecht«, das heißt auf die gleiche unmenschliche Art, behandelt. »Geld, Eheringe, sonstigen Schmuck und Wertsachen abgeben!« wurde bei jeder Leibesvisitation kurz, aber deutlich wiederholt. Wehe dem, bei dem man noch etwas fand! Da gab es Prügel, Fußtritte und Beschimpfungen gröbster Art. Es durfte nichts gesagt werden, denn jedes Wort war falsch. Wehren konnte sich niemand, denn alle standen unbewaffnet vor den bewaffneten, reinrassigen jungen Slowaken.

Die Neuankömmlinge wurden in Zwölferreihen auf dem Hof aufgestellt. Sie standen und warteten; die Schwachen und die Kranken, die sich nicht auf den Beinen halten konnten und umfielen, mußten wieder aufstehen – alle mußten den Kommandanten in strammer Haltung anhören. Der Ton der Slowaken ließ erkennen, daß sie sehr gelehrige Schüler der Deutschen waren. Die »Strammstehenden« wurden in verschiedenen Variationen beschimpft und gewarnt. Die »Begrüßungsrede« des Kommandanten dauerte lange. Sie wurde

in slowakischer Sprache vorgetragen, damit sie von allen un-
mißverständlich begriffen wurde. Die Stehenden begriffen
sehr wohl und sehr schnell. Es waren Verbote und Anord-
nungen, die eingehalten werden mußten. Auch bei der Vorbereitung zum Völkermord mußte Ordnung sein, nicht
wahr? »Sonst werden wir euch Juden schon zeigen, wer wir
sind!« Und sie zeigten es bereits sehr deutlich und unmißver-
ständlich im Sammellager – als Kostprobe dessen, was später
die Juden in Polen erwarten würde, denn ganz unvorbereitet
sollte man »dorthin« nicht kommen ...
Die meisten Gardisten stammten aus Detva. Dort, in der wilden, unberührten Natur, zwischen Wäldern und Wiesen, Bächen und karger, steiniger Erde, kamen sie zur Welt und
wuchsen mit Milch und Brot zu gesunden, kräftigen Männern heran. Susanna kannte das herrliche Gedicht von Sládkovič, der diese wilde Gegend und deren Kinder am ein-
drücklichsten besungen hatte; sie kannte es auswendig, und
sie wiederholte es oft, weil es ihr gefiel:

Hoch oben die wilde Poljana,
gigantischer Schatten Mutter, uralt,
tief drunten das Dorf, sein Name ist Detva,
Mutter von Söhnen hochhehrer Gestalt:
Trägt nicht und still
an stattlicher Brust die Poljana
diese Riesenburschen von Detva?
Wirft nicht einen, wenigstens einen Blick in die Höhen
die Tochter des Hauses, wenn dermaleinst sie Söhnen
das Leben schenken will?

Wie auch sollte Detva nicht Riesen haben!
Geborn von der Mutter auf Ackerland
der Sohn, gewickelt in gräserne Laken,
von Buche zu Buche hingespannt;
er öffnet die Augen zum ersten Mal;
was sieht er? Die Felsen und Höhen der Poljana
festgefügt in alle Ewigkeit;

und wirft er den zweiten Blick ins Tal,
was sieht er? Der Höhen Schatten wunderbar
und die herrlichen slowakischen Weiten.

Waren die Männer in den schwarzen Uniformen die von Sládkovič besungenen Söhne? Sie waren es – stolze, kräftige, junge Männer, wie im Gedicht. Gerade, wie die uralten Bäume, standen sie mit ihrem Gewehr den wehrlosen Juden gegenüber. Endlich war auch ihre Stunde gekommen! Nun konnten sie ohne große Mühe ein, wie sie es nannten, gottgefälliges Werk vollbringen und von den verstunkenen Juden alles haben, was sie früher entbehren mußten. Sie waren jetzt die Herren, Herren über Hab und Gut, Leib und Leben. Sie standen stramm und stolz beim Haupttor und bei den Ein- und Ausgängen der Baracken, die geladene Waffe im Anschlag gegen Alte und Kinder, Männer und Frauen. Ihre neuen Uniformen waren kleidsam, die hohen Stiefel aus feinstem Leder. Sie waren jung, manche noch nicht zwanzig, und sie waren sich ihrer Macht bewußt, auch wenn diese bloß eine Macht über wehrlose Juden war.

Neben den Baracken stand ein riesiges, kahles, leeres Gebäude. Wozu es einmal gedient hatte, wußte niemand mehr. Die Juden wurden in den stillen, kahlen Raum getrieben, zu Hunderten, vielleicht Tausenden. Sie hatten zwar schon eine Nummer, doch nur auf dem Papier, noch nicht in die Haut eingebrannt; also konnte man sie nicht so recht zählen. Noch nicht... In diesem Raum erfuhren sie von einem der »Schwarzen«, ob sie sofort oder erst später an die Reihe kamen.

Susanna stand dicht an Wassermannbáči gelehnt. Sie fühlte sich verloren und schutzlos. Neben ihm, dem »Geprüften«, war es wärmer.

Wassermannbáči hatte eine Tochter und einen Sohn. Dieser wurde Sprachprofessor. Nach wenigen Jahren verschwand er in Rußland. Niemand im Dorf wußte, was mit ihm passiert war. Sidka, die Tochter, heiratete nach Brünn. Diese Stadt gehörte in Hitlers Zeit zum Protektorat. Eines Nachts wurde ihr Mann von der Gestapo abgeholt, obwohl er sich mit einem ungarischen Paß ausweisen konnte. Das half nichts. Sidka sah ihren Mann nie wieder. Nach ein paar Tagen mußte sie ein Päckchen vom Postboten in Empfang nehmen, unterschreiben und die Beförderungsgebühr dafür bezahlen. Darin war die Asche ihres Mannes. Dies geschah im Herbst des Jahres 1941 um die Zeit der großen Feiertage.

Wassermanbáči hatte in seiner kleinen Gemeinde auch das Amt des Vorbeters bekleidet. Er hatte eine wunderbare Baritonstimme, die den Tempel mit Wärme und Erhabenheit füllte. Doch in diesem Jahr klang seine Stimme zittrig; in ihr war sein eigenes und zugleich das Leid seines Volkes zu hören. Als er die Heilige Thora in den Händen hielt und sie den Betenden zeigte, überreichte man ihm den Brief seiner einzigen Tochter. Er hörte nicht auf zu beten, doch sein Gesang ging in eine Anklage über. Die Heilige Schrift, die er noch immer behutsam wie ein Kind in seinen Händen hielt, wurde mit den Tränen eines Mannes, eines Vaters und eines schwer geprüften Juden begossen ... Obgleich die damalige jüdische Gemeinde nur ein armseliges Gehalt für ihren Vorbeter aufbringen konnte, hatte sich Wassermannbáči trotzdem verpflichtet, für seine unglückliche Frau in der Irrenanstalt einen für die damalige Zeit horrenden Betrag zu bezahlen, damit sie gut betreut würde und genügend zu essen bekäme – so war er gezwungen, zusätzlich Geld zu verdienen. Er arbeitete halbtags als Buchhalter für die Firma Reichert. Er kannte sich in der Branche der Mühlseide und in der Buchhaltung gut aus. Aber schon im ersten Kreis der Hölle wurden die jüdischen Geschäfte »arisiert«. Ein hergelaufener, wegen Vergewaltigung vorbestrafter, aber »reinrassiger« Vagabund bewarb sich als Nachfolger bei der Firma Reichert.

Gleich nach seinem Stellenantritt ließ der »Reinrassige« vorsichtshalber den Inhaber, Herrn Reichert, abtransportieren – es versteht sich von selbst, mit Frau und Sohn. Die jüdische Firma war vielversprechend, aber Herr Paulus kannte sich in der Seidenbranche nicht aus, noch weniger in der Buchhaltung – dunkle Geschäfte waren seine Spezialität! Er beschloß deshalb, einen großen Betrag an das Innenministerium, Abteilung 14, für einen dreckigen, aber unentbehrlichen Juden, Herrn Wassermann, zu bezahlen, damit dieser dem von der Regierung eingesetzten Arisator noch einige kleine Dienste erweisen konnte. Nachdem sich dieses für den Arisator kostspielige Privileg bezahlt gemacht hatte, ja, dann hatte der Mohr seine Pflicht getan und konnte gehen – doch vorerst sollte Wassermannbáči noch einmal aus dem Wartesaal des Todes zurückkehren . . .

Im großen Saal, der ersten Rampe zwischen Leben und Tod, wurden Wassermannbáči, seine Cousine, welche ihm die Kinder großgezogen hatte, und Susanna – warum wohl auch sie? – auf die andere Seite, die Seite des vorläufigen Lebens, gestellt. Die übrigen, deren Nummern ausgerufen wurden, kamen noch in derselben Nacht, während die slowakischen Familien ihren wohlverdienten Schlaf schliefen, in aller Stille, ohne Zeugen, ohne Aufsehen in die Viehwaggons, die auf einem Nebengeleise bereitgestanden hatten. Noch vor Anbruch des Tages wurden die Waggons verschlossen, plombiert und, mit dem Vermerk »1000 Stück« versehen, hinter die slowakische Grenze gefahren, wo sie auf immer verschwanden. Schon in Žilina hörten die Schmarotzer auf, als Menschen zu existieren; sie verwandelten sich dort in Nummern, und als solche wurden sie auch behandelt. Das liebliche Land mit dem guten Volk atmete jedesmal auf, wenn es so, Nacht für Nacht, um die tausend Juden erleichtert wurde.

Wassermannbáči, die Cousine und Susanna kamen am Morgen des nächsten Tages in eine der niedrigen Militärbaracken, die von beiden Seiten bewacht wurden. Dort befanden sich schon andere. Sie hockten auf dem kalten, mit ein wenig Stroh bedeckten Fußboden. Totenstille füllte die Baracke. In einer Ecke verkroch sich eine Familie mit Drillingen. Ein Drei-Mädel-Haus. Die Eltern trösteten sich und ihre drei Töchter damit, daß sie als Drillingsfamilie eigentlich schon eine genügende Ausnahme bildeten, um nicht abtransportiert zu werden. In der anderen Ecke der Baracke umarmte sich ein junges Ehepaar. Die Frau war hochschwanger. Susanna trug in ihrem Gepäck noch immer die warme Flaumdecke, die ihr die Mutter nach Sučany für die ungeheizte Kammer mitgegeben hatte. Diese Flaumdecke legte Susanna nun auf den nackten Fußboden und setzte sich darauf. Wie dankbar war sie ihrer guten Mutter!

Der Mann der schwangeren Frau kam auf Susanna zu und bat sie um die Flaumdecke für seine Frau. Susanna schaute nicht in seine Augen, auch nicht in die Richtung der schwangeren Frau; sie schaute auf den kalten Fußboden und behielt die Flaumdecke. Die Last dieser Todsünde wurde sie nie los ...

An der rechten Seite von Susanna lag Wassermannbáči, an der linken ein Advokat aus Hlohovec, Doktor Eisler. Er war Junggeselle und hatte sich seiner Lebtag noch nie sein Bett zurechtmachen müssen – das besorgte seine Wirtschafterin. Hier wirkte er so unbeholfen, daß Susanna für ihn das Nachtlager aus Stroh und seinen Habseligkeiten zurechtmachte. Dann in der Nacht, in der niemand schlafen konnte, erzählte der Junggeselle Bruchstücke aus seinem Leben. Das Licht in der Baracke war so spärlich – es kam von einer einzigen schwachen Glühbirne, die hoch oben an der Decke hing –, daß es die auf Leben oder Tod Wartenden kaum sichtbar machte.

Doktor Eisler flüsterte hastig und abgehackt: »Mein Großvater war ein Wohltäter. Er gründete in Hlohovec ein Waisen- und Altersheim für Insassen aller Konfessionen. Unsere Familie blieb dieser Tradition treu. Ich werde dieses Inferno nicht überstehen, Sie aber werden überleben, und ich beschwöre Sie, bitte Sie inständig, mir hier zu versprechen, daß Sie im Auftrag und Namen von all denen, die nicht überleben werden, die Aufgabe übernehmen, alles, was das jüdische Volk hier erleiden mußte, für die Nachwelt festzuhalten und niederzuschreiben. Es *darf* nicht unbekannt, vergessen und ungesühnt bleiben!« Dann wurde es hell, und ein neuer Tag brach an.

Einige Male in der Nacht kam einer von den »Schwarzen«. Alle mußten sofort im »Haptag« stehen; er marschierte in militärischem Schritt durch den langen Raum, schaute einigen länger ins Gesicht, und in diese gespannte Totenstille sagte er: »Du kommst mit . . . und du . . . und du . . .«

Mit dem Zeigefinger verdeutlichte er seine Entscheidung. Es gab kein Widersprechen und kein Entkommen. Niemand rührte sich. Man atmete kaum, denn jeder fürchtete, daß der »Schwarze« allein durch das Geräusch des Atmens auf ihn aufmerksam werden könnte.

Der Tag war leichter zu ertragen. Man hatte bis 22.30 Uhr Zeit; dann erst wurde damit begonnen, die Viehwaggons zu füllen. Das Tageslicht ist schon immer ein Gotteswunder gewesen. Bei Tag kann man die Dinge, die Menschen und die Gefahren sehen, aber bei Nacht? Solcher Nacht?

Wenn es hell wurde, rückten allmählich diejenigen, die geblieben waren, immer näher zu Wassermannbáči. Er strahlte in dieser Vorkammer des Todes Würde und Ruhe aus. Es genügte, ihn anzusehen oder zu berühren. Auch andere der hier Wartenden bewahrten Ruhe und Haltung. Für diese wurde sie zum Verhängnis, denn in den Augen der Gardisten war sie Ausdruck einer verächtlichen Beleidigung. Dieses Schicksal widerfuhr auch einem Arzt, der hinten im Raum ruhig und auf alles gefaßt an der Wand stand. Ein junger Gardist kam eines Nachts in die Baracke, marschierte langsamen Schrittes von einem zum andern und genoß sichtlich die Qual der strammstehenden Gestalten. Den, der die Menschenwürde auch hier nicht verloren hatte, schüttelte er wie einen leeren Sack Mehl und schlug den stolzen Kopf schimpfend und fauchend an die kahle Wand . . . er mußte gehen, noch in dieser Nacht, denn er hatte die Frechheit, in seinen Augen Mitleid mit seinem Peiniger zu zeigen . . . Auch die Drillinge verschwanden in dieser Nacht.

Eines Nachmittags kam ein neuer Gardist in die Baracke. Er

war nicht mehr so jung wie die anderen, ungefähr vierzigjährig. Auch er schaute sich im bekannten Muster alle Stehenden an. Bei Susanna blieb er stehen und befahl ihr, ihm zu folgen. Diejenigen, die bleiben durften, folgten ihr mit traurigen Blicken. Der Gardist ging voran, Susanna hinter ihm. Außerhalb der Baracke setzte er sich auf einen Abhang und befahl Susanna, sich neben ihn zu setzen. Dann fing er mit seiner Beichte an: »Weißt du, beim Betrachten der jungen Jüdinnen auf dem Stroh verspürt man schon Lust; aber es wäre eine Rassenschande, du weißt doch, Hände weg. Doch darüber wollte ich mit dir gar nicht sprechen, sondern von meinem schlechten Gewissen... Ich komme nämlich aus Príbovce, weißt du, wo das ist?«

Sie wußte es. Es war ein kleines Dorf unweit vom Heiligen Martin.

»Aber ich mußte nach Frankreich, in die Kohlengruben – bei uns gab es keine Arbeit. Von zu Hause erhielt ich eines Tages ein Schreiben unserer Gemeinde, in dem ich aufgefordert wurde, zurückzukehren, da es für mich eine wichtige Arbeit gäbe, bei der man kaum etwas tun müsse und trotzdem reich werde. Es gehe nur darum, Juden zu bewachen, sonst nichts... Ich überlegte nicht lange und kam. Doch ich muß dir gestehen, diese Arbeit kotzt mich an, und ich möchte lieber in der Grube in Frankreich mein Geld hart und ehrlich verdienen; dies ist keine Arbeit für mich...«

Der Gardist führte eigentlich einen Monolog, denn er schaute nicht auf Susanna, er schaute in sein Herz und brauchte nur einen Menschen neben sich, der ihm zuhörte. In diesem Fall mußte der Zuhörer ein Jude sein, damit er nicht als Verräter »an der slowakischen Sache« erkannt wurde. Ihn konnte kein fremder Ehering und kein jüdisches Geld beglücken. Er redete und redete. Das Gewehr lag wie ein nutzloser Ast neben ihm, und Susanna vergaß beinahe, wo sie sich befand. »Ich werde nicht lange hierbleiben, ich muß weg, ich brauche frische Luft, ich kann nicht mehr in diese Augen schauen...«

Die Last war weg. »Jetzt kannst du gehn«, waren seine letzten Worte. Er stand auf, der einfache, gute Mensch, der den Mist, der auf seiner Seele gelegen hatte, ausspucken mußte; er nahm das Gewehr und stellte sich wieder vor der Baracke auf. Susanna kehrte auf ihren noch immer freien Platz auf dem Stroh zurück und setzte sich hin. Niemand stellte Fragen. »Ich wußte, daß Sie zurückkehren würden«, sagte der Junggeselle. Das waren auch seine letzten Worte, denn in der folgenden Nacht zeigte ein diensttuender Gardist um halb elf nachts auch auf ihn: ». . . und du . . .« Er verschwand. Für immer. Nur sein Vermächtnis blieb. Und Susannas Versprechen, das in diesem Buch eingelöst wird.

Am nächsten Tag holte man Wassermannbáči und seine Cousine ab, denn die vorgeschriebene horrende Summe, die der hergelaufene Vagabund für ihn bezahlt hatte, wurde vom Innenministerium telegrafisch bestätigt. »Du kommst mit und gibst dich als meine Tochter aus«, flüsterte Wassermannbáči blitzschnell Susanna ins Ohr und zog sie mit sich. Sie wurden vorne und hinten von zwei Wachtposten begleitet. »Nicht nach rechts und nicht nach links schauen, immer nur geradeaus, zur Kanzlei«, lautete der Befehl der Begleiter. Dort saßen einige Herren hinter zwei breiten Tischen. Vielleicht waren die Tische so breit, damit der Abstand zwischen den namenlosen Numerierten und denen, die noch einen Namen hatten, deutlicher wurde. Einer hinter dem Tisch verlas ein Telegramm folgenden Inhalts: »Jude Adolf Wassermann und seine Gefährtin Jolana bis zur Abberufung vorübergehend entlassen.« Susannas Namen stand natürlich nicht im Telegramm; sie war ja auch nicht die Tochter von Adolf, sondern von Simon. Wollte es jemand, daß sie herauskam? Der Gestiefelte, der sie begleitete, stand in einer Ecke und betrachtete die junge Jüdin. Ihr Gesicht und die zwei Zöpfchen, die von ihrem Kopf hinunterhingen, gefielen ihm. »Diese mit den Zöpfen lassen wir uns; es sind genug alte und häßliche Hexen da – die sollen weg, die brauchen wir nicht!«
Ein Gelächter war zu hören, wie es von Männern, die über Weiber reden, bekannt ist. Obwohl der Schwarze in der Hierarchie der Gardisten ein Niemand war und auf der niedrig-

sten Stufe stand, durfte man seine Stimme als Jude nicht überhören und schon gar nicht ignorieren. Der Jude, der hinter dem breiten Tisch saß und noch einen Namen hatte, wurde aufmerksam: »Ja, schöne Jüdin, wie steht es denn mit dir?« – »Ich bin verheiratet...« – »Ach so, seit wann denn, wenn ich fragen darf?« – »Seit zwei Wochen.« Das Gelächter wiederholte sich und schüttelte diesmal auch den Juden hinter dem Tisch. »Da möchtest du doch sicher deinen Mann noch etwas genießen, he?« – »Ja, ich möchte zu ihm.« – »Das kann man wohl verstehen! Aber das geht nicht so leicht und einfach, meine Kleine, das weißt du doch wohl?« – »Ja, das weiß ich. Was müßte ich dafür tun?« – »Zum Beispiel einige tausend Kronen vorlegen!« – »Ich habe kein Geld.« – »Ja, wie willst du dann hinaus?« Auf dem breiten Tisch lagen zweierlei Listen, solche mit Nummern und solche mit Namen. Die Nummern sollten das liebliche Land sofort verlassen. Neben diesen »Totenlisten« lagen auch zwei kleine Papiere, die einen roten, diagonalen Streifen hatten. Auf diesen Papieren standen Namen. Richtige Namen von Menschen...Auf dem einen stand »Eva Eichhorn«, auf dem anderen »Marta Roman«. Darunter war der Aufdruck »wird als Frau des Arbeiter-Juden... entlassen«. »Ich bin auch die Frau eines Soldaten im Militärlager und...« – »Meine Kleine, bist du denn so dumm? Soldat sein genügt nicht, ausgepolstert muß man dazu noch sein mit Tausendern, und nicht nur einigen, sondern vielen, doch lassen wir das. Dir ist das ja klar?« – »Ja, ganz klar.«
Die Sache mit Wassermannbáči war erledigt, und er mußte die Kanzlei verlassen. Der Gardist war ungeduldig. »Aber es wäre doch schade, wenn deine Flitterwochen schon vorbei wären, du sollst noch zu deinem Mann«, sagte jemand im Hintergrund. Susanna erhielt den Zettel mit dem roten Diagonalstreifen. Sie wurde damit von einem Juden auf die Seite des Lebens gestoßen...

Die letzte Nacht, die Wassermannbáči und Susanna zusammen in der Baracke verbrachten, war elend. Sie fühlten sich unter den Stummen, die wie ein Uhrpendel zwischen Leben und Tod hin und her schwankten, wie Verräter. Um halb elf holte man noch einige ab, damit die Zahl tausend in den Waggons erreicht wurde und bei der Übergabe an die Deutschen keine Schwierigkeiten entstanden. Die Entlassung aus der Vorhölle des Todes verzögerte sich. Man hatte im Sammellager Žilina Wichtigeres zu tun. Nach der unendlich langen Nacht kam ein hektischer Tag. Alles konnte sich noch ändern, nichts war hier sicher, nur der . . . Draußen auf dem Hof hörte man Lärm und laute Stimmen – die Stimmen der Neuen. Man verstand nichts, und das war gut. Es war wie das Heulen des Meeres, und die Stille in der Baracke tat gut.

Susanna erhielt von jemandem, den sie nicht kannte, einen kleinen Laib Brot. Als sie diesen in Stücke teilte, fiel ein zusammengerollter Zettel auf den Boden. Er war von Schmuels Mutter. Sie schrieb: »Mein gutes Kind! Verzage nicht! Deine Mutter Frieda.« Sie, ihr Mann und der jüngere Sohn Jakob standen am nächsten Tag auf dem Hof des Sammellagers im summenden Meer. Der Fremde kam nochmals gelaufen und sagte zu Susanna: »Die Eltern deines Mannes sind hier . . .« An diesem Tag herrschte im Lager eine außergewöhnliche Aufregung, und nur dieser verdankte es Susanna, daß es ihr gelang, den Ausgang aus der Baracke zu passieren. Sie sahen einander, durften jedoch nicht voneinander Abschied nehmen. Der Vater starb noch auf der Reise im Viehwaggon. Seine letzten Worte sollen gewesen sein: »Einmal in meinem Leben fahre ich auf Staatskosten!« Der achtzehnjährige Sohn, der singende und pfeifende Malergeselle, meldete sich freiwillig und begleitete seine Eltern auf der letzten Reise. Er starb in Auschwitz an Typhus und Erschöpfung. Die kränkliche, tapfere Mutter starb als letzte im selben Sommer.

Außer den Fotografien, die Frau Vandlíčková, eine gute Schneidersfrau, nach der Versteigerung der Wohnung auf dem Misthaufen gefunden und aufbewahrt hatte, blieb nur noch das rote Gebetsbüchlein mit der eigenhändig geschriebenen Widmung zurück.

Als die Neuen gezählt, numeriert und im Waggon verstaut

waren, kamen die »Entlassenen« dran. Sie standen stramm in Reih und Glied – deutsche Schule – und hörten noch einmal die Direktiven des Kommandanten: »Was ihr hier gesehen und erlebt habt, darüber wird außerhalb des Lagers nicht gesprochen!« Unweit der Entlassenen standen zwei Soldaten der regulären slowakischen Armee. Das war im Lager ein Novum . . . In kurzer Zeit stellte sich jedoch heraus, daß es jüdische Arbeitssoldaten waren, in entliehenen grünen Uniformen, die ihre Frauen mit dem roten diagonalen Streifen abholen wollten. Die grünen Uniformen sollten bei den Gardisten Respekt, bei den »lebendigen Nummern« kein Aufsehen erregen. Die getarnten jüdischen Soldaten hatten schon ihre Erfahrungen und auch gute Freunde unter ihren Bewachern, die für Geld, Schnaps oder auch aus Menschlichkeit ihre grüne Uniform für einen Tag »vermieteten«. Ob die zwei Glücklichen das horrende Lösegeld bezahlt hatten, wußte Susanna nicht.

Schmuel stand nicht da . . . Der Stellvertreter-Kommandant des Sammellagers, einer der höchsten Herren über Leben und Tod, war Schmuels ehemaliger Mitschüler im Realgymnasium in Žilina. Warum stand Schmuel nicht da? Warum kam er nicht? Warum versuchte er nicht, seine Frau, die er doch liebte und die ihn liebte, vor dem sicheren Tod zu retten? Durfte oder konnte er nicht kommen? War es die Angst um sein eigenes Leben? Oder war seine Liebe nicht stark genug? Vielleicht war er der Sohn seines Vaters, der nicht bitten konnte, obwohl er in der obersten Hierarchie der slowakischen Faschisten auch viele einflußreiche Kollegen und Bekannte gehabt hatte, und lieber in den Tod ging, als zu bitten? Der Vater hatte keinen einzigen Bittgang zu diesen großen Herren getan, nicht für sich und nicht für seine Familie. War er ein ehrlicher Mensch bis zu seinem Tod geblieben, ein Held? Und sein Sohn? Schmuel?

Susanna trat allein vor das bewachte Tor hinaus, begleitet von Gedanken und Fragen, die niemand beantworten konnte. Sie hat auch nie erfahren, warum Schmuel nicht da gestanden hatte, denn sie hat ihn nie danach gefragt . . .

In der Hand hielt Susanna einen kleinen weißen Zettel mit einem roten Diagonalstreifen, der im Jahre 1942 Leben bedeutete.

Als Susanna und Wassermannbáči in Žilina »entlassen« wurden, fuhren sie nach Sučany zurück. Doch das Dorf war ihnen fremd geworden. Es fehlten die vertrauten Gesichter von gestern und die Juden ... Wassermannbáči erhielt nach wenigen Tagen die Nachricht, daß seine Frau in der Irrenanstalt gestorben sei. Jetzt erst war er seines Ehegelübdes enthoben, und er ging mit Jolana zum Notar und ließ sich mit ihr trauen. Er weilte ganze zwei Wochen nach seiner »Entlassung« in Sučany. Dann konnte der Arisator selbst das jüdische Unternehmen führen und brauchte den Juden nicht mehr. Der Jude wußte schon bei seiner Ankunft Bescheid. Er wußte, daß auch seine Tage gezählt waren. Und er war zufrieden, denselben Weg zu gehen, den fast alle Juden seiner kleinen Gemeinde schon vorangegangen waren. Die Hochzeitsreise wurde im Viehwaggon gefeiert und endete in Auschwitz.

In Sučany war eine kleine Bank. Der Sekretär war ein schöner, schüchterner Mann, ein Slowake, der ein guter Freund von Wassermannbáči gewesen war. Als dieser seine »Hochzeitsreise« angetreten hatte, kam der wortscheue Bankbeamte zu Susanna und übergab ihr siebzehnhundert Kronen mit folgenden Worten: »Nehmen Sie dieses Geld! Es gehörte der jüdischen Gemeinde, und ich, als Protestant und guter Freund von Herrn Wassermann, möchte nicht, daß dieses Geld in die Hände der Gardisten gelangt. Ich weiß, Sie haben eine kranke Schwester ...« Für dieses Geld kaufte Susanna Insulin und bezahlte dem Kreisarzt im Heiligen Martin das Honorar für ein ärztliches Zeugnis.

Die kranke Schwester

Susannas jüngste Schwester war dreizehn Jahre alt, als sie erfuhr, daß sie nicht mehr zur Schule gehen durfte. Sie war voll erblüht und hatte in der Klasse viele Verehrer. Auch war sie die beste Schülerin. Als das Unheil auf sie zukam, konnte sie es nicht fassen, und sie wurde schwer zuckerkrank. Die Ärzte wurden wortkarg und verordneten dem Kind eine strenge Diät mit viel Fleisch und Obst, neben Insulin. Alles war teuer und für den arbeitslosen Simon fast unerschwinglich.

Nach einer kurzen Zeit ging die schöne und kluge Tochter als Kindermädchen nach Trenčín. Dort erfuhr sie bald, daß Schönheit nicht nur Bewunderung, sondern auch Neid hervorrufen kann. Es war die »Oma«, die ihr verbot, am Abend das Haus zu verlassen und ihr auch sonst das Leben sauer machte. Sie mußte aber ausharren, denn sie wollte nicht als Versagerin zu den Eltern zurückkehren. Es blieben ihr nur die Nächte, um sich auszuweinen. Sie wußte auch, daß Simon und Paulina von Gerstenkaffee und Brot lebten. Hier bekam sie Fleisch, Obst und achtzig Kronen monatlich. Ihr Zustand verschlechterte sich dennoch zusehends. Sie mußte ins Spital eingeliefert werden. Man sah ihr die Krankheit nicht an, auch nicht die ungezählten Einstiche der Spritzen unter dem Rock. Nur die Ärzte wußten, wie gefährlich ihr Zustand war. Susanna unterrichtete in dieser Zeit an der jüdischen Schule in Sučany, von wo sie zu Fuß – um das Reisegeld zu sparen – quer über den Hügel Hladomer (Hungerberg) wanderte, um ihre kranke Schwester im Spital zu besuchen. Susanna teilte ihr kleines Gehalt zwischen ihren Eltern und ihrer Schwester auf. Sie selbst trank am Morgen und am Abend süße oder saure Milch und aß »Militärbrot«, das ihr Schmuel jede Woche mitbrachte.

Eines Samstags besuchte Susanna wieder ihre Schwester in Heilig Martin. Sie lag im Bett, ihre Wangen waren rosig und glatt. Es klopfte an die Tür. Die Krankenschwester trat ein und sagte:»Fräulein Lewy, ein Gardist möchte Sie sprechen.« Der Gardist war ein Kaminfegermeister aus Heilig Martin. »Ziehen Sie sich an und kommen Sie mit!« Die Krankenschwester rief die Ärzte. »Unsere Patientin kann nicht weg, sie ist schwer zuckerkrank; wir können keine Verantwortung übernehmen.« – »Die übernehme ich, kümmern Sie sich gefälligst nicht weiter um diesen Fall, wie Sie das fachmännisch nennen, und im übrigen erzählen Sie das Märchen von schwerer Zuckerkrankheit Ihrer Großmutter; so ein junges Ding... mir können Sie nichts vormachen!« Alle standen sprachlos neben der Zuckerkranken. »Los, los!« schrie der Uniformierte. Susanna ging auf ihn zu und bat ihn:»Darf ich ihr noch Insulin und Spritzen besorgen?« – »Das dürfen Sie, aber sie muß in einer halben Stunde bereit sein!« Sie war bereit. Die Ärzte bewirkten noch einen kurzen Aufschub. »In so schweren Fällen muß der Kreisarzt die Bewilligung zum Abtransport erteilen.« Der Gardist lachte:»Holen Sie die Bewilligung ein, sie muß mit, auch wenn Sie den Teufel zu Hilfe rufen sollten, so wahr ich Ferienčík heiße; das Mäuschen darf mir nicht entschlüpfen! Dann also bis morgen, zehn Uhr!« Er salutierte und verabschiedete sich mit dem Gruß der slowakischen Faschisten:»Na stráž.«

Die Zuckerkranke wurde ins städtische Gefängnis eingeliefert. Susanna sagte ihr noch, bevor das Schloß zufiel:»Ich komme bald zu dir.« Der Kreisarzt hatte unwillig und zögernd auf Grund der ärztlichen Zeugnisse aus dem Krankenhaus eine Bestätigung ausgestellt, in der folgendes stand: »Die Genannte kann vorläufig nicht abtransportiert werden, denn ihr Gesundheitszustand erlaubt es nicht. Sie hat sechseinhalb Prozent Zucker.« Für die Bestätigung verlangte er dreihundert Kronen. Susanna bezahlte sie von dem Geld, das der inzwischen nicht mehr existierenden jüdischen Gemeinde gehört hatte. Dann kehrte sie mit dem ärztlichen Zeugnis ins Gefängnis zurück. Für einen »warmen Händedruck« ließ der Wächter Susanna zu ihrer Schwester. Als er das große Schloß aufsperrte, sagte er gutmütig:»Eine solche

Kundin könnte ich öfters brauchen, ha, ha, eine, die fürs ›Loch‹ auch noch bezahlt!« Die beiden Schwestern konnten nicht schlafen. Als die Tränen versiegt waren, schlugen sie mit den Fäusten an die verschlossene Tür. Weshalb sie das taten, wußten sie nicht. Vielleicht aus Angst und Verzweiflung? Man hörte Schritte. Der »gutmütige« Wächter schrie: »Still, Bestien, es hilft euch nichts!« Um zehn Uhr morgens kam der Gardist, der einstige Kaminfegermeister, nicht in seiner beruflich-ehrlichen Uniform, sondern in der eines Judenfängers. Er saß auch nicht auf einem Fahrrad wie früher, sondern in einer eleganten, schwarzen Limousine. »Gut geschlafen, Fräuleins?« Er saß vorne neben seinem Chauffeur und machte es sich bequem.

»Hier ist das Zeugnis vom Kreisarzt«, sagte Susanna schüchtern und überreichte ihm das wertvolle Papier, das für ihre Schwester Leben bedeuten sollte. Der Gardist streckte lässig die Hand nach hinten aus, so wie nebenbei, nahm das uninteressante Papier zwischen zwei Finger, schaute es nicht einmal an und zerriß es in kleine Stückchen. »So, und jetzt können wir ruhig über alles reden. Ich brauch' kein Zeugnis! Das ist doch nur ein Fetzen Papier. Wenn du freikommen willst, mein schönes Mäuschen, dann brauche ich einen Betrag, der bei zehntausend beginnt, verstanden?« – »Herr Gardist, ich habe kein Geld, und mein nächstes Monatsgehalt beträgt neunhundertdreizehn Kronen; sechshundert davon könnte ich Ihnen geben.« Er lachte böse – mit Recht, bei einem solch lächerlichen und beleidigenden Angebot! »Meinen Sie das im Ernst? Ich bin kein Bettler, oder machen Sie sich etwa lustig über mich?« – »Nein, wir haben kein Geld . . .« – »Ja, dann wären ausnahmsweise noch andere Möglichkeiten, zum Beispiel . . . ich habe eine alte, ausgemergelte Frau, einen Besenstiel, der zu nichts mehr taugt, schon gar nicht im Bett . . . auf der Martinska-Alm hätte ich ein schönes Ferienhaus . . . dort könnten die beiden Damen bequem wohnen und hie und da mit uns – nicht wahr, Michael – lustige Feste feiern!« Er klopfte seinem Chauffeur vertraulich auf die Schulter. »Na, wie gefällt Ihnen mein Vorschlag, liebes Fräulein Lehrerin?«

– »Diesen Preis lehne ich ab.« Während des letzten Stück Weges nach Žilina sagte niemand ein Wort.

Im Lager heiratete die Zuckerkranke einen bekannten jüdischen Hockeyspieler, der einst in derselben Mannschaft gespielt hatte wie der Lagerkommandant. Auch auf diese Weise konnte man sich in seltenen Fällen für eine kurze Zeit retten. Susanna blieb einige Tage in Žilina und versuchte vergeblich, ihrer Schwester zu helfen. So stand sie eines Tages wieder vor dem bewachten Tor, hinter dem sich auch ihre Schwester befand. Ein älterer Gardist hatte beim Eingang Dienst. Drei Schritte rechts, drei Schritte links. Susanna beobachtete sein Gesicht. Es war länglich und dunkelhäutig. In einem kurzen Augenblick trafen sich ihre Augen, und es war ein warmer Strom, der von einem Augenpaar zum anderen floß. »Komm näher, aber vorsichtig; ich habe deine Schwester gesprochen. Morgen um Mitternacht – dann habe ich Dienst – kannst du sie abholen.« Dann schaute er nicht mehr in Susannas Richtung. Žilina war in dieser Zeit eine Gespensterstadt, voll schwarzer Uniformen, Gefahren, Spitzel. Es waren keine Rattenfänger, sondern alle begaben sich auf Judenjagd. »Rette sich, wer kann! Verpfeife, wen du siehst! Verrate, was du hörst! Sag, wo, wer, wen versteckt!« – das waren die Parolen dieser Stadt.

In der nächsten Nacht stand Susanna lange vor Mitternacht im Schatten einer Straßenlaterne. Sie mußte an die Dirnen denken, die auch so stehen, die Ärmsten. Eine Turmuhr schlug in der Ferne Mitternacht. Das Tor öffnete sich nur einen Spalt weit, und die Schwester schlüpfte hinaus. Die beiden eilten, um aus der Umgebung des Lagers und dem Lichtkegel der grellen Scheinwerfer zu verschwinden. Sie irrten in den dunklen, unbekannten Gassen umher bis in die Morgenstunden. Sie versteckten sich hinter Mauern und Bäumen, wenn sie Schritte oder Stimmen hörten, denn sie wagten es in dieser entmenschlichten Stadt nicht, ohne den gelben Stern und ohne Ausweis zum Bahnhof zu gehen, wo die meisten

172

Spitzel und Uniformierten ihren Standort hatten. Wohin sollten sie nur gehen? Sie hatten kein Zuhause mehr. Sie wußten nicht, was sie mit der durch ein neues Wunder erlangten Freiheit beginnen sollten . . .

In Sučany wohnte ein Verwandter, der als Arzt die Bewilligung hatte, im Dorf noch für eine gewisse Zeit die Stelle eines Hilfsarztes zu bekleiden. Er hatte zwei Kinder, eine achtzigjährige Mutter, eine Schwiegermutter und natürlich seine Frau bei sich. Sie alle wohnten in Simons ehemaligem Haus. Voll Angst nahmen sie die Zuckerkranke bei sich auf. Diese spürte deren berechtigte Sorgen. Von da aus fand die Schwester anschließend Zuflucht bei ihrem ehemaligen Lehrer, der im Badeort Piešťany wohnte. Sie lebte hier mit arischen Papieren. Wer sie verraten oder angezeigt hat, hat man nie erfahren. Sie wurde als Achtzehnjährige ins Konzentrationslager Ravensbrück gebracht. Dort kam sie nach kurzer Zeit um; oder wurde sie umgebracht? Wo sind die Zeugen, die das unterscheiden könnten? Ihr Mann, der bekannte Hockeyspieler aus Poprad, liegt neben einer Waldhütte in Kunerad verscharrt.

Das Leben der noch lebenden Juden hing an verschiedenen Fäden, die alle gleichermaßen haardünn waren. Ein solcher Faden war das Bezirksamt im Heiligen Martin. Da konnte man, wenn man viel Geld oder Beziehungen hatte, oder wenn ein Wunder Gottes geschah, eine Bewilligung zum kurzen oder längeren Überleben erhalten. Susanna hatte keine der erstgenannten Möglichkeiten, sie setzte auf Gottes Wunder – warum wohl? Sie und der liebe Gott, eine eigenartige Freundschaft! Susanna war vierundzwanzig Jahre alt, verliebt und geliebt, sie wollte überleben . . . Eine schöne Kristallvase, die sie zur Hochzeit erhalten hatte, wickelte sie in weiches Papier ein und steckte sie in eine schäbige Tasche. Dann ging sie zu Fuß über den Hungerberg nach Heilig Martin zum Bezirksamt. Nach langem Warten gelang es ihr, bis zum Sekretär des Bezirksvorstandes vorzudringen. Dieser bestimmte, wer wann zum Vorgesetzten eingelassen wurde. Die schöne Vase steckte er ganz selbstverständlich in seine Schublade und stellte sich dicht an Susanna. Zuerst betastete er mit den Augen langsam und geil ihre Gestalt. Er ließ sich Zeit, er hatte es nicht eilig. Er genoß sichtlich das Ausgeliefertsein seines Opfers. Dann kam er noch einen Schritt näher, zwickte Susanna in die Brust, und nach einem höhnischen Gekicher stieß er sie zur Tür des Vorgesetzten hinein. Sie konnte vor Scham und Wut nicht sprechen und verließ das Zimmer, ohne ein Wort gesprochen zu haben. Draußen atmete sie auf. Die Luft war voll Sonne, und ein kühler Wind streichelte ihr brennendes Gesicht.

Ein Kind kommt zur Welt

Paulinas Schwester, der Witwe in Trenčín, blieb eine einzige Tochter. Diese sah ihrer Mutter nicht ähnlich. Sie war schwach, gebrechlich wie eine Treibhauspflanze und auch nicht begehrenswert wie ihre Mutter. Männer drehten sich nicht nach ihr um. Sie weinte erst heimlich, dann auch am hellichten Tag. In solchen Fällen griff man nach einem Schadchan, und die einzige Tochter wurde verheiratet. Man sprach schon bald davon, daß der Schwiegersohn eher zu seiner Schwiegermutter gepaßt hätte als zu deren Tochter. Trotzdem schlief er mit seiner Frau. Sie wurde unzählige Male schwanger, trug aber kein Kind aus. Die Gebärmutter war so schwach wie sie. Im Laden ihrer Mutter sah die einzige Tochter täglich gesunde, lachende Kinder, denen sie Mäntelchen und Kleider anprobierte. Jedes Kind und jeder Tag bedeutete eine Qual für sie. Sie lächelte bitter und streichelte die weichen Locken fremder Kinder. Man zählte ihre Schwangerschaften nicht mehr. Am meisten schämte sie sich vor ihrem Mann, aber auch vor anderen Leuten. Nach sechzehn Jahren Ehe war es wieder soweit. Sie hoffte auch diesmal von neuem auf ein Wunder. Alle, die davon wußten, logen und redeten ihr ein, daß es diesmal gewiß oder doch wahrscheinlich klappen könnte. Sie alle konnten natürlich nicht hoffen, denn sie wußten ja schon lange Bescheid, doch sie wollten und durften der unglücklichen Frau auch diesmal die Hoffnung nicht nehmen.

Das Unmögliche wurde wahr! Im Jahre 1942! Die einzige Tochter, die unfruchtbare Frau, gebar nach sechzehn Jahren ihrer kinderlosen Ehe einen gesunden Sohn.

Die Witwe, die Mutter der einzigen Tochter, wurde also nach sechzehn Jahren Großmutter. Im Jahre des Unheils, 1942 ... Sie konnte und wollte nicht zu ihrer Tochter in die Geburtsklinik, und sie brachte es auch nicht über sich, ihr einziges Enkelkind anzusehen. Sie war klug genug, und sie sah mit offenen Augen das unausweichliche Schicksal auf sie alle zukommen. Was sollte sie ihrer Tochter sagen? Die Ausreden, die sie der glücklichen Mutter übermitteln ließ, reichten schon am zweiten Tag nicht mehr aus. Die verzweifelte Witwe schickte ein Telegramm an Susanna. Simon vermutete erneut, die Witwe sei krank. »Geh, mein Kind, sie brauchen dich ...« Er küßte sein Kind und hielt es länger als sonst in seinen Armen. Auch flüsterte er ihr etwas ins Ohr, das sie aber nicht verstand und nach dem sie nicht fragen mochte. In ihrem Herzen fühlte sie, daß es nur der Segen ihres Vaters, den er heute so innig und lang ausgesprochen hatte, sein konnte.

Das Spital mit der Geburtsabteilung befand sich am anderen Ende der Stadt Trenčín. »Du kannst als einzige zu ihr gehen und ihr sagen, daß ich krank, oder noch lieber, daß ich zu schwach für einen Besuch bei ihr sei. Sag ihr auch dasselbe von ihrem Mann, oder doch vielleicht nicht, denn sie würde es kaum glauben, daß er sie und das Kind nicht sehen will. Ich weiß nicht, was du ihr sagen kannst, außer, daß sie sich nicht zu sehr ängstigen soll, um ihre Muttermilch nicht zum Versiegen zu bringen ... Sag ihr, was dir der liebe Gott auf die Zunge legt ...« stotterte die Witwe.

Der Arzt erlaubte niemandem, die Mutter und das Kind zu besuchen – welch kluger Mann! Jeder Besuch könnte das

Schlimmste heraufbeschwören, denn in Trenčín, wie in den übrigen slowakischen Städten, liefen die Transporte mit der menschlichen Ware auf Hochtouren. Tag und Nacht. Niemand war sicher, wann er abgeholt würde. In Trenčín ging auch an diesen Tagen die Sonne auf und unter, und es wurde Nacht. Man legte sich ins Bett, um den anderen vorzutäuschen, daß man schlafen gehe. Die Nacht war die Zeit der Ruhe für Vögel, Tiere und manche Menschen, die man nun Arier nannte, nicht aber für die Juden.

Um halb zwei morgens, als der Tag sich noch kaum merklich meldete, läutete es. Drei Gardisten mit Gewehren im Anschlag traten ein. »Bereiten Sie sich vor, der Transport fährt in fünf Stunden ab. Das betrifft Sie, Ihre Frau und die Alte!« Die Alte saß auf dem Bett und rührte sich nicht. »Meine Frau? Sie hat vor zwei Tagen ein Kind geboren«, stotterte der Schwiegersohn. »Wo ist Ihre Frau und das Kind?« fragte einer der schwarzen Männer. »Sie ist ... das Kind ist zwei Tage alt ...« – »Und wer ist diese da?« Der zweite der Schwarzen drehte sich zu Susanna um. Sie zeigte ihren ungültigen Reiseausweis. »Wieso sind Sie hier nicht gemeldet? Sie wissen doch, daß sich Juden binnen zwölf Stunden melden müssen!« schrie er in die heilige Morgenstunde. – »Ich bin erst am Vorabend angekommen ...« – »Was machen Sie denn hier?« – »Ich ...« Er schaute sie an, sah ihr lockiges Haar und ihre dunklen Augen. »Ich könnte Sie schnappen, das wissen Sie wohl, aber ich drücke beide Augen zu; dafür helfen Sie diesen beiden Mumien, die da wie beschissen sitzen, anstatt sich vorzubereiten ...«
Susanna stand auf und sah die zwei »Mumien« gebückt, bleich, regungslos wie Leichen auf ihren Betten sitzen. Sie fand im Schrank einige Kleidungsstücke und zog sie der geistesabwesenden, gelähmten Witwe an. Ihre Arme und Beine waren schwer wie Blei und fielen immer wieder wie abgesägte Äste neben den leblosen Körper. Die Augen waren starr; keine Trauer, keine Tränen und kein Leben war mehr in ihnen. Sie waren auf einen unsichtbaren Punkt gerichtet. Su-

sanna packte einige Sachen in einen kleinen Koffer. Dann verließ sie die lebendigen Leichen und lief wie besessen durch die noch stillen Straßen der schlafenden Stadt auf die andere Seite des Städtchens zur Geburtsklinik.

Der Nachtwächter wollte Susanna den Zugang verwehren. Sie konnte ihm ja auch nicht erklären, weshalb sie um diese Zeit gekommen war und wen sie suchte. Sie gestikulierte nur mit den Händen, aber der Wächter verstand nichts. Doch dann öffnete er kopfschüttelnd das Tor und ließ sie eintreten. Auch der Arzt verstand zuerst nichts. Er war kein Jude. Als er endlich begriffen hatte, worum es ging, wollte er es nicht glauben, und er schaute Susanna prüfend an. »Sie müssen mir eine Bestätigung geben, daß vorgestern . . .« Der Arzt steckte die Bestätigung in einen amtlichen Briefumschlag und klebte ihn zu. Der Umschlag wurde beim Bezirkshauptmann geöffnet und nach mehrstündigem Hin und Her – wer wollte denn schon als Judenbeschützer in Verdacht geraten? – mit Unterschrift und Stempel versehen. Das bedeutete in diesem Augenblick Rettung für zwei Menschenleben. Der Satz, der das vorläufige Leben des Vaters und der guten Großmutter bedeutete, lautete: »Die obgenannten Juden sollen bis zur weiteren Verfügung vorläufig nicht abtransportiert werden.« Mit dieser Verfügung lief Susanna zum Bahnhof, wo auf einem blinden Geleise die überfüllten Viehwaggons standen. In einem fand man die Witwe und ihren Schwiegersohn. Sie wurden herausgeholt und durften zurück. Zurück? Der Zug fuhr eine halbe Stunde später ab: Žilina-Auschwitz.

Die Wohnung war bereits versiegelt, die Bewohner abgeschrieben, der Weg »zurück« versperrt. Die Witwe und ihr Schwiegersohn hatten sich in dieser unheilvollen Nacht so sehr verändert, daß Susanna zwei fremde Menschen in Empfang nahm. Sie ging mit ihnen durch Straßen, die noch vor wenigen Stunden bekannt und lieb gewesen waren. Es waren für sie fremde Straßen und fremde Menschen geworden. Sie setzten sich auf die Treppe vor ihrer versiegelten Wohnung und schwiegen. Eine unheimliche Stille und Starre überwältigte sie. Nicht nur ihre Körper, auch ihre Seelen erstarrten. Susanna stand bei ihnen. Plötzlich überfiel sie eine unbeschreibliche Unruhe, große Angst und Sehnsucht. Sie wollte in Simons Nähe sein, an seiner breiten Brust weinen. »Laß sie jetzt nicht allein«, sprach eine innere Stimme, »deine Eltern brauchen dich.« – »Ich muß jetzt gehn, Tante Malči, zu meinen Eltern, vielleicht brauchen Sie mich«, sagte Susanna laut. »Wenn bei ihnen alles in Ordnung ist, komme ich wieder.«

Besuch im Elternhaus

Der Zug fauchte und pfiff wie immer. Die Menschen stiegen ein und aus, hoben und schoben ihre schweren Koffer und Taschen, spuckten auf den Fußboden; die Kinder schauten aus den Fenstern; die Telefonmasten und Felder rasten vorbei. Auch die Stadt, in der Simon wohnte, war ruhig und alltäglich. Die Waag floß übermütig wie immer unter der langen Eisenbahnbrücke durch, die Autos, die Leute, der Rhythmus des Alltags schien durch nichts gestört, Susanna nahm alles gespannt in sich auf. Sie wollte herausfinden, bevor sie das elterliche Haus betrat, ob in Púchov die Juden noch nicht zusammengetrieben wurden. In den Gesichtern und den Augen der Vorbeigehenden sah sie nichts. Ihr Herz beruhigte sich allmählich. Sie könnten doch nicht so ruhig und teilnahmslos auf den Straßen gehen, wenn ... Die schlaflose Nacht und die Aufregungen in Trenčín hatten unter Susannas Augen dunkle Ringe hinterlassen. Ein vorübereilender junger Mann bemerkte höhnisch: »Du hast wohl eine amüsante Nacht hinter dir, wie?«
Dann stand sie endlich vor ihrem Elternhaus. Es war weit entfernt vom Bahnhof, und sie war müde. Die Eingangstür war grau gestrichen, die Glocke glänzte. Sie läutete. Wie nahe war Simon, ihr guter Vater ... Die Tür ging auf. Simons Augen traten aus den Höhlen, wurden groß und trüb, es waren nicht mehr seine Augen. Es waren fremde Augen, die ein

Gespenst erblickten. »Mein Kind, du bist hier, jetzt?« Er umarmte sie mit einem eisernen Griff, bis sie stöhnte. Hinter Simons Rücken sah Susanna ihre Mutter. Sie war ruhig und trug drei Kleider auf sich. Ganz oben das graue mit den roten Tupfen, das einzige, das sie sich in den letzten zwanzig Jahren hatte nähen lassen. Simon weinte. Das zweite Mal in seinem Leben und gewiß auch das letzte Mal. Paulina weinte nicht. Wie war das möglich? Sie hatten beim Abschied von ihrem Kind die Rollen vertauscht. Wieso weinte die Mutter nicht? Sie weinte doch sonst bei jedem kurzen Abschied und auch beim Wiedersehen. Vor Freude und vor Kummer – im Unterschied zu den Slowaken, die den Kummer wie die Freude mit einer Flasche zu begießen pflegten. Paulina hatte vor Susannas Abreise ins Seminar wie auch bei der Rückkehr geweint. Sie weinte oft. Jetzt aber stand sie mit ihren achtundvierzig Jahren tapfer und tränenlos da in ihren drei Kleidern, bereit zu gehen ... Simon hatte sonst nie Tränen. Jetzt weinte er, beim letzten Abschied vor der Reise in den Tod. Wer vertauschte ihre Rollen? Erst nach vielen Jahren kam Susanna zu einer möglichen Erklärung: Hätte Simon beim letzten Abschied seinem Schmerz und seiner Trauer nicht das Ventil geöffnet, hätte er ersticken müssen. Und Paulina? Sie stand ruhig und gefaßt an seiner Seite, denn sie hatte sich immer nur gewünscht, mit ihm zusammen sterben zu dürfen, nicht ohne ihn zurückzubleiben. Sie glaubte jetzt, daß Gott ihr Gebet erhörte, und sie war Ihm dankbar dafür. Wenige Wochen zuvor, als man andere Juden zusammengetrieben hatte, hatte sie noch gesagt: »Uns kann man doch nicht einfach wegschikken ... Warum? ... Wir haben niemandem Böses getan, und wir sind arm; hier sind wir geboren, mein Vater und sein Vater ... ich werde nicht gehen, mich nicht von der Stelle rühren ... ich will bis zum Tode mit dir, Simon, hierbleiben ...«

Der katholische Priester, der Präsident des slowakischen Staates, machte – wie es sich für einen Seelsorger schickt – Ausnahmen. Wie komisch das auch immer im 20. Jahrhundert klingen mag, er führte die Inquisitionsgesetze der spani-

schen Jesuiten ein: Wer sich bis . . . oder seine Kinder . . . taufen läßt, wird als Jude begnadigt, darf also bleiben, muß nicht
auf dem Scheiterhaufen der Neuzeit, in den Gaskammern,
verbrannt werden.
Irene hatte sich »rechtzeitig« taufen lassen, doch sie war für
Simon »tot«, und er ging in den Tod, ohne den Taufschein
seiner »toten« Tochter vorzuzeigen und so sein und Paulinas
Leben zu retten.

Zu der Zeit, als Susanna die Mutter und den Schwiegersohn
in Trenčín aus dem Viehwaggon herausholte, waren die Gardisten bei Simon. »In zwei Stunden werdet ihr euch melden
und bereit sein!« In diesen zwei Stunden fuhr Susanna zu
ihren Eltern. Wer weckte in ihrem Herzen die Unruhe und
die Vorahnung des Unheils? Genau zu der Zeit, als man ihre
Eltern abholen kam?
Die zwei Stunden waren vergangen. Der Oleander stand in
der Ecke voller Blüten. Die alte bronzene Uhr schlug zwei.
»Du mußt gehen, mein Kind, dich sollen sie hier nicht finden,
dich haben sie nicht gesucht.« Er stieß sein Kind zur grauen
Tür hinaus und schloß ab. Die Welt verschmolz in eine unbestimmte, formlose Masse, und alle Laute kamen nur von innen. Susanna stand wie ein Bettler vor der verschlossenen
Tür. Es gab keine Straße, keine Häuser, keine Menschen. Sie
fühlte nichts, sie hatte kein Gewicht und keine Gedanken. In
diesem Zustand der Schwerelosigkeit kam sie ans Ufer der
Waag. Seit einiger Zeit stand zwischen der Stadt und dem
Fluß eine hohe Mauer. Sie ließ Susanna nicht durch. Sie war
zwar leicht, konnte fliegen . . . Sie lehnte an der Mauer und
fing an zu lachen. Erst schwach, wie ein Gurren, dann steigerte es sich bis zum Krampf und zur Atemnot. War jemand
außer ihr am Ufer? Vielleicht. Sie sah niemanden. Sie war
allein und lachte in den Himmel hinein. War jemand da, der
sie zum Lachen brachte? Der ihr half, das Ungeheuerlichste
zu überleben?
Als der Lachkrampf sich löste, kehrte sie zur grauen Tür zurück. Diese war bereits versiegelt. Sie schaute dann durch das

Gitter des Schulhofes auf die Menschen, die dort zusammengetrieben worden waren. Sie standen da wie Salzsäulen neben ihren Koffern. Unter der Dachrinne entdeckte sie ihre Eltern. Wie zwei verwelkte Blumen. Das getupfte Kleid und Simon. Sie öffnete das Tor; der Gardist ließ sie eintreten. Noch einmal berührte sie das Gesicht der Eltern und deren Hände. Das letzte Mal. Dann trennte sie das Gitter. Die Gardisten brauchten keine Zeugen und keine Zuschauer. Sie verjagten alle, die am Gitter standen. Das getupfte Kleid verschwand für immer. Die Ewigkeit verschlang es. Und über allem strahlte ein blauer Himmel. Die eiserne Brücke zog sich lang und schwarz über den Fluß. Auf dem Bahnhof standen auf einem Abstellgeleise leere Viehwaggons. Sie sollten den normalen Verkehr nicht behindern. Auf den Viehwaggons stand »ČSD« und das Ladegewicht. Die Öffnungen in der Mitte waren nicht groß – ein dunkler Strich, durch den sie alle hineingeschoben wurden.

Am nächsten Tag fuhr Susanna mit dem ungültigen Reiseausweis in der Tasche – sie war ja keine jüdische Lehrerin mehr – Richtung Žilina. Wer war sie? Ein Niemand. Ein Nichts. Als solcher Niemand fuhr sie nach Žilina, um ihre Eltern zu retten. Aufgrund des ungültigen Ausweises, in dem noch immer vermerkt war, daß sie – auch als jüdische Lehrerin – dem Schulministerium unterstand, würde es ihr, vielleicht, gelingen, hoffte sie, ihre Eltern zu retten. Aber der Reiseausweis war ein Stück Papier. Was zählte, war Geld, viel Geld, Hunderttausende von Kronen, oder aber ein hochgestellter, einflußreicher Slowake. Susanna wußte das wohl, aber sie wollte es einfach nicht wahrhaben.

Tag und Nacht fuhren Transporte von Žilina weg. Die »Arbeit« mußte so schnell wie möglich erledigt werden, und so scheute man sich nicht mehr, die Juden auch tagsüber, vor den Augen der übrigen gewöhnlichen Reisenden – der Slowaken –, in die Viehwaggons zu treiben und einzusperren. Die Reisenden, das Volk, protestierte nicht. Sie schauten zu und stiegen in ihren normalen Personenzug ein. Alles und jeder war still und stumm; niemanden störte die schmutzige Arbeit, und so konnte man ruhig auch am Tag »arbeiten«.

Es war der 6. Juni des Jahres 1942, ein schwüler, heißer Sommertag. Susanna erfuhr, daß ihre Eltern an der Reihe waren, die Zahl tausend zu »ergänzen« . . . Dort, auf dem blinden Geleise, stand der Zug bereit, in dem sie eingesperrt und abtransportiert wurden . . . In welchem Waggon waren sie? Tausend Juden auf fünfundzwanzig Waggons verteilt. An den kleinen, vergitterten Fenstern sah man nur Kinderaugen. Die Eltern hatten sie zur »frischen« Luft hochgehoben, sicher auch, um sie vor dem Zertrampeltwerden zu schützen. Die Kinder weinten oder schrien. Wer hörte sie? Wer half ihnen? Susanna lief von einem Waggon zum anderen und rief Simons Namen. Die Kinderaugen kannten ihn nicht – sie schrien nach Luft und Wasser. Gebrüll der Gardisten, Geschrei und Weinen der Kinder mischten sich mit dem Fauchen und Zischen der Lokomotive des Zuges, und es schien einen Moment lang, als ob sich das schwarze Ungetüm sträubte, die ungeheuerliche Last menschlichen Leides zu transportieren. Schwerfällig und stöhnend setzte sich der Zug in Bewegung. Fünfundzwanzig Waggons, fünfundzwanzig Fensterchen, tausend Juden. Susannas Eltern standen irgendwo im letzten Waggon und ergänzten die runde Zahl.

Drei Tage danach erhielt Susanna einen Brief, der in Čadca, der letzten Station auf slowakischem Boden, aufgegeben worden war. Die Adresse hatte ein Unbekannter geschrieben. Im Briefumschlag lag eine Postkarte mit Simons Schrift. Sie war mit Bleistift geschrieben. Die Schrift war wacklig und unregelmäßig, beinahe unleserlich. Die Postkarte wurde im Viehwaggon, wer weiß auf wessen Rücken, geschrieben und aus dem vergitterten Fensterchen hinausgeworfen. Sie fiel auf die Geleise und blieb dort liegen, bis sie ein Mensch aufgehoben, gelesen und in einen Briefumschlag gesteckt hatte. Der Unbekannte schrieb die Adresse ab und gab als Absender nur zwei Buchstaben – »M. S.« an. Auf der Postkarte stand: »Mein teures Kind! Ich schreibe dir zum letzten Mal. Es ist furchtbar heiß, das Geld wurde uns abge . . . paß auf dich und auf deine Schwester auf. Dein . . .«

Žilina war ein wichtiger Eisenbahnknotenpunkt für Schnellzüge, Personen- und Güterzüge. Menschen stiegen ein und aus. Aus den Viehwaggons auf dem blinden Geleise konnte man nicht aussteigen, nur einsteigen. Eigentlich wurde nicht einmal eingestiegen, sondern man wurde hochgehoben, hineingeschoben oder -geworfen, je nach dem Grad der Eile. Und Eile war vorherrschend. Wenn das Geschrei und Geheul der Kinder unerträglich wurde, die Alten und Kranken den großen Sprung nicht mehr schafften, wen wunderte es, daß die Geduld der Gardisten, die diese schmutzigste aller Arbeiten erledigen »mußten«, gleich zu Beginn der »Aktion«, wie sie es nannten, schon riß. Die Juden, ob alt oder jung, schwanger oder behindert, durften – Mensch wundere dich – schreien und weinen, doch die meisten taten es nicht, nur die Kinder, und von denen nur die kleinsten. Die erwachsenen Juden schwiegen; sie behielten ihre Menschenwürde. Hatten sie keine Tränen und keine Stimme mehr? Doch. Aber sie fühlten, daß hier eine große, eine neue Tragödie ihres Volkes stattfand, und sie wollten den letzten Weg in diesem Bewußtsein antreten. Noch eins durfte man als Jude: sterben. Dieses Recht nahmen viele schon im Viehwaggon wahr. Kinder durchlebten auf diesen Transporten ihr ganzes Leben und verwandelten sich in Greise. Zu den überfüllten, stinkenden Eimern fand man durch die zusammengepferchte Masse kaum einen Weg. »Es werden solche Zeiten kommen«, prophezeite eine alte Zigeunerin aus der Hand des Fräulein Dorka vor fünfundsiebzig Jahren, »in welchen die Lebenden die Toten beneiden werden.« Dorka war Susannas Tante, die in Bratislava wohnte und einmal, noch in Friedenszeiten, von dieser Prophezeiung erzählt hatte. Diese Zeiten waren gekommen . . . Auf allen Seiten des Judenzuges standen stramme Slowaken mit Gewehr in schwarzen Uniformen und hohen, glänzenden Stiefeln. Die Juden wurden wie Hasen bei der Jagd zusammengetrieben. Das Netz wurde immer enger. Es gab kein Schlupfloch mehr.

Es konnte auch nicht verhindert oder verboten werden, im Viehwaggon ein jüdisches Kind zur Welt zu bringen. So gebaren manche ihr erstes oder nächstes Kind während der letzten Fahrt, und alle Mitfahrenden waren Zeuge dieses geheiligten Augenblickes – oder dieser Todsünde? Welcher Geburtsort würde da wohl angegeben? Die Nabelschnur mußte die Gebärende oder eine der nahestehenden Frauen durchbeißen, denn es gab weder eine Schere noch ein Messer. All das war schon in Žilina abgenommen und eingesammelt worden. Hatten die Slowaken Mangel an Scheren und Messern? Oder wollten sie in ihrem lieblichen Land womöglich nicht allzu viele Selbstmörder haben?

Zohor

Nach der wie durch ein Wunder wiedererlangten Freiheit kehrte Susanna nach Sučany zurück; aber Sučany war nicht mehr dasselbe Dorf. Sie konnte und wollte die Menschen dort nicht mehr sehen. Drei Tage und drei Nächte verbrachte sie im Dunkeln, denn sie scheute das grelle Tageslicht. Ihre »Freiheit« war eine Illusion ...

In dieser Zeit wurde das Militärlager von Liptovský Hrádok nach Zohor, unweit der Hauptstadt Bratislava, verlegt. In diesem Teil der Slowakei waren seit jeher große Sümpfe; diese sollten nun durch Kanäle entwässert werden. Für diese Arbeit waren die jungen, kräftigen Juden vorgesehen; an Stelle von Militärdienst sollten sie physische Schwerarbeit leisten. Dorthin wurde auch Schmuel abkommandiert. Für Susanna war Zohor der einzige Ort, an dem sie Zuflucht finden wollte. Da war ihr Mann. Am vierten Tag, früh morgens, nahm sie ihren alten Koffer, füllte ihn mit Briefen, Fotos, ein paar Kleidern und lief wie auf brennenden Kohlen von einem Haus zum andern bis ans Ende des Dorfes »der Freiheit«. Sie entschloß sich, zu Fuß in die nächste Stadt zu gehen, denn dort, hoffte sie, kannte sie keiner, und nur von dort hatte sie eine Chance, ohne den Judenstern mit dem Zug zu fahren. Hinter dem Dorf führte neben dem Bahngeleise ein schmaler Fußweg in die nächste Stadt. Dünner Nebel lag wie ein Schleier auf den Feldern. Schwalben schwirrten durch die frische Morgenluft. Grillen zirpten im Gras, und alles war vollkommen friedlich und ruhig.

Susanna blieb stehen und atmete diese Ruhe tief ein. Sie staunte, wie es möglich war, daß die Natur noch dieselbe war, wo sich doch die Menschen so verändert hatten. Sie schaute nach oben. Da schien die Sonne. Unten, rechts und links vom Weg, schmückte sich das Gras im Morgentau mit herrlichen Glasperlen. Sie setzte sich in das nasse Gras, schloß die Augen und wünschte, es möge so bleiben. Sie wurde für diesen Augenblick eins mit der Natur, wie einst Simon, ihr Vater ...

Als die Kleider durchnäßt waren, stand sie wieder auf und ging ganz langsam weiter. Stets übermannten sie Träume und Erinnerungen und ließen sie für eine Weile innehalten. Bilder aus ihrer Kindheit zogen an ihr vorbei und entrückten sie der Wirklichkeit. Ohne es zu bemerken, war sie ganz nahe an die Stadt gelangt. Die Felder verschwanden allmählich, und auch das Vogelgezwitscher verstummte. Die feindliche, gefährliche Welt der Menschen kam näher und wurde bedrohlicher. Sie erwachte von ihren glücklichen Kinderträumen und sah die unzähligen Geleise und schwarzen Fabriken. Sie wollte nicht in diese Welt zurück. Nicht jetzt ...

Zu ihrer linken Seite gewahrte sie das kleine Haus eines Eisenbahnwächters, in dem eine ehemalige Mitschülerin, Irene Barica, mit ihren Kindern wohnte. Zu ihr versuchte Susanna zu gehen, denn eine unbeschreibliche Angst überfiel sie mit einem Mal vor der nahen, lärmenden, verrußten Stadt, und vor den Menschen, die alle in schwarzen Stiefeln umherliefen und Juden wie Ratten fingen.

Irene lachte, war überrascht, freute sich auch, nach Jahren eine Mitschülerin in ihrer Einsamkeit wiederzusehen. Doch plötzlich veränderte sich ihr rundes, liebes Gesicht, und Schrecken und Entsetzen vergrößerte ihre lustigen, schwarzen Augen. Einem Juden durfte man nicht helfen, ihn nicht verstecken; jeder Kontakt war verboten. Doch Susanna durfte bleiben. Für eine einzige Nacht. Da hatte der Mann zum Glück Dienst, und ins Häuschen kam sonst selten jemand. Auch zwischen die beiden Mitschülerinnen legte sich eine unsichtbare Wand. Susanna, jetzt auf der Flucht, konnte nicht schlafen. Sie legte zwei silberne Gedenkmünzen auf den Tisch und verließ unbemerkt und ohne Abschied in aller Frühe das Eisenbahnerhäuschen.

Im Zug wollte sie ruhig und unauffällig bleiben. Sie schaute andauernd aus dem Fenster, damit sie keinen Menschenaugen begegnen mußte. Um Mitternacht traf sie in Zohor ein. Die Militärbaracken standen unweit des Bahnhofs. Man sah nur deren Umrisse. Das Dorf schlief. Nur Hunde störten durch ihr Heulen oder Bellen die nächtliche Ruhe. Ein slowakischer Soldat, der die Baracken bewachte, wollte von dem Namen, den Susanna ihm nannte, nichts gehört haben. Er kannte keinen Mann solchen Namens. »Er trägt eine Brille ...« – »Solche gibt es hier viele ...« – »Er ist an den Schläfen ergraut...« – »Ist es etwa der, den man den ›Alten‹ nennt?« – »Ja, der ist es.« – »Ich darf ihn nicht wecken, doch ich melde Sie in der Kanzlei.« Er warf zwei Steinchen ans Fenster eines nahe gelegenen Hauses, wo sich die Militärverwaltung des Lagers Zohor befand. Das Fenster öffnete sich, und eine verschlafene Stimme fragte: »Was ist los? Wer ist da?« – »Die Frau vom ›Alten‹ ist hier, was soll mit ihr geschehen?« Der Wächter kehrte auf seinen Posten zurück, und Susanna wurde von einem jüdischen Soldaten, der in der Kanzlei arbeitete, ins Innere des Hauses geführt. Sie sprachen nicht miteinander. In dieser Zeit reduzierte sich die Sprache der Juden oft nur auf Gebärden und Zeichen, und man verstand sich. Geräuschlos traten sie in einen Raum, wo außer einem Feldbett nichts zu sehen war. Es war das Krankenzimmer im Militärlager. Zum Glück war niemand krank. »Du bleibst hier; niemand darf wissen, daß du da bist, denn es ist ein Militärobjekt. Vor allem darf es unserem Vorgesetzten, dem Rottmeister, nicht zu Ohren kommen. Hier hast du einen Topf, falls du ihn brauchst.« Er verschwand auf Zehenspitzen und zeigte sich erst in der nächsten Nacht mit einem Stück Militärbrot und schwarzem Kaffee wieder. Die jüdischen Soldaten, die in der Kanzlei der Militärverwaltung arbeiteten und den groben, unberechenbaren und fast immer betrunkenen Rottmeister kannten, wußten nicht, was sie mit Susanna beginnen sollten. Die auffallende Stille und die komische Geheimniskrämerei der »Kanzleisoldaten« weckten nach ein paar Tagen den Verdacht des Rottmeisters. Eines Morgens riß er die Tür zum Krankenzimmer auf und fand da ein Frauenzimmer! Seine Wut legte sich erst, als Susanna längst draußen war. Sie mußte das Militärlager augenblicklich verlassen. In Bratislava wohnte noch eine alte Tante, die durch ihren Sohn, einen Arzt, vorläufig geschützt war. Bei ihr fand sie Zuflucht. Kurz darauf wurde sie krank, und Dorka, die alte Tante, die Tag und Nacht in Angst lebte um ihren Sohn, um sich selbst und jetzt auch noch um Susanna, die ja polizeilich nicht gemeldet werden durfte, pflegte nach ihren besten Kräften die kranke Nichte. Der Arzt verschrieb Medikamente und »vollkommene Ruhe«! Im Jahre des Herrn 1942!

Eines Tages kam durch die Hintertür eine kleine, runde, fast zahnlose Frau zu Tante Dorka. Eine Slowakin. Sie hieß auch zufälligerweise so: Frau Slowáková. Vor vielen Jahren, noch während des Ersten Weltkrieges, hatte sie im selben Haus wie Tante Dorka gewohnt. Frau Slowáková war damals Hausmeisterin in dieser Liegenschaft gewesen. Ihr Mann war gleich zu Beginn des Krieges eingerückt, und sie war mit ihren drei Kindern allein geblieben. Tante Dorka ging es damals besser, denn ihr Mann war Eisenbahner und daher vom Militärdienst befreit. Er verdiente zwar nicht viel, aber es war ein gesichertes Einkommen. Auch konnte er auf seinen Dienstreisen stets etwas für seine Familie auftreiben. Tante Dorka half der Hausmeisterin, wo sie nur konnte, und so überstand die arme Frau den Krieg, bis ihr Mann zurückkam. Frau Slowáková hatte das ihrer Wohltäterin nie vergessen, und so kam sie jetzt mit dem Vorschlag, Tante Dorka im Wächterhäuschen zu verstecken. Tante Dorka war gerührt und weinte. »Die einfachen, armen Menschen vergessen das Gute nicht ... Trotz allem möchte ich bei meinem Sohn bleiben. Aber wenn Sie meine Nichte, die da krank liegt, zu sich nehmen könnten – das wäre, als wenn Sie mir Gutes erweisen würden ...«

Nachdem sich Susanna etwas erholt hatte, wollte sie nicht länger bei der guten alten Tante bleiben. Tag und Nacht fanden Kontrollen statt, und wer nicht gemeldet oder »wirtschaftlich wichtig« war, mußte gehen. Durch Susanna, die nicht gemeldet war, war die Tante in größter Gefahr, in Lebensgefahr. Bratislava war die Hauptstadt. Es wimmelte von Spitzeln, Gardisten, Gestapoleuten und willigen, gefährlichen Mitarbeitern der Behörden – zum Beispiel Hausmeistern ...
Susanna fuhr ohne Davidstern und ohne Reisebewilligung zum Onkel nach Nitra. Dieser war einst ein reicher Mann, nämlich Pächter der riesengroßen bischöflichen Ländereien, gewesen. Inzwischen hatte auch er seine Villa räumen müssen und durfte dort zusammen mit seiner Frau nur noch ein einziges Zimmer bewohnen. In seiner herrschaftlichen Wohnung nistete sich ein Oberst der slowakischen Armee ein.
Schmuel bekam durch seine Freunde, die in der Militärverwaltung saßen, eine Reisebewilligung nach Nitra. Beim Mittagessen erzählte der Onkel, wen seine schöne Wohnung beherbergte. Schmuel wußte, wer jener Oberst war, und erzählte dem Onkel, daß dieser Oberst Lehotský vor einiger Zeit degradiert worden sei, weil er einen Teil des Soldes, der für die Soldaten an der Front bestimmt war, einfach eingesteckt hatte. Zur Strafe wurde er dann als Kommandant im jüdischen Militärlager eingesetzt. Das alles hörte der Oberst

hinter der Tür, die seine schöne Wohnung vom Zimmer des Onkels trennte. Noch in derselben Nacht läutete es an der Tür des Onkels. Ein Gendarm sagte dem erschrockenen Onkel: »Sagen Sie Ihrem Verwandten, er soll sofort von hier verschwinden, denn es wurde eine Anzeige von Oberst Lehotský an das Militärkommando erstattet; diese besagt, daß Ihr Verwandter ein gefährlicher kommunistischer Spion sei. Ich komme zu Ihnen, weil ich aus demselben Dorf stamme wie er und wir als Kinder gute Freunde waren.« Dann verschwand er.

Noch in derselben Nacht reisten Schmuel und Susanna, die ja auch hier nicht gemeldet war, zu Schmuels Einheit zurück. Susanna hatte aber keine Bewilligung, im selben Dorf zu bleiben wie Schmuel. Sie wußte nicht mehr, wohin sie sich wenden sollte. Auch die Freunde fanden vorläufig keinen Platz für die Frau ihres Kameraden. Dann erinnerte man sich der guten Frau Slowáková, die unweit von Zohor, mitten in Feldern, in einem winzigen Eisenbahnwärterhäuschen wohnte. Ihr Mann arbeitete nach seiner Rückkehr vom Krieg als Hilfsarbeiter bei der Eisenbahn.

Die Anzeige des Obersten an das Kriegsministerium gelangte – wie viele ähnliche – in die Hände des Militärstaatsanwaltes Rašla, eines Antifaschisten und Gegners des Regimes. Er ließ viele dieser im Krieg lebensgefährlichen Anzeigen verschwinden und rettete somit das Leben zahlreicher »Schuldigen«. Dies alles wurde erst nach dem Krieg bekannt.

Des Eisenbahnwärters Häuschen bestand aus einem Zimmer und einer Küche. Im Hof waren ein Ziegen- und ein Schweinestall, ein paar Kaninchen, Hühner und ein wilder Schäferhund, der das Häuschen bewachte, wenn Frau Slowáková auf dem nahen Feld arbeitete. Ihr Mann war vom Krieg verändert zurückgekehrt. Er sprach kaum, und wenn, dann fluchte er, und das war jede Woche einmal, am Samstag, wenn er betrunken nach Hause kam. Dann jagte er seine Frau durch den

Hof, um den Garten und schließlich in der Wohnung. Daß er sie mit der Axt, die er bei dieser Verfolgungsjagd immer in der Hand hatte, nie erschlug, blieb für Susanna ein Rätsel. Es waren für sie schreckliche Erlebnisse, die sie lange nicht verkraften konnte. Doch abgesehen von dieser Hexenjagd war Herr Slowák ein herzensguter Mensch. Nur eben, das »Sprechen« hatte er im Krieg verlernt und nach dem Krieg nicht mehr erlernt. Trotz der Axt überlebte Frau Slowáková ihren Mann um einige Jahre. Susanna wurde von ihr aufgenommen oder besser gesagt versteckt, denn sie zeigte sich damit ihrer einstigen Wohltäterin, Tante Dorka, nach vielen Jahren erkenntlich. Sie verlangte einen lächerlichen Betrag für das Essen, das hauptsächlich aus Ziegenmilch und schwarzem Brot bestand. Ziegenmilch konnte Susanna während der ersten Tage nicht trinken, doch der Hunger war stärker als ihre Abneigung gegen den Ziegengeruch. Den ganzen Tag verbrachte Susanna mit Warten: Warten auf den Augenblick, in dem in der Ferne ein schwarzer Punkt auftauchte und aus diesem ihr Geliebter, Schmuel, erschien. Dann lagen sie sich in den Armen, und die Welt war wunderschön. Es war Sommer und sehr heiß. Susanna betrachtete in einem kleinen Spiegel, der an der Wand hing, und vor dem sich Herr Slowák zu rasieren pflegte, ihr Gesicht und ihre Gestalt. Sie war mit sich zufrieden. Bevor der Punkt am Horizont erschien, probierte sie verschiedene Frisuren aus und vergaß dabei die Welt um sich herum.

Frau Slowáková arbeitete auf dem Kartoffelfeld; die Wohnung war schon aufgeräumt – es stank nur noch nach Ziegenmilch, aber daran gewöhnte man sich. Der Hund fing an zu bellen. Jemand öffnete das kleine, hölzerne Tor. Ein Uniformierter. Die Tür war nicht verschlossen, und der Fremde trat ein. Susanna hatte keine Zeit mehr zu verschwinden – sie wußte auch nicht wohin. »Guten Tag, schönes Fräulein – eine wahre Prinzessin, und ich wußte nichts von ihr, obwohl dies mein Revier ist, das ich doch kennen sollte!« Frau Slowáková hörte das andauernde Bellen ihres angeketteten Hundes und kam vom Feld gelaufen. »Wie schön, ein Gast, und gleich dreht er sich um meine Schwiegertochter! Das würde Ihnen so passen, Herr Wachtmeister; gut, daß mein Sohn nicht da ist, sonst hätten Sie es mit ihm zu tun, und das würde ich Ihnen nicht raten; er ist ein eifersüchtiger Hahn ...« Den Fluß ihrer Worte konnte niemand eindämmen, auch nicht der Gendarm, denn sie ließ ihn nicht zu Wort kommen, nichts fragen, nichts sagen; sie zog ihn am Ärmel in den Hof und sagte: »Da, meine Kaninchen können Sie bewundern, aber meine Schwiegertochter, die müssen Sie vergessen.« Das Ablenkungsmanöver gelang bestens – aber würde es ihr ein weiteres Mal gelingen? Als sie den »Gast« aus dem Hof begleitet hatte, kam sie in die Küche, setzte sich breit auf den Schemel, denn sie hatte sehr kurze Beine und einen hängenden Bauch, und sagte ruhig: »Ich habe Sie sechs Wochen lang versteckt, jetzt müssen Sie gehen ... zudem steht mein Mann kurz vor der Pensionierung.«

Unter den Heiligen

Schmuels Freunde berieten, wo sie Susanna unterbringen könnten. Sie fanden im Dorf, in einer Sackgasse, ein armseliges Häuschen, in welchem ein Zimmer leer stand. Es war verhältnismäßig billig, hundertzwanzig Kronen monatlich. Seine Lage war günstig; man konnte es von den Feldern her fast unbemerkt erreichen. Susanna schaute sich im Zimmer um. Es war geräumig und hatte trotz der kleinen, vergitterten Fenster genug Licht. Zwei Betten standen hintereinander. Sie waren aus ungehobelten, morschen Brettern zusammengenagelt und standen auf vier dicken, wackligen Füßen. Darauf lag ein mit Stroh gefüllter Sack. Das Zimmer war voll von Heiligenbildern und -statuetten, die mit verstaubten, künstlichen Blumenkränzen umhangen waren. Die neue Bewohnerin betrachtete jedes Bild und jeden Heiligen so lange, bis er lebendig wurde. Sie wußte, daß sie das Zimmer nicht verlassen durfte, und so schloß sie mit den Heiligen aus Ton, Glas, Porzellan und Holz innige Freundschaft. Sie besprach mit ihnen ihre Freuden und Sorgen, ihre Liebe und ihr Leid. Einmal am Tag, wenn es dunkel wurde, kam Schmuel mit einem Stück Schwarzbrot und einem Militärnapf voll schwarzen Kaffees zu Susanna. Diese kurze Begegnung war der Höhepunkt eines jeden Tages und entschädigte Susanna für die Einsamkeit. Die Gendarmerie in Zohor erfuhr bald, daß eine Jüdin im Dorf weilte. Sie wußten nicht, was sie mit ihr machen sollten und drückten beide Augen zu.

Der Herbst war mild, und im Zimmer, in welchem kein Ofen stand, war es angenehm. Ein kleiner Vorraum, in dessen hinterem Teil eine altertümlich eingerichtete Küche mit offenem Kamin lag, trennte Susannas Zimmer von demjenigen, das eine slowakische Familie mit drei Kindern bewohnte. Auf der gegenüberliegenden Seite des Hinterhofes lebte die Eigentümerin des Hauses. Vor Susannas Fenster war ein freier, ungezäunter Hof mit einem Sodbrunnen, wie er in den slowakischen Dörfern oft zu finden war. Der Schacht war viereckig, mit großen Steinen ausgelegt, die mit Moos überwachsen waren. Daneben lag eine lange, hölzerne Stange mit einem Haken. Mit dieser Stange wurde der Eimer in den Brunnenschacht gesenkt und mit Wasser gefüllt wieder hochgezogen. Dazu mußte man einige Handgriffe beherrschen und geschickt sein. Sonst fiel der Eimer vom Haken. Susanna konnte durch die verblichenen, gelblichen Vorhänge in ihrer Heiligenstube alle Frauen sehen, die am Brunnen auftauchten. Sie beobachtete die Menschen, die in ihrer Nähe wohnten. Bald stellte sie fest, daß der Brunnen nicht nur Quelle des Wassers, sondern auch Treffpunkt der Nachbarsfrauen war; jeden Morgen besprachen sie dort ihre alltäglichen Sorgen und tauschten Neuigkeiten aus dem ganzen Dorf aus. In der letzten Zeit waren es deren viele. So waren in das rein katholische, bigotte Dorf Juden gekommen, die seit Menschengedenken nicht in diesem Dorf gelebt hatten. Auch die ältesten Einwohner konnten sich nur einer einzigen jüdischen Familie entsinnen, und selbst das nur nebelhaft. Ihr Herr Pfarrer –

und der war ja der eigentliche Herr im Dorf – predigte jeden Sonntag seinen Schäfchen von der Pest, die in der Gestalt von Juden ins Dorf eingebrochen war. Hier erfuhren die Gläubigen, daß die Juden die engsten Verbündeten des Teufels und somit die Urheber alles Bösen waren. Manche älteren Bauern und hauptsächlich Bäuerinnen schauten verstohlen und ganz kurz, wie diese Teufelsbrüder denn in Wirklichkeit aussähen, ob sie ein Zeichen Luzifers trugen; um vor ihnen geschützt zu sein, bekreuzigten sie sich vorsichtshalber. Den Dorfmädchen wurde verboten, sich den Militärbaracken zu nähern; bei Mißachtung dieses Verbots wurde ihnen angedroht, daß ihr Name am folgenden Sonntag von der Kanzel aus angeprangert würde.

Die Baracken der »Satansbrüder« wurden auf Sandboden aufgebaut und beherbergten außer den jüdischen Soldaten Tausende von Flöhen. Dies war ein Grund, weshalb viele außerhalb der Baracken unter freiem Himmel schliefen oder mitten in der Nacht bei Kerzenlicht eine aussichtslose Sysiphusarbeit in Angriff nahmen: Sie versuchten, die Flöhe in einem Fläschchen einzufangen; sie zu töten, dazu war die Zeit zu kurz; auch hätte das zur Folge gehabt, sich mit Blut zu beschmieren – wenn auch nur mit Flohblut –, und das konnten wiederum einige nicht.

Sonntags und abends spielten manche Insassen ein Musikinstrument, allein oder in Gruppen. Es war nämlich einigen gelungen, ihr Musikinstrument zu retten. Mit Musik versuchten sie, den Flöhen, dem Fluchen der Feldwebel, der Angst und den Erinnerungen zu entfliehen. Der Musik der Einzelgänger, die zuerst eine Tonleiter üben wollten, wurde mit Kartoffeln, harten Knödeln, Schuhen oder Kissen zu Leibe gerückt. Zu denjenigen, die gruppenweise mitten im Sand und den Flöhen musizierten, gesellten sich bald einzelne, dann mehrere Dorfschönheiten. Trotz der Drohung des Pfarrers. Die Anziehungskraft der Musik und der schönen jungen »Teufelsbrüder« war stärker als die Drohung. Die Nacht stand auf ihrer Seite und schwieg.

Die Frauen am Brunnen trugen dunkle, ausladende, geblümte Kattunröcke. Weil diese unter der Brust fest zusam-
mengezogen waren, betonten sie die großen runden Bäuche,
die die meisten Frauen hatten. Auf diese legten die Frauen
beim Schwatzen am Brunnen ihre Hände. Jede trug zur Be-
richterstattung des Tages etwas bei: »Die Jüdin, die da vorne
wohnt, geht doch überhaupt nie aus dem Haus, wovon lebt
sie?« Sie kamen dann einzeln in Susannas Zimmer und fragten, ob sie ihren Kindern vielleicht Deutschunterricht erteilen würde. Die Frage war nur ein Vorwand, der Jüdin zu helfen, ohne sie zu beleidigen.

Das Dorf Zohor bestand aus zwei ganz verschiedenen Hälf-
ten. In der Gegend um die Sackgasse wohnten die Proletarier,
arme Hilfsarbeiter bei der Eisenbahn, ein Schuster, ein Straßenwärter und auch solche, die ein Flecklein Erde bebauten.
Sie alle kannten vielleicht außer Schnaps und ein paar wenigen kirchlichen Festtagen nichts Gutes im Leben. Die Kirche
und das Wirtshaus waren der Mittelpunkt des Dorfes. Nicht
die Firmung machte einen Dorfjungen erwachsen und gleichberechtigt unter den Männern in diesem Dorf, sondern der
Schnaps, den er gemeinsam mit den Erwachsenen trinken
mußte. Dieser berechtigte ihn, ein Wort mitzureden.
Die Hilfsarbeiterfrauen brachten der »armen« Jüdin das beste Essen, das sie sich oft selbst nicht gönnten. Trotz der Verteufelung der Juden, die sie jeden Sonntag in der Kirche zu
hören bekamen, und trotz der Allmacht des Pfarrers im Dorf.
Das Menschliche dieser einfachen Leute gewann die Oberhand über das Unrecht, das sie zwar nicht verstanden, aber
fühlten. Sie brachten der Jüdin einen vollen Topf stärkender
Suppe, Fleisch, Gemüse und Sonntagskuchen. Was Susanna
erhielt, reichte nicht nur für sie, sondern auch für Schmuel
und einige seiner Kameraden.

Nach dem milden Herbst kam ein kalter, rauher, windiger
Winter, denn Zohor lag in einer Ebene, offen und unge-
schützt. Auf einem Müllhaufen fand man einen verrosteten

Blechofen. Dieser wurde in Susannas »Heiligenzimmer« aufgestellt und mit Bronzefarbe angestrichen. Zum Heizen
brauchte man Holz, und Holz kostete Geld. Sie hatte keines.
Die hundertzwanzig Kronen Miete für das Heiligenzimmer
wurden vom Sold und von den Spenden der Kameraden be-
stritten.

In diesem »unteren« Teil des Dorfes, hinter dem Wirtshaus,
dem zweitwichtigsten Treffpunkt der Gemeinde, floß ein
schmutziger Bach. Das Uferstück zwischen dem Bach und
dem Wirtshaus war sehr schmal, ein lächerliches Stückchen
Erde, ein »Niemandsland« sozusagen, wo die vollgepumpten
Männer des Dorfes nachts ihr überflüssiges Wasser, das von
den Unmengen Bier und Schnaps übrigblieb, loswerden
konnten. Auf diesem unwürdigen Platz baute sich der Ärmste
der Armen, Schuster Mišo, aus Brettern und Teerpapier ein
Zuhause, für sich, seine drei Kinder und seine ausgemergelte
Frau mit dem klapprigen Gebiß, das sie mit der Zunge stüt-
zen mußte, damit es ihr nicht aus dem Mund fiel. In einem
einzigen Raum war auch alles untergebracht: die Schuster-
werkstatt, der Herd und zwei Betten für fünf Personen. Der
Fußboden bestand aus gestampfter Erde, die täglich gründlich gekehrt wurde.

Der Schuster war ein lustiger, gutherziger und kluger Mann,
wie alle Schuster, denn er hatte reichlich Zeit zum Nachdenken. Die übrige Zeit verbrachte er im Wirtshaus, wie alle richtigen Männer. Die Frau mit den klapprigen künstlichen Zäh-
nen erhielt von Mišo kein Geld, denn dieses reichte gerade
für seinen Schnaps – entsprechend oft war Mišo betrunken.
Niemand konnte ihm das verargen; er wollte doch mitreden
im Dorf und gleichberechtigt sein. Die an Jahren noch junge
Frau sah wie eine Greisin aus, ein Knochengerüst, ohne Brust,
nur mit Haut überzogen. Ein Brett. Ein verwelkter, ausgedörr-
ter Baum. Unzählige Falten im Gesicht waren ihr Schmuck.
Wo nahm diese Frau und Mutter Milch für ihre schönen, gesunden Kinder her? Von der flachen, ausgequetschten Brust?
Die billigen künstlichen Zähne klapperten und wurden von
einer Seite des Mundes auf die andere geschoben, so daß man

ihre Worte kaum verstand. Dieser ausgedörrte Baum war die Ernährerin der ganzen Familie. Sie bebaute ein Fleckchen Erde, das sie von ihren Eltern geerbt hatte und das alle vor dem Hungertod bewahrte. Die Ausgedörrte hatte eine hübsche, blonde, zwölfjährige Tochter. Sie hieß Sophie und war nicht nur lieblich, sondern auch klug. Das Mädchen aus der armseligsten Hütte. Auch sie kam zu Susanna, um Deutsch zu lernen, doch sie brauchte es nicht – es war Vorwand wie bei den anderen. Zusammen mit der hageren Mutter ging sie jede Woche in einen entfernten Wald, um Reisig zu sammeln. Zum Wärmen und zum Kochen. Zwei Bündel – jedes in ein viereckiges grobes Hanftuch gebunden. Diese schwere Last trugen Mutter und Tochter auf dem Rücken, tief zur Erde gebeugt. Vor Susannas Tür legten sie, ohne anzuklopfen, eines der Bündel nieder und verschwanden. Wie zwei Engel aus der Heiligen Schrift, denn auch im Krieg geschahen Wunder. Sie wollten keinen Dank. Die Jüdin sollte nicht frieren. Und am Abend brachten sie ihr, der »Armen«, erst noch ein Stück Wurst. Sie selbst wurden von gebratenen Kartoffeln satt.

Im Häuschen gegenüber Susannas Heiligenzimmer wohnte Tecina Kathrina mit ihrem Mann. Er verließ früh morgens das Haus und kehrte spät abends zurück, denn er war Straßenwärter und erledigte seine Arbeit auch im hohen Alter gewissenhaft und wie es sich gehörte. Tecina Kathrina war eine gottesfürchtige Frau. Sie versäumte keine Messe, bekreuzigte sich bei jeder Heiligenfigur – und deren gab es viele in Zohor – und erfüllte alle vorgeschriebenen Gesetze der christlichen Lehre. Nur in einer einzigen Angelegenheit blieb sie sich und ihrem Herzen – nicht dem Pfarrer – treu, in der Angelegenheit der armen Jüdin. Wenn sie die Kuh gemolken und das Schwein gefüttert hatte, nahm sie die Hacke auf die Schulter und eilte, in Gottes Namen, auf das Möhrenfeld, wie es die meisten der armen Frauen im Dorf tun mußten. Das letzte Stück Feld wollte sie ihren Kindern erst nach ihrem Tod überlassen. Aus dem breiten, faltenreichen Kattunrock zog sie jeden Morgen ein Päckchen hervor, warf dieses so schnell es ging durch das Fensterchen der Jüdin, wenn es offenstand, und verschwand hinter dem Haus. Manchmal legte sie etwas Speck, Quark oder Butter auf den Fenstersims, in der Hoffnung, die Jüdin werde es schon finden. Solche Leute wohnten in Zohor in der Gegend der Sackgasse mit den niedrigen getünchten Häuschen, im Jahre 1942.

Im »oberen« Teil des Dorfes, der sich grundlegend vom »unteren« unterschied, wohnten die reichen Bauern, die das Sagen hatten. Gar mancher von ihnen meldete sich freiwillig als Aufseher in die slowakischen Konzentrationslager. Sie waren berüchtigt und gefürchtet ob ihrer Brutalität, Habgier und Unmenschlichkeit. In diesem Teil des Dorfes wohnte auch der Herr Pfarrer.

Die jüdischen Soldaten wurden einstweilen nicht ins Vernichtungslager geschickt. Ihre Lebensbedingungen waren zwar hart, aber sie ermöglichten vorläufig das Überleben. Die jüdischen Soldaten mußten mehr Arbeit leisten als die »arischen«, denn sie brauchten zusätzlich etwas Geld neben dem Essen und Schlafen mit den Flöhen ... So arbeiteten sie in Gruppen und im Akkord. Das bedeutete acht Stunden für den Staat; alle zusätzlichen Stunden wurden bezahlt. Für die obligatorischen acht Stunden erhielten sie warmes Essen, einen Laib Bohnenbrot und einen Tag Überleben. Jeder Jude ging am Morgen mit der Schaufel und der Gewißheit an die Arbeit, daß seine Eltern, Geschwister, Geliebte oder Freunde inzwischen entweder schon abtransportiert waren oder auf ihre letzte Reise warteten. Dazu kam die Ungewißheit des eigenen Lebens. Gerüchte, wann der Zeitpunkt für sie selbst gekommen wäre, gehörten zum täglichen Brot. Jeder hörte etwas »Wichtiges« von »höherer«, verläßlicher Stelle. Und jeder fügte noch seine Vorstellungen, Phantasien und Argumente bei. Die unmöglichsten Gerüchte, Meldungen und Nachrichten schwirrten in der Luft. Eine Version war die Nachricht: »Wer sich bis zum ... taufen läßt, wird nicht nach Polen verschickt.« Zuerst verwarf man diesen Gedanken, sich taufen zu lassen. Der Tod hatte noch immer verschwommene Umrisse; und der Märtyrertod der Vorfahren, die Erinnerung an die

Eltern, die »das« nicht getan hätten, auch nicht um des Überlebens willen, quälte die Gemüter der jungen Menschen, hauptsächlich in der Nacht, in der sie Kräfte für den nächsten harten Tag im Kanal sammeln sollten. Für viele war der Gedanke an eine Taufe, auch in dieser schrecklichen Zeit, unannehmbar; in ihnen sträubte sich die tausendjährige Tradition, die Würde des Menschen, die Hochachtung vor sich selbst. Und gerade dieses Gerücht kehrte immer öfter und hartnäckiger zurück. Jeder scheute sich, es vor dem anderen auszusprechen. Die Angst vor dem Tod stand Auge in Auge mit dem Gewissen.

Die Taufzeremonie verlief unterschiedlich, je nach Ort und Pfarrer. Manchmal genügte ein Taufschein, den man umsonst oder für Geld erhalten konnte. Seitens der willigen Pfarrer spielten bei der Taufe verschiedene Motive mit. Die einen tauften aus christlicher Liebe, aus einfachen, menschlichen Gründen, die anderen, um mehr »Schäfchen« in ihrer Herde vorweisen zu können, und wieder andere verlangten eine gründliche Vorbereitung in der christlichen Lehre und anschließend eine Prüfung. Die Protestanten waren nicht nur in der Minderheit, sie waren und fühlten sich unterdrückt und benachteiligt im katholischen Staat und tauften aus Protest.

Manche der jüdischen Soldaten flüchteten, hauptsächlich nach Ungarn und Jugoslawien. Einige, wie Icik, der »Stier«, wollten sich zu Titos Partisanen durchschlagen und wurden auf dem Weg erschossen. Ganz wenige versuchten es in Eisenbahnwaggons, die mit Rüben, Kohle oder Holz beladen ins Ausland, in den Westen, fuhren, vor allem in die Schweiz oder nach Belgien. Die meisten wurden schon in Wien von den Spürhunden entdeckt und bezahlten die wagemutige Reise mit ihrem Leben. Der Überlebenswille, die Schreckensnachrichten aus Polen, Gerüchte, das instinktive Gefühl, es könnte bald zu spät sein, trieben die jungen Menschen zur Flucht oder ließen in ihnen den Entschluß reifen, sich doch taufen zu lassen. In den entlegensten Dörfern der Ostslowakei erhielten die Taufwilligen am leichtesten den lebensrettenden Taufschein.

Als Susannas Eltern noch in Púchov gelebt hatten, hatten sie täglich bei einer protestantischen Nachbarsfamilie Milch gekauft. Einer der Söhne dieser Familie war in Bratislava als Geistlicher an der Militärkommandantur tätig. Zu diesem fuhren eines Tages, kurz bevor der letzte »Stichtag« anbrach, zwei Judenkinder. Susanna fühlte einen würgenden Krampf im Hals und in der Magengegend. Alles in ihr sträubte sich. Für sie war dieser Weg schrecklicher als der Weg nach Žilina. Und sie fuhr trotzdem. Gegen ihren Willen. Oder redete sie sich das ein? War der Wille zum Überleben stärker als der Stolz, der Gedanke an Simon? Es war der furchtbarste und schwierigste Gang, den sie je unternommen hatte. Beim Pfarrer angelangt, fiel den beiden Judenkindern auf, daß im Arbeitszimmer des Geistlichen alles durcheinander lag. Schränke standen offen, Schriften, Papiere, Bücher und Stempel lagen auf dem Boden verstreut. Aufgeregt und blaß kam der protestantische Geistliche in Uniform ins Büro gestürzt und sagte: »Gott wollte es nicht ... geht und rettet euch anderswie! Soeben hat die Gestapo – wie ihr seht – mich von allen Rechten eines Geistlichen enthoben ...« – »Gott wollte es nicht«, wiederholte Susanna den ganzen Weg. Ein Stein fiel ihr vom Herzen, und sie kehrte erleichtert, befreit und glücklich wie nie zuvor nach Zohor zurück.

Das frische, noch heiße Bohnenbrot, die schwere, ungewohnte Arbeit, die ständige Angst und Seelenpein untergruben Schmuels Gesundheit. Er bekam blutigen Durchfall, und seine Kräfte schwanden zusehends. Im Krankenhaus erfuhr er, daß diese Krankheit unheilbar sei und er sie sein Leben lang nicht loswerden würde. In derselben Zeit wurde auch Susanna krank. Schmuels Freunde kamen noch vor Sonnenaufgang zu ihr, heizten den Ofen, versorgten die Kranke mit schwarzem Kaffee und Brot. Nachdem Schmuel aus dem Krankenhaus entlassen worden war, fand Susanna auf ihrem Bett einen Brief. In diesem stand: »Ich bin mir dessen bewußt, Liebste, daß ich nie mehr ganz gesund sein werde. Ich möchte dein junges Leben nicht an meines binden, wenn du es nicht willst. Nur um eines bitte ich dich. Solltest du es müde werden, oder mich nicht mehr lieben, sag es mir. Ich werde es dir nicht verargen, sondern dich weiter lieben, dich achten und für alles Schöne, das wir gemeinsam erleben durften, dankbar sein. Belüge mich nicht, und bleibe nicht aus Mitleid bei mir!« Sie blieb aus Liebe.

Susanna war den ganzen Tag allein mit ihren Gedanken und schaute oft durch das vergitterte Fensterchen in das Stück Natur hinaus, das sie mit ihren Augen umfangen konnte. Ihr Blickfeld umschloß einen verzweigten Baum und zerstückelte Felder. In diesem Blickfeld erschien eines Abends unter dem Fenster ein junger, unbekannter Mann, ein »Minnesänger«. Er kam vom oberen Ende des Dorfes und sang für die Jüdin Liebeslieder. Sie wagte es nicht, das Fenster zu schließen — und wollte es auch nicht. Er sang einige Wochen, immer zur selben Zeit, die gleichen Lieder. Ein slowakischer Minnesänger vom oberen Teil des Dorfes, im Jahre 1943, für eine Jüdin, die sein Gesicht nicht kannte und nie mit ihm sprach. Eines Abends kam er nicht mehr, und seine Liebeslieder übernahmen dann die Singvögel.

Die Gendarmerie in Zohor wußte mit Susanna auch weiterhin nichts anzufangen. Vorerst drückte sie beide Augen zu. Wie lange würde sie es tun? Susanna hatte keine Bewilligung, sich im Dorf oder ganz allgemein auf dem Gebiet des slowakischen Staates aufzuhalten; eigentlich war sie abgeschrieben, und es könnte irgendeiner, ein x-beliebiger »Arier«, dem sie im Wege stand oder mißfiel, oder irgendein Dorfbewohner, der seine katholische Umgebung reinhalten wollte, auf die Idee kommen ... Susanna wußte Bescheid und wollte trotzdem das Unmögliche versuchen. In Bratislava wurde ein eigenständiges Ressort errichtet, die gefürchtete Abteilung 14 des Innenministeriums, wo alle Fragen, die mit den Juden zu tun hatten — und es waren derer viele — »gelöst« und entschieden wurden. Es war ein Ort der Übermenschen, der »Arier«, der Deutschen und Slowaken. Diesen Ort durfte kein Jude betreten. Vor dem verzierten Patriziertor standen zwei bewaffnete SS-Männer. Im Eingang neben der Treppe standen wieder zwei und in jedem weiteren Stockwerk nochmals zwei. Es war gut vorgesorgt, daß kein jüdisches Fischlein durch dieses dichte Netz schlüpfen konnte. Hier hatten die Juden, von denen jeder die Frechheit hatte, leben zu wollen, nichts zu suchen, auch wenn hier über ihr Vermögen und ihr Leben entschieden wurde.

Susanna borgte sich einen sportlichen Regenmantel aus. Schmuels Freunde besorgten eine dicke, farbige illustrierte Zeitschrift der deutschen Wehrmacht, das »Signal«. So ausgerüstet, das »Signal« lässig unter dem Arm geklemmt, schritt Susanna zum Eingangstor der 14. Abteilung des Innenministeriums. Bevor sie eintrat, erhaschte ihr Blick noch die Aufschrift über dem Tor: »Juden ist der Zutritt strengstens untersagt!« Sie beachtete die beiden SS-Männer nicht und ging einfach durch das Tor. Sie wußte, daß ihr Leben auf dem Spiel stand. Auch die zweite Garnitur der Wächter ließ Susanna laufen. Vielleicht dachten sie, daß die »Eilige« zu ihnen gehörte und jedenfalls in Ordnung sei, wenn sie schon das Haupttor passieren durfte. Im ersten Stock dann verließ die Jüdin ihre Selbstsicherheit, und sie begann zu zittern. Bemerkten das die Wächter? Einer fragte: »Sie, Fräulein, wohin des Weges?« – »Ich will zum obersten Vorgesetzten.« – »Ja, worum geht es denn?« – »Ich möchte von ihm eine Unterschrift.« – »Ach so, aber wozu denn?« – »Daß ich bei meinem Mann bleiben darf...« – »Bist du denn eine Jüdin?« – »Ja.« – »Unerhört... hast du das gehört?« sagte der eine SS-Mann zum anderen. Im ersten Augenblick wußten die beiden nicht, was sie zu tun hätten; die Verblüffung und Überraschung war zu groß. »Wie konnten Sie« – er duzte sie nicht mehr – »bis hierher überhaupt durchkommen?« – »Mit Gottes Hilfe, wie Sie sehen«, antwortete Susanna, wieder ruhig und selbstsicher. »Ihre Frechheit imponiert mir, gehen Sie...« Nach einer kurzen Weile hielt sie einen Zettel in der Hand, der ihr wieder für eine unbestimmte Zeit das Leben verlängerte. Auf dem Zettel stand: »Die Obengenannte darf, so lange sich ihr Mann im Mililtärlager Zohor befindet, auf dem Gebiet des slowakischen Staates bleiben...« Erst draußen versagten ihr die Beine und brachten sie spät in der Nacht zurück zu ihren Heiligen.

Edita Katz

Es blieb nicht bei einer Blutung der Gedärme. Es war die Zeit der Gesunden und Starken. Darwin hätte sich gefreut... Es gab weder die richtigen Medikamente noch Zeit und Ruhe für eine Genesung. Die Angst ums nackte Überleben steigerte sich täglich. Unter solchen Bedingungen kam Schmuel von neuem ins Krankenhaus. Susanna folgte ihm. Doch für sie war es sehr schwer, in ein staatliches Krankenhaus aufgenommen zu werden. Und andere, private – oder gar das Evangelische Hospital – kamen für sie nicht in Frage. Juden durften nur unter bestimmten Bedingungen aufgenommen werden; zudem war es auch dort ein leichtes Spiel, Juden vom Krankenbett abzuholen, um sie der Zahl tausend zuzuschlagen. Nach der Behandlung einer Eierstockentzündung beim Dorfarzt stellte sich bei Susanna hohes Fieber ein – sie war durch eine unsaubere Spritze infiziert worden. Sie hatte weder eine Reisebewilligung noch Geld. Sie war auch nicht versichert, und es war niemand da, der sie ins Krankenhaus hätte begleiten können. Jemand griff wieder ein, um ihr zu helfen. Schmuels Freunde verschafften sich auf Umwegen von ihren slowakischen Aufsehern eine grüne, d. h. reguläre Uniform und einen gefälschten Reisebefehl. Mit diesem begleiteten zwei von ihnen Susanna ins Krankenhaus. Doktor Werner, ein jüdischer Arzt, füllte das Aufnahmeformular aus und fragte nur nach Namen und Geburtsdatum. Was er in die Rubrik »Religion/Beruf/Arbeitgeber/Wohnort...« eingetragen hatte, wußte Susanna nicht. Er untersuchte sie, und das acht Zentimeter tiefe Eitergeschwür wurde sofort aufgeschnitten. Dem Arzt brauchte sie nichts zu erklären, er wußte bereits alles.

Im Krankenzimmer lagen zwölf Frauen. Zwei davon waren Jüdinnen. Als dritte Jüdin kam Susanna dazu. Man konnte die jüdischen Patientinnen sofort an ihrem unsicheren, ängstlichen Blick ausmachen. Sie sprachen auch nicht normal, sie flüsterten nur oder schwiegen. Vor jeder neuen Patientin hatten sie Angst und beobachteten hauptsächlich deren Augen. Diese verrieten ihnen nämlich, ob sie ruhig liegen bleiben durften oder angezeigt würden. Bei jedem Öffnen der Tür zum Krankenzimmer könnte das Unheil eintreten; wer war damals schon sicher, auch im Krankenbett? Die Jüdinnen meldeten sich in der Aufnahmekanzlei entweder als katholisch oder protestantisch an; andere Religionen durften nicht aufgenommen werden. Religionslos bedeutete jüdisch, und jüdisch bedeutete zumeist Transport.

Eines Tages lieferte man ein junges, schwarzhaariges Mädchen ein. Man munkelte unter der Decke, daß es sich um eine herzkranke Partisanin handle. Ihren Namen kannte niemand. Sie erhielt oft Besuch und las viele Bücher, zum Beispiel über Rodin. Täglich stand sie vor dem offenen Flügel des Fensters und probierte verschiedene Frisuren aus oder bewunderte ihre schlanke Figur. Dabei lächelte sie verführerisch – das gab es damals auch! –, wie es bei jungen Mädchen auf der ganzen Welt der Fall ist. Sie turnte hart und ausgiebig, was sich nicht gerade mit der Nachricht, daß sie herzkrank sei, deckte. Aber, wer wußte schon, wozu dies alles diente? Sie wurde, ohne es zu wissen oder zu wollen, zum Mittelpunkt des Krankenzimmers. Ihr ganzes Wesen strahlte etwas Besonderes, Großes und Selbstbewußtes aus, etwas, das man in dieser Zeit so selten sah ... Jede der Kranken versuchte, etwas davon auf sich abfärben zu lassen. Man erfuhr – wie, war ein Geheimnis – auch ihren Namen, obwohl sie mit falschen Papieren aufgenommen worden war. Wie sie kam, so geheimnisvoll verschwand sie wieder, und erst nach dem Krieg erfuhr man Näheres über ihr Leben und ihren Tod. Es war Edita Katz, eine jüdische Partisanenheldin im Slowakischen Nationalen Aufstand. Die deutschen Soldaten hatten sie dermaßen gefürchtet, daß sie Edita, als sie bei einem Überfall in ihre Hände fiel, in Stücke schossen, damit nichts von ihr übrigblieb ... Doch es blieb, was man nicht zerschießen konnte, ihr Name und ihr Platz in der Reihe der Helden des Zweiten Weltkrieges.

Danko Badnár

In den Flohbaracken sah man lauter junge Männer. Viele von ihnen waren schön gewachsen, kräftig und gebildet. Trotz der Verteufelung des Pfarrers fanden sie in einigen slowakischen Familien warme Aufnahme, und nicht nur, weil sie im Stall oder auf dem Hof mithelfen konnten, sondern aus einfachem, menschlichen Mitgefühl. Die meisten hatten schon keine Eltern, keine Geschwister, kein Zuhause mehr. Und sie selbst bereiteten sich auch auf den Tag X vor. Es wurden »arische« Papiere gekauft, gefälscht, vervielfältigt oder von einem Slowaken einfach abgegeben. Ein solcher Slowake war Danko Badnár, Buchdrucker bei einer deutschen Firma in Bratislava. In den Flohbaracken kannte ihn jeder, denn er war dort ein täglicher Gast. Er war von kleiner Gestalt, blaß und blond. Seine Bewegungen waren eigenartig, fast mädchenhaft. Er stieg am Abend, wenn er von der Arbeit zu seinen Eltern nach Hochstetno zurückfuhr, in Zohor aus, verteilte Obst, Kuchen und seinen Geburtsschein in mehreren Exemplaren und dazu Blanko-Vordrucke verschiedener Art in großen Mengen. Er verlangte weder Geld noch sonst eine Gegenleistung. Er wäre beleidigt gewesen, hätte man auch nur davon gesprochen ...

In Zohor, diesem einst rein katholischen Dorf, wohnten in dieser Zeit außer den Soldaten noch zwei jüdische Familien. Die Männer waren bei »Moravod«, einer für die Be- und Entwässerung der March zuständigen Firma, als »wirtschaftlich wichtige« Juden angestellt.

Als der slowakische Volksaufstand im Jahre 1944 ausgebrochen war, riet der Pfarrer aus Zohor einer dieser jüdischen Familien, ihren achtjährigen Sohn taufen zu lassen, um ihn und die ganze Familie zu schützen: Er selbst übernahm die Gewähr. Der Achtjährige wurde getauft. Beim ersten »Fang« der Juden in Zohor wurde diese Familie von den Deutschen und Gardisten verladen und in Polen umgebracht. Der Geistliche ließ sich während dieser Aktion nicht ausfindig machen, er war einfach für ein paar Stunden verschwunden ...

Die zweite jüdische Familie war kinderlos und verließ das Dorf rechtzeitig. Erst nach dem Krieg erfuhr Susanna, daß die Frau noch in Zohor schwanger wurde und mit ihrem Mann bei einer slowakischen, christlichen Familie unter dem Ehebett dieser Leute in einer für sie ausgehobenen Mulde acht Monate lang ausharren mußte. Vor der Entbindung besorgte ein bekannter Jude, der auf »arischen« Papieren als Dolmetscher bei der deutschen Wehrmacht tätig war, christliche Dokumente, mit denen die Schwangere in Ružomberok, der Hochburg der slowakischen Nationalisten, aufgenommen wurde. Im Spital versahen Nonnen den Schwesterndienst. Das Kind, ein Sohn, kam zur Welt und wog nur ein Kilogramm und neunhundert Gramm. Der jüdische Arzt, der hier noch eine befristete Arbeitsbewilligung hatte, sagte der Mutter die Wahrheit: »Das Kind ist nicht lebensfähig – aber danken Sie Gott dafür, in dieser Zeit.« Der andere Arzt, ein Christ, wußte ebenfalls, wer die Mutter in Wirklichkeit war, und er sagte: »Wenn dieses Kind die Merkmale und Fähigkeiten des jüdischen Volkes geerbt hat, wird es überleben!« Vor der Abendandacht kam eine der Nonnen zur Wöchnerin: »Nur die Heilige Mutter Gottes kann Ihr Kind am Leben erhalten, beten Sie zu ihr!« – »Ich bin eine Jüdin, eine geborene Kohn; mein Vater durfte die Gemeinde im Tempel segnen; ich kann nicht zu Maria beten ...« – »Wir alle sind Kinder Gottes, kommen Sie und beten Sie!« Die Wöchnerin ging, gestützt von der guten Nonne, in die Spitalskapelle. Die übrigen Nonnen knieten schon und beteten. Die Tochter des Kohaniten, des Nachfahren der Hohenpriester, der das Recht hatte, sein Volk zu segnen, saß allein in der letzten Bank. Sie kniete nicht nieder, sie betete auch nicht, sie betrachtete den Altar mit dem gekreuzigten Juden ... Auf einmal erschien ihr der Vater, in Talles gehüllt, und segnete sie, seine Tochter, so wie er in Bytča die Gemeinde im Tempel gesegnet hatte. Die Halluzination – denn was war es sonst? – verschwand. Das Gebet der Nonnen ging auch zu Ende, und sie verließen gemeinsam die Kapelle. »Mein Kind soll als Jude eingetragen werden ...«, bat die Mutter. Heute lebt diese Mutter in Israel, und ihr »lebensunfähiges« Kind ist einer der bedeutendsten Bildhauer im Heiligen Land. Viele Leute, die den bärtigen, frommen Künstler sehen, verbeugen ihr Haupt, denn er strahlt die Wärme eines Propheten aus.

Zurück zu Danko Badnár, in das Jahr 1944.
Die Flohbaracken auf dem Sand verschwanden, und mit ihnen die dunkelblau uniformierten Teufelssoldaten. Die jüdischen Militärlager, die unter die Administration des Kriegsministeriums fielen, wurden aufgelöst und den Zivilbehörden – dem Innenministerium – unterstellt. Das bedeutete: Vorbereitung für den Abtransport des letzten Rests der slowakischen Juden. Die meisten jüdischen Soldaten flüchteten in die Berge zu den Partisanen und beteiligten sich aktiv am Widerstandskampf des slowakischen Volkes gegen die deutsche Besatzung.

Schmuel blieb in Zohor bei der Firma Moravod. Er arbeitete als Hilfskraft in der Kanzlei. Die Firma brauchte eine billige, tüchtige Arbeitskraft, und weil Schmuel chronisch krank war, konnte er diesen Posten bei Herrn Sallay, einem liebenswürdigen, apolitischen Vorgesetzten, gut versehen. Auch die jüdischen Freunde und »Mitkämpfer« trugen kräftig dazu bei, daß er bei dieser Firma bleiben durfte.
Schon zwei Jahre lang waren Susanna und Schmuel verheiratet. Susanna sehnte sich nach einem Kind. Da es Krieg war, schrieb sie ihrem ungeborenen Kind Briefe, bat um Geduld und erklärte ihm, weshalb jüdische Kinder nicht zur Welt

kommen durften. Abends gingen Susanna und Schmuel, Hand in Hand, mit einem roten Kännchen durch das Dorf, um bei einem Bauern Milch zu kaufen. Es erinnerte sie an damals, an den großen blauen Milchtopf auf der Hachschara. Der Unterschied war, daß es jetzt nur ein kleines rotes Kännchen war, und daß sie zueinander gehörten.

Eines Abends kam ihnen auf dem Rückweg eine bekannte Gestalt entgegen: Danko Badnár. Er lief wie um sein Leben und konnte nicht sprechen; der Schweiß floß über sein blasses Gesicht. Er war zerzaust, schnappte nach Luft. »Schnell, verschwindet – sie fangen Juden!« Die Angesprochenen rührten sich nicht. »Schnell, hört ihr nicht?« – »Wohin sollen wir gehen?« Er drängte zur Eile und lief mit ihnen in ihr Zimmerchen. Sie stopften ein paar wenige Sachen und das ersparte Geld in eine Tasche. Dann standen sie auf der Straße und wußten nicht, in welche Richtung sie gehen sollten ... »Um Gottes willen, ihr könnt doch hier nicht stehenbleiben und warten, bis sie euch schnappen ... kommt mir nach, aber mit etwas Abstand, damit niemand merkt, daß ihr zu mir gehört.« Sie gingen gehorsam, wie entseelte Maschinen in einem Abstand von zwanzig Metern neben dem Geleise in sein Heimatdorf, nach Hochstetno. Als sie in die Nähe des Dorfes gelangten, flüsterte Danko: »Bei uns könnt ihr nicht bleiben ... mein Vater ist ein gefährlicher Gardist und ein Judenfresser; auch der kleine Bruder könnte euch verraten. Bleibt hier, bis es dunkel wird! Am Abend komme ich zu euch.« Dann verschwand er. Es war schon stockdunkel, als er wieder auftauchte. »Kommt mir nach ... niemand darf euch sehen!« Im Hof seines Elternhauses stand eine hohe Leiter, die an die Wand des Heubodens gelehnt war. Susanna und nach ihr Schmuel kletterten hinauf und setzten sich ins Heu. Sie atmeten kaum, denn aus der Wohnung drangen deutlich Stimmen. Die Leiter wurde entfernt, und eine stille Nacht legte sich über alle Felder, Bäume und arischen Menschen. Zwei Tage und zwei Nächte beherbergte das duftende Heu die beiden Juden. Einmal in jeder Nacht erhielten sie im Körbchen zu essen und zu trinken. »Hier könnt ihr nicht bleiben, es wird

zu gefährlich – der Vater könnte demnächst Heu holen . . .
Ich versuche es noch bei meiner Tante. Sie wohnt am andern
Ende des Dorfes und ist kinderlos. Vielleicht nimmt sie euch
auf . . .«

Im Bunker – Das Kriechtier

Die Tante, »Tecina Marina« genannt, war im Dorf bekannt
als die tüchtigste Schmugglerin der Gegend. Sie bewohnte
zwar ein äußerlich bescheidenes, unauffälliges Häuschen, das
hinter einem hohen Weidenrutenzaun versteckt war, aber im
Innern des Häuschens hätte man leicht dutzendweise Ware
jeder Art finden können: Stoffe, Kerzen, Konserven, Zünd-
holzschachteln – im Krieg oft nicht aufzutreiben! –, Medikamente usw. Ein Großkaufmann wäre auf dieses Sortiment
stolz gewesen!
Tecina Marina ließ sich überreden. Fünfhundert Kronen die
Woche schienen ihr angemessen für das Risiko, das sie auf
sich nehmen sollte. Ihr Leben war schon immer risikoreich
und abenteuerlich aufregend gewesen. Sie liebte dieses Leben
voll Überraschungen und Gefahren – und es zahlte sich auch
aus für sie. Sie kannte keine Not, mußte nichts entbehren;
man schnappte sie nie, denn sie war schlau wie keiner im
Dorf. Ihr wachsgelbes, regelmäßiges, einst schönes Gesicht
war mit tausend Runzeln durchzogen. Die glasklaren, großen, blauen Schlangenaugen verrieten ihre einstige, nun verwelkte Schönheit.
Sie willigte ein, die Juden in ihrer Sommerküche zu verstek-
ken, da auch sie – wie die beiden Juden und Millionen von
anderen – glaubte, daß der Krieg, der »Zweite«, nun bereits
im fünften Jahr, nur noch von kurzer Dauer sein könne.
Um Mitternacht, als das Dorf im tiefen Schlaf versunken war,
kamen dann Susanna und Schmuel zu ihr. Die Sommerküche
war an das vordere Häuschen angebaut. Dort wurden für die
Schweine und das Geflügel Kartoffeln gekocht und sonst alle

schmutzigen Arbeiten verrichtet, damit die eigentliche Küche im Haus sauber blieb. So war es Sitte in allen Bauernhäusern. Der Fußboden in der Sommerküche war zementiert; in der Ecke stand ein altes Bett, und unter dem kleinen Fenster ein Blechofen. Das Fensterchen war mit einem dichten Vorhang bedeckt. Am Morgen gab es schwarzen Gerstenkaffee und Brot, mittags Kartoffeln. Man durfte sich nur leise unterhalten und vorsichtig bewegen.

Tecina Marina lebte mit ihrem Mann Jan, einem Siebziger. Sie selbst war nicht viel jünger. Er arbeitete noch täglich als Hilfsarbeiter bei der Eisenbahn. Ein gesunder, kerzengerader Mann. Er hatte sich, wie Tecina Marina stolz erzählte, seine schöne Braut buchstäblich in einem Duell herausgeschossen. Dafür saß er dann allerdings einige Jahre im Knast, aber das bereute er nicht. Beide tranken am Morgen und am Abend gleich viel Schnaps. Das war gut gegen Krankheiten und andere Übel.

Das Dorf, in dem die beiden lebten, lag an der Grenze zu Österreich. Von dort flohen in der Nacht viele russische Gefangene, denen es gelungen war, die March zu durchschwimmen. Sie verkrochen sich, naß wie sie waren, halbverhungert und entkräftet in dem hohen Strohschober, der unweit auf einem Stoppelfeld durchs kleine Fenster der Sommerküche zu sehen war. Tags – und vielleicht auch nachts – kamen dann die Bauern vom Dorf, mit einer Heugabel getarnt, zogen aus ihrer Hosentasche ein Päckchen mit Brot und Speck und warfen es ins Stroh hinein. Im Dorf wimmelte es von Gestapoleuten, denn es war ein wichtiges Grenzdorf. Die Gestapo wußte alles, auch, daß sich geflohene russische Gefangene im Dorf befanden. Jedermann wurde verdächtigt und kontrolliert. Oft hörte man Schüsse. Das waren die Todessalven für die Geflohenen, die sich nicht mehr verstecken mußten...

Jeden Morgen kam Tecina Marina mit neuen Greuelnachrichten: »Man hat in der Nacht wieder vier Juden geschnappt, einen zu Tode geprügelt...« Die beiden Zuhörer wußten nie so recht, ob und wieviel Wahrheit in den Berichten steckte. Es könnte ja auch stimmen ... Sie ließ sie zappeln. Eines Abends kam sie in die Kammer und erzählte, daß ihr das Herz zu zerspringen drohe, denn der »arme« – in Wirklichkeit reiche – Zahntechniker mit seiner jungen, bildschönen Frau aus dem Dorf werde gesucht, und die Dorfbewohner, die Scheißkerle, fürchteten sich alle, die beiden zu verstecken. »Mein Alter und ich haben uns gedacht, daß die Ärmsten ja auch Menschen sind, wenn auch Juden, und daß sie vielleicht mit Ihnen zusammen tagsüber in diesem Raum sein könnten ... Ich wollte mich nur vergewissern, daß Sie nichts dagegen hätten!«

Eigentlich gab es da nur ein peinliches Problem, dessen Lösung Susanna und Schmuel Sorge bereitete: Weil sie die Kammer tagsüber nicht verlassen durften, mußte Schmuel viele Male einen Marmeladeblecheimer benützen. Der war abends randvoll von blutigem Schleim. Vor Ankunft der Neuen wurde hinter einem zerrissenen Vorhang ein Stuhl, ein »Provisorium« mit Marmeladeeimer, eingerichtet. In der Nacht dann, als man nur noch die Hunde bellen hörte und alle Lichter erloschen waren, trug Susanna den Eimer in den Garten, leerte ihn dort aus und reinigte ihn, so gut es ging, mit Gras und Schnee. Der Zahntechniker kam mit seiner Frau und bezahlte für eine Woche tausend Kronen. Dafür wurde für die beiden in der schönen vorderen Küche Nahrhaftes zubereitet; schlafen durften sie ebenfalls im vorderen Haus, unter feinem Bettzeug.

Am ersten Tag erzählte der Zahntechniker, daß er getauft sei. Schmuel bemerkte dazu, nur obenhin: »Das Taufen hilft nichts, wir bleiben trotz allem Juden. Kein Taufschein und kein Taufwasser hilft da ...« Das hätte er besser unterlassen, denn von diesem Moment an wurde er des Zahntechnikers Erzfeind, ein »verstunkener Jude«.

Susanna entschuldigte sich wegen des »Provisoriums« und erklärte den Grund. Sie selbst benützte es nicht, denn sie war gesund, und ihre Urinblase wußte, daß sie nur einmal – in der Nacht – entleert werden durfte.

Nach zwei Tagen, als Schmuel hinter dem Vorhang verschwand und krampfhaft alle Geräusche zu unterdrücken versuchte, schrie der Zahntechniker wie besessen Susanna ins Gesicht: »Verstunkene Juden!« Die junge, schöne Frau schämte sich und weinte. Susanna und Schmuel schwiegen.

Der Krieg tobte weiter. Der Zweite, wie ihn die Menschen irrtümlicherweise nannten. Vielleicht konnten sie sich in ihrem kurzen Leben nur noch an den Ersten erinnern ... Über der March, die sich wie eine silberne Schlange zwischen Österreich und der Slowakei schlängelte, fanden im Herbst und im Winter des Jahres 1944 fast täglich Luftkämpfe statt, immer zur gleichen Zeit, zwischen zehn und halb elf Uhr. Die vier Leidensgenossen – zwei von ihnen verstunkene Juden – empfanden das dumpfe Dröhnen als Bestandteil des schrecklichen Krieges, der sie von allen Himmelsrichtungen umgab. Susanna und Schmuel saßen auf dem Bett und hielten sich fest bei den Händen. Sollte eines der brennenden Flugzeuge auf ihr Dach abstürzen – und das war vorauszusehen –, wollten sie auch im Tod vereint bleiben. Es starben täglich Tausende. Weshalb sollten eben sie am Leben bleiben? Doch ungewollt tauchte immer wieder derselbe Gedanke in Susannas Seele auf. Er hatte sich dort schon ganz tief eingegraben: »Sie werden es überleben, denn Sie haben eine Aufgabe zu erfüllen ...« Auch das Bewußtsein des gemeinsamen Todes gab den beiden unermeßliche Kraft – wie sie einst Paulina empfunden haben mußte – und ließ sie ruhig bleiben.
Der Getaufte dagegen fing schon vor zehn Uhr an zu zittern, seine Augen stiegen aus den Höhlen, sein Blick verfinsterte sich, er atmete schnell und unregelmäßig, er lief von einer Ecke des schmalen, überfüllten Raumes in die andere. Wenn die Flugzeuge dann über ihren Köpfen dröhnten und die schwachen Wände erzitterten und Risse erhielten, schaute der »Amokläufer« zuerst die beiden ruhig dasitzenden verstunkenen Juden an, und dann begann er zu toben. Er ertrug deren Ruhe nicht, denn ihn selbst packte jedesmal in allen Gliedern die Todesangst. Wie konnten die beiden nur so ru-

hig sitzen und sich nicht fürchten?... Wie sehr er sich täuschte! Sie blieben zwar auf dem Bett sitzen, doch sie hatten Angst – nicht so sehr vor den dröhnenden oder brennenden Flugzeugen, und auch nicht vor dem Tod, sondern vor einem Juden, der wie ein Wahnsinniger wütete und Amok lief. Er packte plötzlich seine stille, gutherzige Frau und zog sie hinter sich auf dem Boden kriechend aus der Tür in den zwei Schritte weiter entfernten Keller, dessen Decke nur mit Brettern bedeckt war. Was würde ihm das nützen, wenn ein Flugzeug abstürzte? Täglich wiederholte sich diese Szene, nur die Besessenheit steigerte sich zusehends. Die junge Frau bekam ein unnatürliches Zucken im Gesicht, das ihre schönen, feinen Züge ganz entstellte. – Nach dem Krieg gebar sie noch eine Tochter und starb bald danach in schrecklichen Qualen, erlöst von ihrem Mann, der sie so sehr gepeinigt hatte und dem sie ein Kind mit ihren Zügen hinterließ.

Im »Bunker«, wie die verstunkenen Juden ihre Kammer nannten, wurde es unerträglich. Sie saßen und warteten – Stunden, Tage, Wochen, Monate. Eines Tages brachte die schlaue Tecina Marina trockene Maisblätter und sagte: »Ihr sollt nicht nur herumsitzen und nichts tun. Von diesen Fasern kann man Nützliches herstellen.« Die Maisblätter waren ein Segen. Von Stund an wurde ununterbrochen gearbeitet. Fertige Taschen und Körbe standen bereit in Reih und Glied; in sie war vieles hineingeflochten, am meisten Freude an der Arbeit und damit am Leben. Als dann der Vorrat an Maisblättern zu Ende ging, wurden die Juden auf die trockenen Blätter eifersüchtig. Sie verlangsamten absichtlich ihre Arbeit, damit ihr Leben den Sinn nicht wieder verlor, und erfuhren so, welchen Segen die menschliche Arbeit bedeuten kann.

Der Krieg wollte nicht zu Ende gehen. Er dauerte eine Ewigkeit. Alle Prognosen erwiesen sich als falsch. Sie erwiesen sich als Wunschträume.
Das Geld, das Schmuel mitgenommen hatte, war längst aufgebraucht. Der reiche Zahntechniker war nicht bereit, zu hel-

fen. »Ich muß für mich sorgen . . . was würde ich machen ohne Geld?« Die Bitten seiner edlen Frau ließ er abblitzen.

Danko Badnár besuchte ab und zu heimlich seine Freunde. Er brachte zweimal das nötige Geld für Tecina Marina mit. Einmal war es ihm von seinem deutschen Vorgesetzten, dem er auch die Wahrheit gesagt hatte, das andere Mal von einem Juden, der eine Deutsche zur Frau hatte und durch sie geschützt war, gegeben worden. Doch alles reichte nicht, denn der Krieg nahm kein Ende. Es kam eine neue Woche. Tecina Marina und Onkel Jan tranken nun von morgens früh bis abends spät guten, teuren Schnaps. »Wir müssen die Angst vertreiben!« sagten sie.

Auch kauften sie ein großes, teures Radio, Stoffe, Seife, Schuhe und andere Waren, die nach dem Krieg in Wien, aber auch im Dorf selbst, gefragt sein würden und wie »heiße Semmeln« verkauft werden konnten. Denn nach dem Krieg würde es nichts mehr zu kaufen geben. Tecina Marina hatte da schon ihre guten Erfahrungen gemacht und dazu eine Nase für das, was am meisten gesucht würde.

Der nächste Samstag stand vor der Tür. Die fünfhundert Kronen mußten vorgelegt werden. Niemand fragte woher, am wenigsten Tecina Marina. Was würde sie tun, wenn man nicht bezahlen konnte? Die Gestapo holen? Die Juden in den Winter und damit in den sicheren Tod hinaustreiben? Wer weiß? Niemand kannte ihre Gedanken, noch weniger ihr Herz . . . Möglich wäre alles . . . Sie war in der letzten Zeit stets betrunken, und auch das viele Geld umnebelte ihren Verstand.

Das Geld mußte unbedingt beschafft werden. Susanna bat die Blauäugige um ein schwarzes, wollenes Dreiecktuch, das die älteren Frauen im Dorf, quer über die Brust gebunden, zu tragen pflegten. Es war Vorweihnachtszeit, und alles ruhte unter einer dicken, weißen Decke von Schnee und Eis. Irgendwo am anderen Ende des Dorfes wohnte Jano Krčmár, ein Slowake, der vor Schmuels Flucht auch bei derselben Firma gearbeitet hatte. Er war ein gutmütiger, verläßlicher Mann, und zu ihm führte Susannas Weg. Es wurde Nacht. Die Straßen waren menschenleer. Nur die Hunde durften noch bellen. Susanna fror, vor Kälte und vor Angst. Sie kannte den Weg nicht, und es war keiner da, den sie fragen konnte. Sie bog ins nächste Gäßchen ein und wiederholte in Gedanken fortwährend die Richtungsanweisungen, die sie von Tecina Marina erhalten hatte: erst links, dann geradeaus, dann rechts, wieder geradeaus, dann ... Inzwischen betete sie: »Schma Jisrael, Adonai elohenu ...« Sie kehrte in größter Not zu Dem zurück, an Den sie oft nicht glauben konnte ... Doch woher sollte sie sonst den Mut nehmen, in dieser Nacht und auf diesem Weg?

Hinter einer Hecke sprangen zwei Gestapomänner mit vorgehaltenem Gewehr auf sie zu. »Stehenbleiben!« Sie betasteten sie und spürten, daß sie eine Frau und unbewaffnet war. Susanna stammelte nur: »Doktor, Doktor ...« – »Laß sie laufen«, sagte der eine zum anderen. Nach einem Irrweg – denn die Straßen und Gassen durften im Krieg nicht beleuchtet sein – fand sie das gesuchte Haus. Durch ein einziges Fenster sah sie einen schwachen Lichtschimmer. Sie klopfte unsicher an die Tür. Ein Hund fing an, wild zu bellen. Jano Krčmárs Frau öffnete vorsichtig die Tür: »Um Gottes willen, Sie?« Die Anwesenden waren soeben dabei, vom frisch geschlachteten Schwein eine festliche Mahlzeit zu verzehren. Alle schraken vor dem blassen, mageren Gespenst zurück, ebenso wie vor der Möglichkeit, daß man die Jüdin bei ihnen erwischen könnte. Keine Ausrede hätte ihnen genützt ... Somit war die Mahlzeit zu Ende.

Sie bat um Geld und erhielt es. Einige Samstage waren gerettet ... Darüber hinaus wurde sie mit heißem Speck und gebratenem Schweinefleisch auf einem sauberen Teller bewirtet. In einem Körbchen lagen frische Brotscheiben. Der üppige, längst vergessene Duft betäubte Susanna. Die ausgehungerten Augen konnten nicht widerstehen. Sie aß von allem und jedem ein wenig, und doch blieb der vollbeladene Teller fast unberührt. Dann verschlang sie wieder die Nacht. Die Begegnung mit der Gestapo wiederholte sich noch zweimal.

Susanna und Schmuel waren für ein paar weitere Wochen gerettet. So glaubten sie ... Doch am nächsten Morgen veränderte und verfärbte sich das blasse Gesicht von Susanna und nahm eine schwarzgelbe Farbe an. Der ausgehungerte und geschwächte Magen hatte das üppige, fette Essen der vorigen Nacht nicht ertragen können. Susanna bekam Gelbsucht. Aber sie durfte und konnte nicht zum Arzt, denn sie existierte ja nicht mehr ... Täglich verschlechterte sich ihr Zustand. Tecina Marina wurde unruhig. Sie war von ihrer Kindheit an – wie alle Leute auf dem Lande – mit der Natur eng verbunden gewesen, und da war die Geburt ebenso natürlich wie das Sterben. »Gott hat gegeben, Gott nimmt.« Man machte also auch vom Tod kein Aufheben. Und so sagte Tecina Marina zu den Bunkerbewohnern: »Ich kann weder einen Arzt, noch ein Begräbnis für Sie bestellen, das würde euch alle verraten und ins Unglück stoßen. Wir begraben sie heimlich in der Nacht im Garten ...« Die drei Gesunden und die eine, von der die Rede war, schwiegen, denn Tecina Marina hatte vollkommen recht. Es gab da noch eine einfachere Lösung für alle Beteiligten, und zwar, wenn »alles« außerhalb des Bunkers vonstatten ginge. Das schwarze Wolltuch wurde wieder über den Kopf und quer über die Brust gebunden. In tiefer Nacht und nur mit dem Geld für die Fahrkarte versehen, schlenderte die junge »alte Bäuerin« durch unbekannte Straßen ins nächste Dorf. Im ungeheizten Warteraum setzte sich Susanna auf eine Bank in die hinterste Ecke. Sie war der einzige nächtliche Fahrgast. Vielleicht war es schon Mitternacht geworden ... Es verkehrten mehrere Züge in beiden Richtungen. Immer wieder sprang sie auf und mußte zurückkehren, denn die Züge hielten nicht an. Wozu auch? Die Arbeiter schliefen noch, und wegen einer alten Frau ...?
Es waren Militärtransporte. Die deutschen Soldaten befanden sich nun in einem feindlichen, fremden Land, in dem ein Volksaufstand stattfand, und das war vielleicht der Grund, weshalb so wenige Züge im kleinen Bahnhof stehenblieben. Susanna bestieg den ersten Zug, der Halt machte. Kein Zivilist fuhr mitten im Krieg in der Nacht, nur Soldaten. Sie nah-

men keine Notiz von der vermummten alten Frau und ließen sie in Ruhe.

Im nächsten Dorf stieg sie aus. Da wohnte ein Lehrer, der vor wenigen Jahren unweit von Schmuels Geburtsort im Militärdienst gewesen war. Der Lehrer und Schmuel waren gut befreundet. Nur den Namen des Städtchens, nicht die Straße und nicht die Hausnummer, kannte Susanna. Das Städtchen schien ausgestorben. Überall war es dunkel – eine Nacht im Krieg. Wie Susanna das Haus des Lehrers fand, wußte sie nicht. Sie hätte es niemandem erklären können. Im Krieg geschehen viele Wunder, und dies war eines davon. Das Tor war geschlossen. Sie klopfte leicht an die verschlossenen Fensterläden. Nach dem dritten Klopfen öffnete sich eines der Fenster einen kleinen Spaltbreit. Die Frau des Lehrers Hnát, auch eine Lehrerin, und hinter ihr die Großmutter in einem langen, weißen Hemd und einer Kerze in der Hand, schrien gemeinsam auf, und die Großmutter bekreuzigte sich: »Du guter Gott, auch das noch!« Sie ließen Susanna eintreten. Beim Kerzenlicht sah sie wie eine Leiche aus. Kurz erzählten die beiden verschreckten Frauen dem Mitternachtsgast, daß vor ungefähr einer Stunde ihr Mann, der Lehrer, durchs Fenster geflohen sei, weil ihn die Gestapo als Kommunisten gesucht habe. Sie wußten nicht, wohin er geflohen war, ob sie ihn geschnappt hatten oder ob er lebte ... Und jetzt kam noch eine Jüdin ins Haus ... Es war lebensgefährlich, Kommunist zu sein, und noch gefährlicher, eine Jüdin im Hause eines Kommunisten zu verstecken ...

Die beiden Frauen hatten kein Herz, die Jüdin hinauszutreiben – trotz allem. Am nächsten Tag steckten sie Susanna in einen Trog mit heißem Wasser und wuschen den gelben Körper rein. Dann reichten sie ihr ein wenig Milch. Sie erklärten ihr, wo der Arzt wohnte.

Eine neue Gefahr kam beim Arztbesuch auf Susanna zu. Doktor Beňuška war der Bruder des Leiters der Zentrale für Staatssicherheitsdienst, und als solcher würde er gewiß auch ein Todfeind der Juden sein. Im schwarzen Bauerntuch schleppte sich die Kranke in eine neue, unbekannte Falle. Sie legte das Tuch nicht ab. Doktor Beňuška stellte keine Fragen. Er schaute nur tief in Susannas Augen und sagte: »Das schwarze Tuch steht Ihnen nicht! Sie müssen es nicht tragen, nicht bei mir. Ich brauche keine Auskünfte von Ihnen.« Er untersuchte sie gründlich, gab ihr Medikamente und auch eine Injektion. »Kommen Sie jeden Tag um diese Zeit zu mir, bis Sie sich erholt haben . . .« Sie ging täglich und erholte sich zusehends. Susanna lebte in einer für sie unerlaubten Welt, und alles, was sie tat, verstieß gegen das Gesetz. Ihre Gedanken weilten zumeist im Bunker, bei Schmuel. Ihr Körper verlor allmählich die schwarzgelbe Farbe.

Eines Tages kamen deutsche Soldaten ins Haus des Lehrers, die Todfeinde. Sie meinten, Susanna gehöre zur Familie und beachteten sie nicht. Die Jüdin schaute sich die Todfeinde an. Es waren schöne, junge Männer, und sie verspürte keinen Haß. Das wunderte sie. War sie gefühllos geworden? War alles in ihr abgestorben? Ihr Herz war in ihrem Leben stets der einzige Wegweiser gewesen. Warum verspürte sie jetzt nichts? Wieso sah sie in den lachenden und lärmenden Soldaten nur Menschen?

Nach zwei Wochen kehrte sie wieder in der Dunkelheit zu Schmuel zurück. Beide weinten; das Glück war zu groß.

Das Bett, das sie teilten, war schmal und ächzte. Deswegen durfte man sich kaum rühren, wenn möglich nicht umdrehen. Rückenlage war erwünscht, wenn man leben wollte. Susanna schaute oft die hölzerne Decke an und träumte mit offenen Augen von ihrem eigenen Bett, das nicht ächzte und in dem man sich umdrehen durfte; sie träumte von ihrem ungeborenen Kind, vom Heiligen Land, von Freiheit und von ihrem Vater, bis ihr die Müdigkeit die Augen schloß. Wenn sie in der Nacht mit dem Marmeladeneimer in den Garten schlich, blieb sie zwischen den Bäumen stehen, atmete die kühle Luft tief ein und schaute mit erhobenem Haupt in den kristallklaren Sternenhimmel. Alles war ruhig, und sie war frei – aber nur hier, unter dem herrlichen Himmelsgewölbe. Wie war das alles möglich? Da unten, wo die Menschen leben, herrscht Krieg, und oben, was gibt es dort? »Wo warst du so lange, Liebste?« Sie lächelte, und das Glück, das sie von den Sternen heruntergeholt hatte, überreichte sie auch ihm.

Eines Abends klopfte Danko Badnár leise an die Tür des Bunkers. Er war noch blasser als sonst und sehr aufgeregt. Man sah ihm an, daß er zutiefst bedrückt war. Susanna und Schmuel fragten ihn nichts. Sie warteten, bis ihr Helfer und Retter von sich aus zu reden begann. Eine Last drückte ihn, die er kaum in Worte fassen konnte. Es gab ja so vieles in dieser Zeit, das auch einen Nichtjuden wie Danko bedrücken konnte. Die Beichte des Danko Badnár hatte eine schwere Geburt:

»Wenn ich euch über mich erzählen werde, werdet ihr mich verachten und aufhören, meine Freunde zu sein.« Seine Augen blieben auf den Fußboden geheftet. »Ich bin nicht so wie ihr . . . ich bin homosexuell. Das war einer der Gründe, weshalb ich so oft in die Baracken kam. Ich verliebte mich in Schrage und bewunderte auch die anderen. Daß ich auch ein Mensch bin, beweist vielleicht, daß ich auch euch geholfen habe . . .« Er legte lange Pausen ein. Die Worte kamen einzeln von der Tiefe seiner Seele. »Das ist nicht alles«, fuhr er fort. Er zog seine Jacke und Hose aus und stand in kurzen Unterhosen vor seinen Freunden. Blaue Flecken bedeckten seinen Körper.

»Ich ließ mich beschneiden – im Jahre 1943 –, denn ich wollte so sein wie ihr. Ich wollte den Burschen helfen, allen, allen. Sie kamen täglich in die Druckerei und baten um Geburtsscheine und Formulare . . . Meine Mitarbeiter waren Deutsche, und sie beobachteten mit Mißtrauen, daß mich viele Juden aufsuchten . . . Als sich die Besuche häuften, zeigten sie mich bei der Gestapo an und behaupteten, ich sei auch ein Jude, der mit falschen Papieren lebe, einer, der so tue, als wäre er Slowake und Arier. Vor drei Tagen schleppte man mich nachts zur Gestapo und verprügelte mich, bis ich bewußtlos wurde. Es genügte ihnen nicht, daß ich das ›Vaterunser‹ hersagen konnte. Sie zogen mir die Hose aus, und alles erschien als Lüge . . . Mein Vorgesetzter, der Volksdeutsche, rettete mich. Er kannte mich seit Jahren und verbürgte sich für mich. Doch ich wurde aufgefordert, als weiteren Beweis meiner Unschuld die Geburtsscheine meiner Eltern beizubringen, damit mein ›arischer‹ Ahnenstamm daraus ersichtlich würde, schwarz auf weiß. Meine Mutter war in Wien geboren und hatte dort nie einen Geburtsschein benötigt oder besessen. Also ist es mir auch jetzt – im Krieg – unmöglich, einen zu beschaffen. Deshalb ist es wahrscheinlich, daß ich nicht mehr zu euch kommen kann . . . Verzweifelt nicht, der Krieg ist bald zu Ende!«

Im August des Jahres 1944 hatte der Volksaufstand in der Slowakei begonnen. Viele ehrliche Slowaken nahmen daran teil. Aber auch solche, die das Ende und den Zusammenbruch der deutschen Armee nahen sahen. In diesem Aufstand konnte man die verschiedensten Strömungen und Ideologien ausmachen. Eines war allen gleichermaßen klar: Die Slowaken wollten nach dem Krieg zur Familie der freien Völker in Europa gehören, zu den Siegervölkern, die für ihre und damit auch für die Freiheit anderer gekämpft hatten. Dieses Vorhaben ist ihnen gelungen. Die Gardisten hatten noch andere Ziele: Die Sünden und Verbrechen an den jüdischen Mitbürgern sollten vergessen und begraben werden.
Der Winter dieses letzten Kriegsjahres war furchtbar hart. »Meine Federdecke geht langsam zugrunde, wenn ihr sie noch länger benützt; es muß euch auch diese alte Decke genügen!« Das sagte Tecina Marina eines Wintermorgens, und schon zog sie die Federdecke vom Bett. Susanna und Schmuel wehrten sich nicht und überstanden trotzdem auch diesen letzten und schrecklichsten Winter. Liebe und Hoffnung wärmten sie.
Am folgenden Tag überfluteten fremdsprachige Soldaten das Dorf, die »Wlassows«. Das waren Ukrainer, die sich auf die Seite der Deutschen geschlagen hatten und mit grausamer Verbissenheit die Russen verfolgten, wo immer sich ihnen die Gelegenheit bot. Sie kämpften auf Leben und Tod. Sie kamen auf Pferden – wie in den Zeiten Petljuras – und requirierten in jedem Haus Zimmer und Betten für ihre Soldaten.

Die Wlassows waren auch Todfeinde der Juden.

Tecina Marina kam in den Bunker und sagte kurz: »Die Wlassows sind da, schnell!« Die vier Verdammten kletterten hastig über eine wacklige Leiter auf den Heuboden. Dort legten sie sich ins Heu und wagten kaum noch zu atmen. Susannas und Schmuels Angst galt gleichermaßen den Wlassows wie dem Amokläufer. Man durfte sich nicht regen, nicht husten, denn unter ihnen, in allernächster Nähe, nur wenige Schritte entfernt, lauerte der Tod. Tecina Marina spielte nun eine ihrer besten Theaterrollen. Die Bühne war das Leben selbst, die Mitwirkenden Laienspieler, Menschen aus dem Volk, in Gestalt von Ukrainern. Die blauäugige, einst schöne Braut lachte und tanzte durch den Hof, wo sich die Soldaten wuschen und rasierten; sie bewirtete sie reichlich mit Speck und Schnaps, betätschelte ihre halbnackten, strammen Körper, machte vulgäre Witze und fühlte sich – so schien es allen, die sie sahen oder nur hörten – in ihrem Element. Die wilden Soldaten gingen ihr leicht auf den Leim, denn Tecina Marina kannte sich auch in Psychologie offensichtlich hervorragend aus.

»Für meine Häschen ein bißchen Heu, die wollen ja auch fressen, nicht nur ihr, Hurensöhne . . .«, und schon kletterte sie behend wie ein Wiesel auf den Heuboden und warf den vier »Häschen« einmal am Tag etwas Eßbares hin. Die Leiter versteckte sie sogleich ganz hinten im Garten, damit keiner der Soldaten auf die Idee kommen sollte, auf den Heuboden zu klettern.

Im Dorf hörte man Schüsse. Jeder Schuß bedeutete ein Menschenleben. Ein russisches oder ein jüdisches. Nach ein paar Tagen zogen die Wlassows ab. Sie waren gefürchtet wie die Pest, und nicht nur von den Juden. Sie hießen nach ihrem Kommandanten, einem ehemaligen russischen General namens Wlassow.

Die »Häschen« konnten wieder vom Heuboden in den Bunker heruntersteigen.

Zur selben Zeit zogen auf der Landstraße, langsamen Schrittes, in unendlichen Reihen, wachstuchbedeckte Wägelchen –

wie einst diejenigen der Zigeuner – durchs Land. Ungarn saßen darin, die, wer weiß woher und wohin, vor den Russen
flüchteten. Für die vier Verdammten waren die Wägelchen
ein gutes Omen, für die Insassen ein trauriges Schicksal. Die
dumpfen Einschläge der Kanonen wurden immer deutlicher.
Die Stimmung war ähnlich wie beim Nachlassen eines Gewit-
ters, wenn nur noch aus großer Entfernung die Nachwehen
der Donnerschläge hörbar sind.

Das wiedergeschenkte Leben

Am 3. April des Jahres 1945 trat Danko Badnár in den Keller
und sagte: »Ihr seid frei!« Diese Worte, auf die man jahrelang
gewartet hatte, waren nicht faßbar ... Die Bewohner des
Bunkers blieben wie gelähmt weiter auf dem schmalen Bett
sitzen. Erst nach geraumer Zeit erhoben sie sich und wußten
mit ihrer Freiheit nichts anzufangen. Welches war ihr Weg in
die Freiheit? Wo war ihr Zuhause? Der Bunker, in dem sie
sieben Monate ausgeharrt hatten, war der Ort der Unfreiheit,
der Mißachtung der menschlichen Würde. Nun durften sie
diesen Ort bei Tageslicht verlassen – welch eigentümliches
Gefühl! Das grelle Licht blendete vorerst ihre Augen, die an
Dunkelheit gewöhnt waren. Draußen schien die Frühlings-
sonne, und die Welt zeigte sich in prächtigen Farben. Die
kleinen russischen Erkundungsflugzeuge, »Raty« genannt,
ratterten über ihren Köpfen, doch das störte sie nicht, und
auch der Amokläufer stand ruhig und wortlos vor seinem
eben wiedergewonnenen Leben.

Susanna und Schmuel kehrten auf demselben schmalen Pfad,
auf dem sie geflüchtet waren, zurück, nun aber als freie Menschen. Im Gras, in den Gräben und auf dem Weg – überall
lagen Leichen. Russen neben Deutschen. Sie berührten mit
ihrem Gesicht die gute slowakische Erde, die ihnen endlich
Ruhe schenkte. Manche umarmten sie, als wäre sie ihre Mut-

ter, ihre Frau, Geliebte oder Freundin, die sie zurücklassen
mußten. Vielleicht waren sie mit deren Namen auf ihren Lippen gestorben und übergaben ihre letzte Botschaft dem soeben erwachten Gras ... vielleicht dachten sie an Gott und
dankten ihm, daß sie nicht mehr töten mußten ...
Ein Mann mit einem Einpferdegespann sammelte die Leichen ein und lud sie auf einen Karren. Russen und Deutsche
lagen da im Tode vereint und staunten vielleicht, wie ähnlich
sich Menschen im Tode sind – und auch im Leben sein könnten ...

In Zohor betrachtete man das Judenpaar wie ein Wunder.
Eine Bäuerin wagte es, sich zu nähern und schrie: »Jesus Maria, Sie leben noch? Mein Gott, wie Skelette, wie Skelette!« In
ihren Augen war Wärme und Mitleid, das den beiden Skelet-
ten guttat, denn es waren die ersten Worte eines Mitmenschen in der Freiheit. Diese warmen Worte halfen aber nur
für eine kurze Zeit. In den nächsten Tagen konnten die Befreiten keine Menschen sehen. Sie kamen sich wie Tote vor,
die zurückgekehrt sind, und sie schämten sich ihres Lebens.
Die Russen trieben die Deutschen in Richtung Mähren, und
man sah überall verwahrloste, müde und wilde Gesichter. Ein
russischer Oberleutnant quartierte sich für ein paar Tage bei
einer Nachbarin ein. Susanna traf ihn auf der Straße. Er blieb
stehen, schaute sie lange an und sagte: »Du bist keine Slowakin, du bist eine Grusinierin ...« An wen mochte sie ihn wohl
erinnert haben?
Im Dorf war fast nichts zu kaufen. Die reichen Bauern vom
»oberen Ende« versteckten ihre Vorräte für noch schlechtere
– für sie aber günstigere – Zeiten. Was kümmerte sie es, daß
die Proletarierfrauen vom unteren Dorf in der Mühle stundenlang anstehen mußten? In dieser Mühle ließen die Russen für ihre Soldaten Säcke von Korn mahlen. Ein junger russischer Offizier, der auf das Mehl wartete, stand mit seiner
entsicherten Kalaschnikov in einer Ecke und betrachtete die
wartenden Frauen. Unter ihnen entdeckte er Susanna. Er trat
zu ihr und fragte: »Baryšňa ... Kak poživaješ?«, »Mädchen,

wie lebst du?« Susanna verstand den jungen Soldaten, denn Russisch ist ja eine slawische Sprache. Er sprach zu ihr, aber eigentlich war es eher ein Monolog im Dienste seiner seelischen Befreiung. Die alte Mühle verwandelte sich in seine Heimat – Odessa. Seine Kindheitstage standen vor ihm, seine Studentenjahre, Pläne, Liebschaften und Freunde. Die Gegenwart und den Krieg wünschte er auszulöschen, zu vergessen . . . Aber sie hielten ihn fest in ihren Krallen.

»In Rumänien traf ich nach vier Jahren des Tötens meine Freunde, Schulfreunde, die damals ähnliche Träume hatten wie ich . . . Es waren fremde, verwilderte Menschen geworden, ich erkannte sie nicht wieder . . . Sie trugen nur noch die Namen meiner Freunde . . . die gleichen Menschen, mit denen ich einst vor dem Krieg Gedichte geschrieben und auswendig gelernt hatte . . .« Er schaute in sich hinein und stockte. »Der Krieg verändert und vernichtet nicht nur Städte, Häuser, Wälder und Ernten, er verstümmelt auch die Seele des Menschen.« – Susanna schwieg, und er fuhr fort: »Du mußt mir noch etwas erklären: Ich kann es nicht begreifen, weshalb die Slowaken, unsere slawischen Brüder, die wir doch befreit haben, uns gegenüber so feindlich gesinnt sind, uns die Türe vor der Nase zuschlagen, uns aus dem Wege gehen . . .?« – »Tavaryš, vergiß nicht, daß eure Soldaten, die sicher in erster Linie kämpften, auch gestohlen und vergewaltigt haben . . . Wundere dich nicht!« antwortete Susanna.

Er schwieg. Nach langem Grübeln kam eine Antwort von ihm, die die Welt erschüttern konnte: »Mit welchem Recht verlangt ihr von uns, nach Jahren des Tötens, das wir nicht gewollt und nicht begonnen haben, nach Tagen und Nächten des Grauens, das wir überallhin auf unseren Rücken mitschleppen mußten, nach all dem Elend, das wir gesehen und erlebt haben – verlangt ihr von uns, daß wir uns wie normale Menschen benehmen? Woher nehmt ihr das Recht dazu? Wenn Bomben fielen, habt ihr euch in die Keller verkrochen und ein paar Stunden danach wieder in euren Betten erwärmt . . . Man kann als Mensch unmöglich ertragen, was dieser Krieg uns abverlangt hat . . . Entweder ziehst du die menschliche Haut ab oder du krepierst . . . Einige haben das erste, andere das zweite gewählt . . . einen dritten Weg kenne ich nicht.«

Er war im Innersten seiner Seele aufgewühlt, gequält vom Aufruhr seines Herzens. Susanna setzte sich tiefer in die dunkle Ecke. Das Tageslicht, das nur spärlich durch ein einziges, mit Spinnweben verhangenes Fenster drang, störte sie. Die dunkle Ecke war der erlösende Vorhang für ihre Scham. Da hatte ein durch Zufall oder Wunder noch lebender Soldat zu der durch Zufall und Wunder befreiten Jüdin gesprochen. Sie hörte noch seine letzten Worte: »Baryšňa, sieh, da sind zwei Kilo Mehl für dich; mehr ist nicht geblieben . . .« Der Müller übergab Susanna das letzte Säcklein Mehl, das er abzweigen konnte. Die übrigen Arbeiterfrauen waren schon mit ihrem kostbaren Säckchen verschwunden.

Das mit unzähligen Mehlsäcken beladene Militärfahrzeug fuhr Richtung Österreich davon, denn dort, auf der »anderen« Seite, versuchte man in einem Feldlazarett die Wunden des Körpers zu heilen. Für die Wunden der Seele gab es kein Heilmittel . . .

Die Begegnung mit den Menschen im Dorf gestaltete sich schwierig. Die Abgeschiedenheit im Bunker hatte Spuren hinterlassen. Die beiden Auferstandenen begannen, Kaninchen zu züchten, Seife und Marmelade zu kochen. Es war ein Ausweg, den Menschen nicht begegnen zu müssen. Die Kaninchen wurden fett, denn sie hatten genügend saftiges Gras. Geschlachtet wurden sie nicht; sie wurden verschenkt. Die Kaninchen bildeten die erste, schwache Brücke zum Leben und auch zu den Mitmenschen.

Nach dem Tagewerk, als dann die Nacht die Dinge und Menschen in ein Meer der Dunkelheit tauchte, erschien vor Susannas innerem Auge die Erinnerung an eine Episode, die man sich in Schmuels Familie oft – äußerlich lachend, innerlich weinend – erzählt hatte: Schmuel war gerade vier Jahre alt, als er in höchster Eile und Not, bitterlich weinend, nach einer Schlacht, die von vornherein verloren war (obwohl die feindliche Attacke nur aus drei einsilbigen Wörtern bestand: Jud, Jud, Jud . . .), mit größter Mühe das große hölzerne Tor zum Haus der Großeltern aufstieß, hineinstürzte, seinen Kopf in Großmutters Schoß vergrub und schluchzend fragte: »Oma, was soll ich sein?« Die Frage, die schon vor ihm viele Kinder und auch Erwachsene gestellt hatten, konnte nicht so schnell beantwortet werden, denn sie war eine Shakespearsche Frage. Das wußte die kluge Oma. Sie streichelte lange den lockigen Kopf und schwieg. Der Dreikäsehoch beantwortete also die Frage selbst: Er schmetterte den christlichen Kindern, wenn sie kleiner oder schwächer waren als er selbst, dreimal hintereinander das »schreckliche Wort« nach und verschwand eiligst hinter dem schützenden Tor zu Großmutters Haus. Durch einen winzigen Spalt beobachtete er siegesbewußt und triumphierend die Wirkung seiner Giftpfeile.

Die Schrecken der Verfolgung konnten die Befreiten nicht vergessen. Viele Slowaken, die vor kurzem noch schwarze Stiefel getragen hatten, zogen diese zwar schnell aus, doch sie blieben in den Augen der vor kurzem noch Gejagten, was sie waren – Henkersgehilfen der Faschisten. An ihren Händen blieb unauslöschbar das Blut des Vaters, der Mutter, der Achtzehnjährigen, der Neugeborenen, der Kranken und Schwangeren, die sie oft aus ihren Betten geholt, gedemütigt und in die Viehwaggons gesperrt hatten, kleben. Bäume und Blumen, Häuser und Straßen, alles erzählte diese traurigen Geschichten. Ob nur Susanna und Schmuel – oder auch die anderen sie hörten?

Seltsam, die Sonne war am Morgen auch nach all dem aufgegangen und hatte die Welt voller Sünden und Rätsel mit unsichtbaren Strahlen vergoldet.
Weshalb? Aus welchem Grund?
Und es war auch seltsam, daß Menschen aufrecht, ohne sich gebückt zu haben, das Gäßchen betraten und verließen . . .
Hatte es inzwischen auch geregnet und geschneit?
Die zwei gingen noch immer wie auf Katzenpfoten. Jedes Ge-

räusch erschreckte sie. Sie sprachen wenig und lautlos. Über ganz primitive Dinge. Wie Kinder versuchten sie, die verdrängten, vergessenen Wörter ihrer Muttersprache auszusprechen, sich das einst Vertraute ins Gedächtnis zu rufen. Manchmal gelang es auch, und manchmal war ihre Mühe vergebens.

Als die Welt dann Farben und Formen angenommen hatte, der wievielte Tag der Schöpfung konnte es wohl gewesen sein? Erst dann trat der zur Ausrottung vorgesehene Mensch durch Zufall oder auch ein Wunder wieder in die Arena des Lebens.

In der Ferne des Horizontes erschien eine Fata Morgana. War es die des Lebens, der Hoffnung?

Sie begaben sich auf den Weg dorthin ...

Worterklärungen

-báči: Onkel
Barátom: Freund
Barches: weißes Festbrot in Zopfform
Baruch ata Adonai: Gelobt seist Du, Ewiger
Beckück: Brautwerbung
Bíreschwohnungen: Wohnungen der Landarbeiter
Bocher (Bochrim): Jüngling(e), Student(en)
Boker Tow!: Gute Nacht!
Chanukka: »Einweihung«, Lichtfest zur Erinnerung an die Tempelweihe des Judas Makkabäus
Chasn, Chasan: (siehe Kantor)
Chawer (Chawera): »Gefährte« (»Gefährtin«); Anrede unter Zionisten
Chewra: sinngemäß: Freunde; Gemeinschaft
Chuppa, Chüppe: Traubaldachin
ČSD: Tschechoslowakische Eisenbahngesellschaft
Galut: »Verbannung«, Bezeichnung für das jüdische Exil
Garin: Vorposten
Gatzes: Unterhosen
Goi: wörtl. »Volk«, Angehöriger eines nichtjüdischen Volkes
Hachschara: »Ertüchtigung«; Vorbereitung auf die Ansiedlung in Palästina
Haptag: Habtachtstellung
Honweden: Bezeichnung für ungarische Soldaten
Jeschiwa: Talmudhochschule
Kaddisch: jüdisches Totengebet
Kantor: Vorbeter und Vorsänger in der Synagoge
Kohaniten: Angehörige des einstigen hohepriesterlichen Geschlechts
L'hitraot ba Erez Israel!: Auf Wiedersehen im Land Israel!
Mikwe: Ritualbad
Mizwe (Mizwot): gute Tat(en)

Na stráž!: Zur Wache!

Ochel: »Zelt«, Gemeinschaftsraum

Parnose: Arbeitsmöglichkeit, Verdienst

Petljura: ukrainischer Heerführer, der schwere antijüdische Pogrome anzettelte

Pessach: Fest des Auszugs aus Ägypten

Schadchan: Heiratsvermittler

Schalom: Friede (auch als Gruß)

Schammes: Synagogendiener

Schma Jisrael . . .: »Höre, Israel . . .«, wichtigstes jüdisches Gebet (vgl. Deuteronomium 6,4)

Simche, Simcha: Freude

Talles, Tallit: Gebetsmantel

Tavaryš: Genosse

Tecina: Tante

Tefillim: Gebetsriemen

trefe: unrein

Zeittafel zu den Judenverfolgungen in der Slowakei

14. 3. 1939:   Ausrufung des selbständigen slowakischen Staates.

18. 4. 1939:   Festsetzung des Begriffes »Jude« (Regierungsverordnung Nr. 63/1918).

29. 2. 1940:   Annahme des Gesetzes über die Bodenreform (Arisierung von Grund und Boden).

25. 4. 1940:   Das erste Arisierungsgesetz tritt in Kraft.

30. 9. 1940:   Errichtung einer von oben erzwungenen jüdischen Organisation, der »Judenzentrale«.

1940:   Errichtung besonderer jüdischer Volksschulen.

1940:   Pflicht zur Registrierung des jüdischen Vermögens.

9. 9. 1941:   Verordnung über die Rechtsstellung der Juden: »Judenkodex«.

22. 9. 1941:   Beginn der Kennzeichnung der Juden (Judenstern).

3. 3. 1942:   Einberufung der jüdischen Wehrpflichtigen zum militärischen Arbeitsdienst.

26. 3. 1942:   Anfang der Deportationen der Juden.

15. 5. 1942:   Verfassungsgesetz über die Aussiedlung der Juden (nachträgliche »Legalisierung« der Deportationen).

Frühjahr 1945:   Ende des slowakischen Staates.

In den nationalsozialistischen Konzentrationslagern wurden 60 000 bis 70 000 Juden aus der damaligen Slowakei ermordet.

Karte der Slowakei

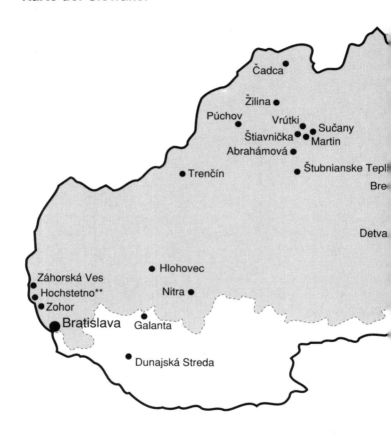

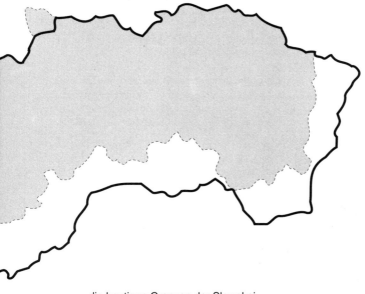

die heutigen Grenzen der Slowakei

die Grenzen des "Slowakischen Staates"

*   heute: Turčianske Teplice
**   heute: Vysoká pri Morave